朝日新書
Asahi Shinsho 638

阿久悠と松本隆

中川右介

朝日新聞出版

はじめに

生涯に約五〇〇〇曲の歌を書き、そのなかに日本レコード大賞受賞曲が五曲ある、阿久悠。

これまでに二〇〇〇曲以上の歌を書き、四七曲がオリコンの週間チャートで一位となった、松本隆。

この本は、二人が交差した瞬間を求め、その前後七年を描く「現代史」である。

阿久悠は一九三七年（昭和一二年）、美空ひばりと同年に生まれ、二〇〇七年（平成一九年）に亡くなった。二〇一七年は生誕八〇年、没後一〇年にあたり、亡くなったのが八月一日だったので、この夏は回顧番組や阿久悠を主人公にしたドラマが放映され、雑誌が特集するなど、改めてこの巨人が注目された。

敗戦を八歳で迎えた阿久悠は、高度経済成長期に広告会社に入り、テレビや音楽業界とのつながりができ、「脱サラ」してフリーランスの放送作家になり、作詞家に転じた。作詞家としてのデビュー曲は一九六七年一二月発売のザ・モップス《朝まで待てない》だった。これは大ヒットしたとは言えず、阿久悠自身が〈ぼくの人生を変えた。つまり作詞家にしてしまった歌〉と位置づけるのは、七〇年の森山加代子《白い蝶のサンバ》だった。翌七一年、尾崎紀世彦《また逢う日まで》でレコード大賞を受賞、「阿久悠の時代」の幕開けとなる。

以後、山本リンダのカムバックを鮮やかに演出し、フィンガー5でブームを起こし、オーディション番組『スター誕生!』に企画段階から関わり、同番組からデビューする新人の多くの曲を書いてヒットさせ、スターを生んでいった。

一九七〇年代、とくに後半は阿久悠の全盛期だった。《また逢う日まで》の次にレコード大賞を受賞したのが一九七六年の都はるみ《北の宿から》で、七七年の沢田研二《勝手にしやがれ》、七八年のピンク・レディー《UFO》と三連覇を果たし、一年おいて八〇年にも八代亜紀《雨の慕情》で五度目の受賞を果たした。この間には、沢田研二、ピンク・レディー、桜田淳子、岩崎宏美、西城秀樹らのほとんどの曲に加え、石川さゆり《津軽海峡・冬景色》や、森田公一とトップギャラン《青春時代》、八代亜紀《舟唄》といった大ヒット曲もあった。

阿久悠は七〇年代という「時代」をがっしりと握っていた――そんなイメージがある。だが、八一年以降の阿久悠はヒット曲の数は減っていくし、それにともない作品量も減っていく。「時代」は彼の手からこぼれ落ちた。

その一九八一年、レコード大賞受賞曲、寺尾聰の《ルビーの指環》を作詞したのは松本隆（一九四九〜）だった。この年、オリコンの週間ヒットチャートで一位を獲得した曲は一四曲あるがそのうちの六曲、《ルビーの指環》、近藤真彦《スニーカーぶる〜す》《ブルージーンズメモリー》、松田聖子《白いパラソル》《風立ちぬ》、イモ欽トリオ《ハイスクールララバイ》が松本隆作詞で、一年五二週の半分強の二八週にわたり、松本隆作品が一位だった。

かくして――阿久悠から松本隆へと鮮やかな交代劇が演じられたのだ。松本隆は阿久悠の一二歳下になる。まさに一まわり違い、これほど分かりやすい世代交代の瞬間はない。

しかし、松本隆は一九八一年に突然登場したのではない。

阿久悠が本格的な作詞家となる一九七〇年、松本隆はすでに参加していたバンド「はっぴいえんど」の曲で作詞家として音楽シーンにデビューしていた。阿久悠と松本隆のプロの作詞家デビューはほぼ同時期である。ただ、その場が阿久悠は歌謡曲だったのに対し、松本隆はロックだったという違いがある。

　はっぴいえんど時代の松本隆がぶつかっていたのは、「ロックを日本語で歌う」という問題だった。当時のロックは、日本人が日本人へ向けて歌うものでも英語でなければならないのが「常識」で、それを否定し、日本語でもロックは可能だと主張し、実践したのが、はっぴいえんどだった――という歴史が、一応、日本音楽史には書かれている。この問題はしかし、奥が深いので、ここではそういうことになっているとのみ、記しておく。

　はっぴいえんど解散後、松本隆は音楽プロデューサーをしていたがうまくいかず、専業の職業作詞家になると宣言した。最初に手がけた仕事が一九七三年一〇月発売のチューリップ《夏色のおもいで》で、翌七四年のアグネス・チャン《ポケットいっぱいの秘密》が最初のヒット曲となった。

　以後も阿久悠ほどではないが、七〇年代半ばから、松本隆はヒットメーカーのひとりとなっていた。

　二人の歌がヒットチャートで激突するのは、一九七六年のことだ。前年の終わりに発売されていた、都はるみ《北の宿から》と太田裕美《木綿のハンカチーフ》である。レコード大賞に輝いたこともあり、《北の宿から》のほうが一般的には有名だろうが、その年の売上枚数はほぼ同じだった。「松本隆の時代」の本格的な始まりは七五年なのだ。この年は阿久悠が沢田研二と出会う年でもあり、ピンク・レディーが芸能界への第一歩を踏み出した年でもある。

以後、阿久悠がトップランナーとして独走しているかに見えるときも、松本隆は次のステージを目指して壮大なビジョンを描き、彼のビジョンを具現化できるミュージシャンと歌手の登場を待った。

その「とき」が到来したのが、一九八一年だったのである。


阿久悠も松本隆もひとりでは曲が作れない。歌手がいて、レコード会社、芸能事務所があり、作曲家、編曲家、プロデューサー、ディレクター、エンジニアたちがいて、初めて曲は生まれる。

歌謡曲は、ほぼすべての曲が「最初に歌手ありき」として生まれる。「ある歌手の、数カ月後に発売される予定のレコード」のために阿久悠も松本隆も詞を書いていった。スタンスとして、自分から歌手サイドに売り込むことをしない点と、ある歌手の曲を数年にわたり続けて書くプロデューサー的役割を担おうとする、この二点において、二人は共通する。

レコードを買うのは、その歌手のファンか、テレビやラジオで耳にしてその曲が好きになった人で、「阿久悠が作詞したから」「松本隆作詞作品だから」という理由でシングル盤を買った人は、まずいない。いたとしてもほんの僅かであろう。

ヒットした理由は、何よりもその歌手に人気があったからだし、「楽曲がよかった」のでヒットしたとしても、作詞家よりも作曲家のほうが貢献度が高いかもしれない。歌手と詞と曲とが渾然一体となって誕生するのが歌謡曲なので、歌詞あるいは作詞家だけを取り上げて、ヒットした理由は云々と論じるのは、あまり意味がない。

したがって、作詞家に焦点を当てて本を書くのであれば、その詞を文学作品として解釈し解析していくか、その歌から流行語が生まれたなどの社会的背景を分析するという社会学的アプローチをするのが大半となる。それはそれで意味があるのだろうが、この本はそういうアプローチは取らない。

「現代史」の一断面としてのヒットチャート戦線での、二人の作詞家の軌跡を追う。作品については最低限の解説は施すが、作詞論の本ではない。

この本のタイトルは「阿久悠と松本隆」であり、「阿久悠」のパートと「松本隆」のパートがあって、それを一冊にまとめたものではない。あくまで「阿久悠と松本隆」の二人を同時に描くもので、二人が並走していた一九七五年から八一年に絞って書く。

「歌謡曲黄金時代」、二人の作詞家が何を書き、どう支持されたのか。

いったいいつ、阿久悠の手から「時代」がこぼれ落ち、松本隆は大きな時代の変化をどう乗り切っていったのか。いや、その時代の変化を生み出したのが他ならぬ、松本隆だったのではないか。その歴史的瞬間を目撃していただきたい。

阿久悠も松本隆も作詞家としては著書が多く、小説も書いている点でも共通する。松本が一九七二年に出した『風のくわるてつと』、七五年の『微熱少年』(同題の小説もあるが、それは八五年)には雑誌等に書いたエッセイが収録され、そこには音楽、詞についての松本の考え、主張が凝縮されている。

松本隆は、プロの作詞家になろうとした時点で、作詞家「松本隆」がどうであるべきかを認識し、宣言しているのだ。それに基づいて彼は仕事をし、ヒットメーカーとなった。

阿久悠には、放送作家から作詞家へ転じる七〇年前後に、自らを律するために作った「阿久悠作詞家憲法」があったことがよく知られているが、彼がそれを公にするのは一九九九年のことだ。

一方は宣言してから始め、もう一方はあとから実はこういうことだったと明かす。二人は、作詞家になるための手続きとして目標と方法を明確にする点では同じだが、それをいつ公にしたかで異なる。

それにしても、二人ともなんて理屈っぽいのだろう。そしてなんと戦略的だったのだろう。この資質こそが、ヒットメーカーの条件なのかもしれない。

作詞した曲数については、二人ともインタビューでは「数えたことがない」と語っている。一般には阿久悠は「約五〇〇〇曲」、松本隆は「二〇〇〇曲以上」とよく言われる。しかしJASRAC（日本音楽著作権協会）の「作品検索データベース」で「阿久悠」を検索すると三一三八、「松本隆」は二一四三となる（二〇一七年一〇月現在）。

松本隆は今後も増えるだろうが、いまのところ「二〇〇〇曲以上」としておいて間違いではない。しかし、阿久悠の「約五〇〇〇曲」と登録数の「三一三八曲」とはかなり差がある。阿久悠はテレビ番組のための曲やコマーシャル・ソングもたくさん作っていたので、JASRACに登録されていない曲が二〇〇〇近くあるということなのだろうか。どこかの時点で誰かが「約五〇〇〇」と言ったか書いた数字が、その後、ひとり歩きしているのかもしれない。

もちろん、たとえ約三〇〇〇であったとしても、とてつもない数だ。

目次

〈ノート〉

＊本書におけるレコード売上データは、株式会社オリジナルコンフィデンス（現在はオリコン・エンタテインメント）社による。売上枚数は二〇一七年までの累計ではなく発売年でのものであり、その後の枚数はカウントされていない。

＊曲名及び歌詞については、レコード（CD）に付属している歌詞カードに準じた。

＊〈　〉は引用である。「／」は改行を示す。

＊参考文献は巻末にまとめた。

＊引用にあたっては数字など一部表記を改めた。

＊この当時のレコードは全て、こんにちでいうアナログ盤である。シングル盤はドーナツ盤とも呼ばれ、直径17センチ、片面に約五分収録できた。一枚六〇〇円から七〇〇円だった。LPは直径30センチで片面に約三〇分収録でき、歌謡曲であれば各五曲合計一〇曲収録するのが標準で、一枚二六〇〇〜二八〇〇円だった。CDが本格的に普及するのは、八〇年代後半である。

序章

始まりは、ハッピーエンド

「はっぴいえんど」と名乗る、四人の青年たちのバンドが、《HAPPY END》というタイトルのアルバムを最後に解散し、それぞれの道を歩むことになった、ひとつの「終わり」が、日本音楽史上空前の成功をもたらす松本隆作品の「始まり」だった。

解散の日付は、一九七二年一二月三一日とされているが、その日に解散コンサートがあったわけではない。その年の秋にロサンゼルスでアルバム《HAPPY END》をレコーディングし終えたときが、実質的な解散だった。

はっぴいえんどの登場

はっぴいえんどのメンバーは四人だった。

松本隆は一九四九年、東京・青山の生まれ。中学から大学まで慶應という、都会派の青年だった。ビートルズの影響を受け、大学在学中にバンド「バーンズ」を結成し、ドラムを叩いていた。そのバーンズに欠員補充というかたちで参加したのが、立教大学在学中の細野晴臣だった。

細野は一九四七年、東京・白金生まれ。最初はギタリストだったが、ベーシストに転向した。彼がいたサークル「ピープ」にいたのが、鈴木茂、高橋ユキヒロ、小坂忠、柳田ヒロ、林立夫、小原礼といった面々だった。

鈴木茂は一九五一年、東京・世田谷生まれ。細野と知り合ったことで、新しい音楽を知る。

大瀧詠一だけが東京出身ではない。一九四八年、岩手県江刺市(現・奥州市)の生まれである。高校三年でドラムを始め、一八歳で上京し、バンド「タブー」にドラマーとして加入。そこで得た人間関係で細野と知り合った。

細野と松本は、小坂忠、柳田ヒロらとともに「エイプリル・フール」を結成していたが、脱退した。この二人に、細野と知り合いになっていた大瀧と鈴木が出会い、はっぴいえんどとなる。バンド名は最初は「ヴァレンタイン・ブルー」、それから「ハッピーエンド」となって、ひらがなの「はっぴいえんど」になる。

はっぴいえんどのメンバーは、鈴木を除けば、団塊の世代に属する。この世代の全員が学生だったわけではないし、政治党派に属していたわけではない。むしろ、まだ大学生は少数派だったし、そのなかで学生運動をしている者はもっと少数派だった。学生運動が目立つので、後の世からみると、全員がゲバ棒を持ってデモをして機動隊と闘っていたかのように思われるが、実際はそうではない。

社会変革を目指した学生運動はやがて瓦解し終息したが、同時期に進行していたこの世代による音楽革命は成功した。もっとも、そこでもいくつかの挫折はある。

社会運動、とくに平和運動と深く結びついた音楽が、フォークだった。メッセージソング、プロテストソングが多く、そのなかで神様とされたのが、岡林信康だった。《山谷ブルース》《流れ者》など、社会性のある歌を自作自演した。シンガーソングライターの登場である。

一方、京都の学生たちのグループ、ザ・フォーク・クルセダーズ（略してフォークル）の《帰って来たヨッパライ》がラジオの深夜放送から火がつき、たちまちミリオンセラーになるのが、一九六七年から六八年にかけてだった。

こうした新しい音楽の流れのなかで、はっぴいえんどは生まれた。

はっぴいえんどの特徴のひとつはサウンド重視だった。彼らは録音機材にもこだわっていた。そして、もうひとつ、はっぴいえんどが——というよりもグループで作詞を担当していた松本が——こだわったのが、「日本語で歌う」ということだった。当時のロックは、英語で歌うのが当たり前だったのである。

日本語でロックを歌うという革命

松本隆の作詞家活動の起点は、はっぴいえんど結成時の一九六九年になる。この年の一〇月二八日の御茶の水にあった全電通会館ホールでの「ロックはバリケードをめざす」というフェスティバル形式のロックコンサートが最初の仕事で、《12月の雨の日》《かくれんぼ》《春よ来い》などを歌った。

はっぴいえんどの日本音楽史における功績は、「日本語でロックを歌った」とされ、その日本語での詞を書いたのが他ならぬ松本隆なので、これは彼の功績でもある。

その前段階として、〈日本語はリズムに乗らないという定説をくつがえすことからはじまった〉と、松本隆はエッセイ集『微熱少年』収録の「〈新しい指向〉がぼくの中でうぶ声をあげている」に書く。

具体的には〈語の区切り方とか、乗りやすい言葉を日常会話や、果ては死語の中から探すという作業〉から、この「指向」が始まった。

そして彼らはやり遂げた。その次に彼らを待っていたのが、「日本語でロックを歌う」だったが、松本によればそれは〈かなりテクニカルな問題だった。そのテクニックには音も詞に関しても、ぼくらは絶対の自信をもっていたと思う。あたりまえのことを実現するだけの話だったから、ぼくらの興味は、どうやって実現するかに注がれるようになった。何を唄うか、じゃなくてどうやったら唄えるか、というのが、はっぴいえんどの指向だった〉。

このことを松本は〈方法そのものが創作に結びついていた〉と説明する。〈つぼ作りがつぼを作るように、テクニック自体が一種の美意識と直結されていた〉。茶の湯の〈作法そのものが結果になってしまっているのに似ていた〉。

そうしたなかから、「です・ます調」の歌詞が生まれた。「です・ます調」は話し言葉のようでいて、そうではない。「書かれた話し言葉」とでも言おうか。職場などのオフィシャルな場や、頼み事をするときや初対面のぎこちない関係での話し言葉であり、日常会話では、少なくとも、男性はめったに使わない。それを歌詞に使った。多くの追随者が出た。実はその最大の追随者が阿久悠だ。

はっぴいえんどのファーストアルバム《はっぴいえんど》は一九七〇年八月に発売された。一一曲が収録され、そのうちの九曲を松本隆が作詞し、細野晴臣と大瀧詠一が一曲ずつ作詞、作曲は六曲が細野、五曲が大瀧である。

当時の反応を、萩原健太『はっぴいえんど伝説』は〈詞をすべて日本語でかためたことも、議論の的となった〉と記している。いまでは当たり前のことがいかに画期的であったかである。やがて「Jポップ」としてひとくくりにされるが、当時はフォークとロックはまったく別の音楽とされ、それぞれのミュージシャンとファンたちは、自分たちこそが「正しい」と信じ、相手を攻撃することもあった。よく言えば「熱い」時代だった。音楽面での違いが大きいが、歌詞においては、単純に言えばフォークは日本語で歌い、ロックは英語で歌う。ロックバンドであるはずのはっぴいえんどが日本語で歌ったことは、ロック側からすれば裏切りだったのである。

さらに日本語を支持する者からも、詞での漢字の使い方に疑問の声が出た。歌詞カードでは「歌留多」「珈琲」「亜米利加」と普通はカタカナにする語をあえて漢字にし、「古惚け黄蝕んだ心」とか「時が羽撃いて辺りを顫わす」「眩瞑く弾ける」など、読みにくい文字を使い、ルビもついていない。このこだわりを支持する人もいれば、ひとりよがりの自己満足と批判する声もあったはずだ。この歌詞カードは、「日本語」で歌うことの意味、つまり日本語の持つ可能性を示すための方法でもあった。そこから始めなければならなかったのだ。

そしてアルバム《はっぴいえんど》は支持された。「ニューミュージック・マガジン」（現「ミュージック・マガジン」）のレコード賞で「日本のロック賞」を受賞したのだ。これを受けて同誌七一年五月号で座談会が行なわれ、松本と大瀧も出席した。

ここでも《はっぴいえんど》については、「日本語」ということが話題になっており、福田一郎は「日本語もロックのリズムに乗るということを証明してくれたことだけでも大きい」と、カッティングなどの欠点はあるとしながらも評価した。一方で当時ワーナーミュージックのディレクターだった折田育造は「サウンド的にはロックそのものですね。言葉が聞きとりづらいという欠点もあるし、完全に日本語をロックに消化しているとはいえないだろうな」とも言う。折田は「インターナショナルに成功したいという気持ちが大きいので、やっぱり英語でやりたいですね」という立場だ。

聞きとりづらいという点を内田裕也も指摘し「よっぽど注意して聞かないと、言ってることがわかんないんだ。せっかく母国語で歌うんだから、もっとスッと入ってこなくちゃ」と言い、それは発音が不明瞭だからではなく、「歌詞とメロディとリズムのバランスというかね、日本語とロックとの結びつきに成功したといわれてるけど、そうは思わない」と言う。

一九七一年、松本は二二歳、内田は三二歳、折田は三〇歳だ。世間全体では内田も折田もまだ「若い」が、さらに一〇歳前後若いはっぴいえんどに脅威を感じているとも言える。ここにロックの新旧の世代間闘争を垣間見ることができるのだ。あるいは派閥抗争のようなものが。

松本は、当時のロックは——いまもそういう面があるが、〈絶叫すれば唄だった〉と記す。そういう状況下、はっぴいえんどの絶叫しないロックは〈唄とは認められず、職人バンドなどと言われていた〉。はっぴいえんどは時代に逆らっていたわけだが、あとからみれば時代に先駆けていたことになる。他のミュージシャンがはっぴいえんどを追随したのである。

　はっぴいえんどは続いて七一年一一月に、セカンドアルバム《風街ろまん》を発売した。松本隆は当初「風都市」というタイトルを考えていたのだがマネージャーの石浦信三が「風都市」を事務所名（登記上の社名はウィンド・コーポレーションで「風都市」はブランド名）にしてしまったので、使いにくくなった。松本はかなり怒った。すると石浦は「タイトルに著作権はない」と答えたという逸話が知られている。というよりも、松本はこのことを何度も語っている。

　松本隆は《風街ろまん》について七五年に刊行されたエッセイ集『微熱少年』のなかで〈ぼくはかなり、出来ばえが気に入っていて、このメンバーじゃこれ以上のものは作れないとグループの解散要因にもなったＬＰ〉と振り返っているが、〈驚くべきは音の腐敗の速いこと〉の例として挙げており、〈今ではもう真白いジャケットも色褪せ、埃を被ってしまっている〉と突き放している。この文章が書かれたのは、松本自身が、はっぴいえんどに対して客観視できていない時期だとは思うが、それにしても冷たい。

「このメンバーじゃこれ以上のものは作れない」との思いは全員にあったようで、七二年に入ると、彼らはソロ活動を並行して始めた。大瀧詠一はソロアルバムの制作を始め、これは七二年一二月にアルバム《大瀧詠一》としてリリースされる。細野と鈴木は、他のミュージシャンのレコーディングに参加するようになり、細野もソロアルバムを作りたいと考えていた。

そして松本隆の「ソロ活動」は詩を書き、随筆や小説を書くことだった。この時期に書かれたものは、ブロンズ社から七二年一一月に『風のくわるてつと』としてまとめられる。松本は『微熱少年』では、この本こそが自分の〈青春の墓標〉であり、《風街ろまん》は〈卒塔婆にもなりはしない〉と冷たい。

『風のくわるてつと』は、あとがきの日付が七二年九月、奥付の発行日は一一月一〇日で、その間の一〇月に、はっぴいえんどはロサンゼルスでレコーディングをした。それが三枚目の、そして最後となるアルバム《HAPPY END》で、翌七三年二月に発売される。このレコーディング時には、すでに解散が決まっていた。

帰国してからの四人はバラバラに活動していたが、七三年九月二一日、風都市が企画したコンサート「CITY-Last Time Around」に、はっぴいえんどとして出演した。このコンサートには他に南佳孝、吉田美奈子、西岡恭蔵、キャラメル・ママ、ココナツ・バンク、ムーンライダースが出演していたが、南や吉田はまだ「新人」で無名に近い。

この日は松本隆がプロデュースした、南佳孝のデビューアルバム《摩天楼のヒロイン》の発売日でもあった。そう、松本隆が解散後に最初にしたのは、アルバムのプロデュースという仕事だったのだ。《摩天楼のヒロイン》のほか、岡林信彦《金色のライオン》（七三年一一月発売）も作る。

　はっぴいえんどは岡林のバックで演奏していた時期もあり、アルバム《見るまえに跳べ》のレコーディングにも参加している。だがこの時期の岡林との共演について松本は、あまりプラスにはならなかったとし、〈プラスになったといえば、まぁ多少知名度が上がったことと位かな。音楽的には別に大したことなかった。詩なんかの面でもあまり大したことなかった〉と「ミュージック・ライフ」七一年八月号のインタビューでは語っている。

　しかし、七三年の岡林との再会については〈ぼくに大きな指標を与えてくれた。「はっぴい」以後の闇に一条の光を彼はぼくに放ってくれた。ぼくははっぴい時代に視ることのできなかったものをプロデュースの仕事を通じて視ることが出来た〉と七三年終わりか七四年初めに書いている（『微熱少年』）。

　一九七三年九月二一日の解散コンサートはそんなときに行なわれた。松本は『風都市伝説』（北中正和責任編集、二〇〇四年刊行）収録のインタビューでこう振り返っている。

〈はっぴいえんどの最後のステージは、とっても気持ちよく完全燃焼できた。解散はぼくが決めたことじゃなかったけど、四つどもえの総体的な価値観にしばられることから逃れたいという気持ちはぼくにもあった。ドラムはすごく好きだったけど、細野（晴臣）さん以外のベースでドラムを続ける気もしなかったから、これで心置きなく作詞家になれると思った。そして最後にステージからスティックを放り投げたんだ〉。

こうして松本隆はスティックではなくペンを持ち、作詞家となった。

作詞家「松本隆」の誕生

松本隆が作詞の仕事を始めたのは一九六九年からだが、これははっぴいえんどというバンドの一員としてのもので、プロの作詞家になろうと決意し、書き始めたのは七三年になる。

解散コンサートの時点では、作詞家になると決断をしていたはずだが、解散が決まった前年秋からしばらくは、前述のようにプロデューサーの仕事をしており、今後もその道を歩もうと考えていた。

しかし作詞作曲や演奏、あるいは録音エンジニアであれば職業として確立されているが、プロデューサーはレコード会社にいるわけで、フリーで、そのアルバムのためのプロデューサーという仕事は確立されていなかった。

〈プロデューサーという職業が四半世紀早かった〉と松本は説明する。前述の南佳孝《摩天楼のヒロイン》、岡林信彦《金色のライオン》の他にも、あがた森魚《噫無情（レ・ミゼラブル〉》（七四年三月発売）、岡林《誰ぞこの子に愛の手を》（七五年一月発売）と四枚をプロデュースしたが、〈のちに「幻の名盤」扱いされるんだけど、当時はお金がもらえなかった〉。何をしているのか分からない者に、誰もお金を払ってくれないのだ。風都市も赤字となり半年近く給与がストップした。

どうにかして稼がなければならない――松本隆は音楽業界の知人たちに「作詞家になる」と宣言した。ようするに、作詞の仕事をくれという営業活動をしたのだ。すると東芝音楽工業（一〇月一日にキャピトルＥＭＩの資本が入り東芝ＥＭＩとなる）の新田和長からチューリップのシングルの曲の依頼がきた。

チューリップは一九六八年に福岡で結成されたフォークグループが前身で、メンバーの入れ替わりを経て、七二年に東芝音楽工業からメジャー・デビューし、七三年四月の三枚目のシングル《心の旅》（財津和夫作詞・作曲）が五〇万枚を超える大ヒットとなっていた。それに次ぐシングルも当初は財津が作詞作曲したが、何らかの事情で松本に作詞の依頼が来た。

松本によれば〈《心の旅》が売れて、財津さんが悩んで詞が書けないって。たぶんピンチヒッターだったんだね〉という経緯となる。財津によれば自分で書くつもりだったのに、〈実権を握っていたプロデューサーの新田氏の配慮〉だったが、〈作家としての座も失うことになり〉ショックだったようだ。だが届いた松本の詞には〈頭をなぐられる思い〉だった。素晴らしいものだったのだ。それが《夏色のおもいで》だった。松本は〈自分としてははっぴいえんどのころの詞とほとんど変わらないものを書いたつもりだった。表現は少し優しくしたけどね〉。

《夏色のおもいで》は七三年一〇月五日に発売されると、週間チャート最高一四位で、売上枚数も一二万枚を超えた。五〇万を超えた《心の旅》には及ばないが、ピンチヒッターとしての初打席は合格点と言っていい。

だが発売は後になるが、松本隆はチューリップの前に、アグネス・チャンの《ポケットいっぱいの秘密》を書いていた。

アグネス・チャン（一九五五〜）は香港ですでに人気歌手となっていたところ、一九七二年に《ひなげしの花》で日本でもデビューし、《草原の輝き》などが大ヒットした。渡辺プロダクションに所属していたアイドルだ。このアグネスの詞を書く仕事は、はっぴいえんどのレコーディングでエンジニアをしていた吉野金次からの紹介だったという。吉野は伝説的なレコーディング・エンジニアだが、もとは東芝音楽工業にいて、退社後はフリーとして活躍していた。松本は吉野にも作詞の仕事があったらくれと声をかけていたのだ。

松本はアグネス・チャンの「アルバム用に二曲、テストみたいな感じで書いて」と言われた。〈この頃は偉い先生たちが、競作っていうのかな、今でいうプレゼンみたいな感じで、たくさんの歌を作らされていた。「よければ使いましょう」っていう。ぼくはキャリア・ゼロの24ぐらいの若造なのに、そういう業界の慣習に疑問を持ったから、「競作だったらやりません」ってあちこちで宣言したんだ〉。

それは「孤独な戦争」だったと松本は振り返る。ともかく二曲書いた。それが《ポケットいっぱいの秘密》と《想い出の散歩道》で、七四年三月二五日発売のアルバム《アグネスの小さな日記》に収録され、《ポケットいっぱいの秘密》はシングルカットされることになった。

以上は一九九九年の回想だが、二〇一五年になるとこう語る。〈当時のアグネスは、シングルを作るのに、作詞・作曲チームが五チームくらいで共作するんですよ。僕はアルバム用の作詞なんで、そのチームの下に位置してるわけ。まあ、最初はこんなもんかなと思ってやったら、いつまでも返事が来ないわけ。ある日突然「松本君のが選ばれたから」って言われて。アルバム用に作った《ポケットいっぱいの秘密》がね、シングルのA面になっちゃった〉(二〇一五年の糸井重里との対談)。なるほど、アグネスの曲は作詞は山上路夫、安井かずみ、松山猛、作曲は森田公一、加藤和彦、平尾昌晃といった当時の歌謡界のヒットメーカーたちが作っていた。そのなかに松本隆は参入したのだ。

《ポケットいっぱいの秘密》の作曲は穂口雄右で、七四年六月一〇日にアグネスの六枚目のシングルとして発売されると、週間チャート最高六位、二二・三万枚のヒットとなった。もっともアグネスの曲としては、四枚目の《小さな恋の物語》の五八万枚が最大で、次の《星に願いを》も三四万枚を超えているので、ギリギリの合格点である。

　この一九七四年の「紅白歌合戦」でアグネス・チャンが歌ったのは《ポケットいっぱいの秘密》だった。

《夏色のおもいで》は大手レコード会社の仕事ではあったが、チューリップがフォーク出身だったので、ニューミュージックのミュージシャンたちからの風当たりもそれほどではなかった。しかし、《ポケットいっぱいの秘密》が売れると、渡辺プロダクション所属のアイドル歌手であるアグネス・チャンの曲を書いたことで、松本は〈友達がほとんどいなくなった〉。「あいつはロックから歌謡界に魂を売った」と言われたのだ。しかし、それを言ったら、魂を売ったのは松本だけではなかった。《ポケットいっぱいの秘密》のレコーディングで演奏しているのはキャラメル・ママ（細野晴臣がはっぴいえんどの後に作り、鈴木茂、林立夫、松任谷正隆らがメンバー）なのだ。

　松本にはこのころ「遠大な計画」が芽生え、歌謡曲の世界で仕事をすると決めていた。しかし、ロックの仲間たちからの批判には悩んだ。それがふっきれたのは、たまたまＮＨ

K教育テレビのドキュメンタリー番組を見ていたら、〈養護学校の身障者の子供たちが野山をピクニックしながら、《ポケットいっぱいの秘密》をみんなで歌っていた〉。それを見て、松本は泣いた。そして、自分は間違っていないと確信したのだった。

筒美京平――最大のヒットメーカー

後の成功に比べれば、それはささやかなものだったが、一九七四年、こうして松本隆は専業作詞家として名乗りを上げた。《夏色のおもいで》と《ポケットいっぱいの秘密》によって悩む暇もないほど作詞の仕事が来るようになった。

一九七四年に松本隆が作詞した曲でオリコンの一〇〇位以内に入ったのは、《ポケットいっぱいの秘密》の他、三善英史《愛の千羽鶴》(竜崎孝路作曲)、スリー・ディグリーズ《ミッドナイト・トレイン》(細野晴臣作曲)、ガロ《ビートルズはもう聞かない》(佐藤健作曲)と、太田裕美《雨だれ》(筒美京平作曲)がある。シングルではないが、アリスのサードアルバム《ALICE Ⅲ》にも《涙化粧》《突然炎のごとく》(渋谷毅作曲)を書いた。

三善英史は演歌に近い。スリー・ディグリーズはアメリカのボーカルグループで、来日するにあたりシングルを国内制作することになり、松本がプロデュースもし、日本語で書いた詞が英訳された。このように、よく言えばバラエティに富んだ仕事、悪く言えば、手当たり次第になんでも書いている。

　これらについて当時の松本は〈どれをとっても「松本隆」の詞じゃないようだが、まだまだはじまったばかりの序の口で、これからが面白くなるのだ〉と書いている。

　ここに挙げたのはアリス以外は、週間チャートで一〇〇位以内に入った曲だけで、当然、それ以外にも書いていた。そのひとつが、THE ALFEE（アルフィー）のデビューシングル《夏しぐれ》だった。

　アルフィーは明治学院大学の学生だった、高見沢俊彦と桜井賢、坂崎幸之助らによって結成され、七四年八月二五日発売の《夏しぐれ》でプロデビューした。当時はもうひとりメンバーもいて四人で、グループ名もTHE ALFEEではなくALFIEだった。自分たちの曲でデビューしたかったのだが、当時契約していたレコード会社、ビクターが許さず、プロの作詞家・作曲家による曲でデビューさせた。

　それが松本隆作詞、筒美京平作曲の《夏しぐれ》で、翌七五年五月二五日発売の二枚目のシングル《青春の記憶》も、松本と筒美が作った。しかし二曲ともヒットせず、アルフィーとしても自分たちの音楽がやりたいとの思いから、レコード会社との契約を打ち切る。彼らがTHE ALFEEとして自作曲で再デビューするのは七九年一月のことだ。

　同時期の七四年一〇月二〇日発売のオフコースの《忘れ雪》も、レコード会社の要請で作られ、グループとしては気乗りのしないままレコーディングされ発売された不幸な曲だった。オフコースのレコードデビューは七〇年で、自作の曲を歌っていたがヒットしなかった。通算六枚目のシングルを作るにあたり、レコード会社（東芝ＥＭＩ）としては何としてもヒットさせようとして、松本と筒美に依頼したのだ。だが、メンバーとしては納得のいかない思いもあったらしく、ヒットもしなかった。

アルフィーやオフコースにとってはそれほど幸福な出会いとはならなかったが、松本隆にとっては、この二曲を作曲した音楽家と出会えたのは幸運だった。いや松本隆だけではない。日本音楽界にとっても、これほど大きな出会いはないだろう。《夏しぐれ》《忘れ雪》の作曲者こそが筒美京平だった。そう——ここに、日本音楽界最強最高のコンビが誕生したのだ。

筒美京平は七〇年代・八〇年代を通じて最大のヒットメーカーだった。ＪＡＳＲＡＣに登録されているのは二〇一七年一〇月現在二七〇四曲になる。このうち三八九曲が松本隆作詞で、一三一曲が阿久悠作詞となる。しかし、筒美が最も多く組んだ作詞家は橋本淳で、その数は五〇六曲。松本が二番目、阿久が三番目だ。

この日本最大の音楽家は一九四〇年に生まれた。阿久の三歳下になる。小学校から大学まで青山学院で、在学中はジャズに打ち込んでいた。いわゆるクラシック音楽出身ではない。卒業後は日本グラモフォン（後のポリドール・レコード、現・ユニバーサルミュージック）に入社し洋楽担当ディレクターとなっていたが、大学の先輩である橋本淳に勧められて作曲を始め、その後にすぎやまこういちに師事もし、一九六七年から専業作曲家となった。最初の大ヒット曲が、一九六八年に橋本淳が作詞し、いしだあゆみが歌った《ブルー・ライト・ヨコハマ》だった。そして七一年には阿久悠と組んだ尾崎紀世彦《また逢う日まで》でレコード大賞を受賞した。

松本隆と筒美京平とが組んだ最初の仕事は、七四年六月二一日発売の桑原一郎《谷間の百合》だった。桑原は作曲家になる馬飼野康二や音楽プロデューサーになる小杉理宇造らもいたムードコーラスグループ「ブルーシャルム」のメンバーだった。CBS・ソニーでの担当は酒井政利だった。いまからみれば、ヒットメーカーが揃っているのだが、《谷間の百合》は一〇〇位以内に入っていない。

筒美が松本の存在を知ったのはチューリップの《夏色のおもいで》だった。その詞に注目して、アレンジャーの矢野誠に「松本と一緒に仕事をしてみたい」と漏らした。矢野は「キャラメル・ママ」の人脈と関係があったので、松本にも近い。

その次に松本と筒美が組んだのが、アルフィーだったのだ。この曲で、松本と筒美は言葉を交わし、互いに理解するようになった。《夏しぐれ》はヒットしなかったが、次のオフコースでも二人は組んだ。次に機会があれば、また組みたいと思った。筒美京平からみると、松本隆との出会いで、ニューミュージック的なものを取り入れることができ、松本隆からみると、筒美京平との出会いで歌謡曲的なものの本質を会得していくことになる。

この二人が次に取り組み、最初の大成功を勝ち得るのが、太田裕美だった。

歌謡曲のパターンをぶっこわす

一九七四年、松本隆は「今ぼくたちをとりまく歌の〝平凡〟さ——世紀末を飾る歌謡曲を書きたい」と題したエッセイを書いている(『微熱少年』収録)。この時期にあって「今」を「世紀末」と認識しているあたりが、いかにも当時の若者である。

このエッセイは〈正直言って歌謡曲なんて、殆ど聞いたこともないし、いわゆるテレビの歌謡ショーなんてまともに見たこともないぼくだ〉と挑戦的に始まる。〈だから歌謡曲の正体なんぞおよそ想像もつかない現状だ。そんなぼくが今、橋を渡ろうとしている。もちろん対岸はあのきらびやかな世界。大衆という、これも正体不明の煙のような人々の眼という眼、耳という耳によって逆投影される不思議な幻影、巨大なＳＨＯＷだ〉。

松本は歌謡曲を〈世界中のあらゆるジャンルの音を、独自のフィルターを通して吸収し、吐き出している〉とし、その境界がないことを、楽しんでいる。〈はっぴいえんどは歌謡曲じゃなかったと言えるのか。答えはない。YESでもNOでもどちらも正解だ〉。

松本が書いていることは、今では当たり前のことだが、当時はそうではなかった。「ロックとは○○だ」「□□でなければロックではない」とか、そういう定義が流行していた。松本隆はもうそういう定義にはこだわらない。しかし、歌謡曲の現状がどうかの分析は冷徹にしている。

歌謡曲としてイメージされる曲とは一昔前は〈マイナーを基調にした艶歌だった。三味線のきまりのフレーズと、安っぽいドラムの音に泣きがはいったアレ〉だった。しかし、今（一九七四年）の主流は〈ニコニコ・ポップスである。何の悩みも、問いかけもなく、人生の暗い部分とは、ほど遠く、精神や人間性の深部に決して立ち入ることのない、きわめて単純かつ楽天的な音楽である〉。そういう音楽がヒットするのは、〈不安と疑惑に満ちた時代だからこそ、晴天のようにうわべだけはあっけんらかんとした音を大衆は欲しているからかも知れない〉。こういう時代は〈考えこませられる歌や、精神の痛いところを突っつかれるような歌は敬遠される〉。

歌手についてもこう分析する。ハリウッドでジョン・ウェインやマリリン・モンロー以後は大スターがいなくなったように、〈今の日本の歌謡界にはスターという語のあてはまる人物がいないと思うのだが、また新種のスターを容認しなければならないとも思う〉。〈テレビの多チャンネル化（まだ衛星放送はない）、ラジオの深夜化、雑誌のミニコミ化と、情報手段の極端な細分化（もちろんインターネットは影も形もない）によって、複数の小規模なスターの誕生、その生命の短縮化が進行しているように思える。ＮＭＭ（ニューミュージック・マガジン）にはＮＭＭのスターがいるし、明星には明星のスターがいる〉。

その「小規模なスター」とは、阿久悠が深く関係していたオーディション番組『スター誕生！』から生まれた歌手たちのことなのだろうか。

その小規模なスターに合わせられた曲の歌詞は〈そのスターが、あたかも普通の女の娘であるかのような日常のありふれた出来事をベースにした歌詞がつくられる〉。この大前提を示した上で、松本は作詞家としての困難さをこう説明する。

〈その歌手のものの考え方や、日常の動作を通じて感じることをテーマとし、その歌手が普段使っているような言葉でそれを表現しなければならない。作詞家の言葉がそこに入り込む余地さえない。彼のものの考え方や、独自の表現能力はそこでは不要なのだ。ＣＭが製品を表現するように、ここでは詞は絶対に詩ではなく、単なるコピーライトにすぎない〉。

描く内容の制約に加えて、作詞家は語数、メロディーに合う言葉かどうかといった制限のもと、覚えやすいフレーズを生み出し、「売れる詞」「いい詞」を作らなければならない。

〈コツさえのみこんでしまえばいいのだが、書く必要もないことを書かねばならないというのはまったく骨がおれることだ〉。

嘆きつつも、松本隆はこの状況を楽しみ、手応えを感じている。

そして、きらびやかな世界への橋を渡った。「これからの歌謡曲」を目指して。

〈ものすごく楽天的に弾ねちゃうリズムがいい。そいつを基調にしてその上に、もの哀しいメロディーを乗せてゆく、これこそこれからの歌謡曲なんだ〉。〈もう何らてらいを感じる必要はないんだ。ただ今までの歌謡曲のパターンをぶっこわしてゆかなきゃならないし、チューリップやかぐや姫はそれにいちおう成功したように思えるのだから〉。

それは「マイナーを基調にした艶歌」でも、「何の悩みも、問いかけもなく、人生の暗い部分とは、ほど遠く、精神や人間性の深部に決して立ち入ることのない単純かつ楽天的なニコニコ・ポップス」でもないはずだ。敬遠されている「考え込ませられる歌や、精神の痛いところを突っつかれるような歌」に近いはずだ。はたしてそれが歌謡曲で可能なのか。

松本隆のエッセイ集『微熱少年』は、ブロンズ社から一九七五年六月三〇日に発行された。

その頃、阿久悠が初めて沢田研二のために書いた曲が、世に出ようとしていた。

第一章

時の過ぎゆくままに――一九七五年

一九七三年、三六歳になる阿久悠は『36歳・青年　時にはざんげの値打ちもある』という随筆でもあり自伝でもある本を出した。その最初のパートは「阿久悠ベストテン」で、自作のベストテンを選び解説している。しかし、このベストテンには、《ジョニィへの伝言》も《五番街のマリーへ》もなければ、フィンガー5、沢田研二、桜田淳子、岩崎宏美、そしてピンク・レディーへの一連の作品もないし、《北の宿から》《津軽海峡・冬景色》《舟唄》《雨の慕情》も《もしもピアノが弾けたなら》もない。これらが書かれる前の時点での選曲だからだ。

その一九七三年時点での阿久悠自選ベストテンを順番に挙げる。

一位　北原ミレイ《ざんげの値打ちもない》（村井邦彦作曲）
二位　和田アキ子《あの鐘を鳴らすのはあなた》（森田公一作曲）
三位　藤圭子《別れの旅》（猪俣公章作曲）
四位　尾崎紀世彦《また逢う日まで》（筒美京平作曲）
五位　《ピンポンパン体操》（小林亜星作曲）
六位　山本リンダ《どうにもとまらない》（都倉俊一作曲）
七位　森昌子《せんせい》（遠藤実作曲）
八位　黛ジュン《とても不幸な朝が来た》（中村泰士作曲）

九位　森山加代子《白い蝶のサンバ》（井上かつお作曲）

一〇位　《人間は人間さ・他CM集》である。

歌手と作曲家が重ならないので、純粋に好きな曲を選んだのではなく、それなりの配慮のある選曲だと思うが、そのまま生涯のベストテンとしてもおかしくないラインナップだ。

実際、阿久悠が亡くなる二年前の二〇〇五年に、自ら選曲した五枚組一〇四曲収録のCDセット『人間万葉歌』には、《ざんげの値打ちもない》《あの鐘を鳴らすのはあなた》《また逢う日まで》《どうにもとまらない》《せんせい》《白い蝶のサンバ》《ピンポンパン体操》の七曲が収録されている。つまり、阿久悠は最初の五年ですでに作詞家阿久悠として完成していたと言える。

だが、ヒットメーカー阿久悠の真骨頂はこれからだった。

松本隆が歌謡曲の世界へ本格的に足を踏み入れた時、すでに阿久悠は「歌謡曲らしくない曲」を書く歌謡界の巨匠だった。しかし阿久悠は、松本隆が乗り越え打倒しなければならない古い歌謡曲の象徴ではなかった。阿久悠もまた改革者であり、古い歌謡曲をどうにか変えたいと悪戦苦闘している人だった。同志という雰囲気でもないが、倒すべき敵でもない。

阿久悠と松本隆がコンビを組む作曲家、あるいは関わる歌手はあまり重ならない。唯一、二人のどちらとも多くの曲を作ったのが、作曲家筒美京平である。

一九七五年は、その筒美京平と松本隆が太田裕美を得て、本格的に一緒に曲を作り始める年だった。阿久悠にとっては、沢田研二の曲を初めて作り、一方で筒美京平とともに岩崎宏美をデビューさせ、桜田淳子を山口百恵と互角に競わせ、都はるみの《北の宿から》を作り翌年に備えた年で、彼はまだ知らないがピンク・レディーが芸能界へ入りかけていた。

阿久悠がレコード大賞三連覇という奇跡の偉業へ向かう陣容を整え、松本隆が歌謡曲の大海へと本格的に漕ぎ出す年——それが、一九七五年だった。

阿久悠と沢田研二

一九七五年六月六日金曜日夜一〇時——TBS系列で、ドラマ『悪魔のようなあいつ』の放映が始まった。主演は沢田研二、原作は阿久悠と上村一夫の劇画で、長谷川和彦が脚本を書き、TBSの久世光彦《てるひこ》がプロデュースと演出をした。

といっても、最初に原作としての劇画があり、それをドラマ化したのではない。TBSが沢田研二主演で連続ドラマを作ることになり、久世光彦が阿久悠に協力を求め、沢田主演でドラマにする前提で原作の劇画が描かれたのだ。

阿久悠はそれまで沢田研二とは一度も仕事をしたことがなかった。この『悪魔のようなあいつ』こそが、以後七九年まで続く、阿久と沢田双方にとっての黄金時代の幕開けとなる仕事だった。

沢田研二（一九四八～）はこの年、二七歳。GS（グループサウンズ）ブーム時代、ザ・タイガースのヴォーカルとして一世を風靡した。七一年一月のザ・タイガース解散後は、GSのザ・スパイダースの井上堯之《たかゆき》と大野克夫、ザ・テンプターズの萩原健一と大口広司、ザ・タイガースの岸部修三（現・岸部一徳）らのロック・バンド「PYG」に参加したが、それと並行して七一年一一月一日に《君をのせて》（岩谷時子作詞・宮川泰《ひろし》作曲）でソロ・デビューした。沢田のソロ活動が増え、萩原も俳優の仕事を増やしたこともあり、PYGは自然消滅していた。

阿久悠はGS時代の沢田には、詞を書いてみたいという気にはならなかった。しかし沢田が《君をのせて》をテレビ番組で歌っているとき、たまたま同じスタジオにいて聴いて、〈いいな〉と思った。それは〈歌がいいというよりは、彼がいいな、という感じ〉だった。〈あの色っぽさというのは何なのだろう〉という感じがし、機会があれば沢田のために書きたいと思った。

沢田が《君をのせて》を歌っていたとき、阿久悠は最初の頂点に立とうとしていた。前年の一九七〇年に森山加代子《白い蝶のサンバ》、北原ミレイ《ざんげの値打ちもない》という、これまでの歌謡曲にない世界観と語感の作品を書いてヒットさせて注目されると、この七一年には尾崎紀世彦の《また逢う日まで》が年間チャート三位と大ヒットし、さらにレコード大賞を受賞し、頂点に立った。この年の阿久悠は、年間チャート一〇〇位以内には《また逢う日まで》の他、尾崎の《さよならをもう一度》、森田健作《さらば涙と言おう》、井上順之（現・井上順）《昨日・今日・明日》、和田アキ子《天使になれない》、前年発売の《ざんげの値打ちもない》の六曲が入っていた。

さらにオーディション番組『スター誕生！』も一九七一年一〇月から始まっていた。この番組に阿久は企画段階から関わり、審査員として番組にも出演していた。

そういう状況下、阿久は沢田研二に目を留めたのだ。

〈彼もそのうち熟してくるだろうし、こっちも腕が上がってくるだろうし、そしたらどこかでクロスするはずだ〉――そう思い、阿久悠はその「時」を待つことにした。

沢田のソロとしての最初のヒットは、翌七二年三月一〇日発売の二枚目のシングル《許されない愛》（山上路夫作詞・加瀬邦彦作曲）で、最高四位、チャートイン二二週間で三五・三万枚を売り、この年のレコード大賞歌唱賞を受賞した。大賞はちあきなおみの《喝采》で、最優秀歌唱賞は阿久悠が作詞した和田アキ子の《あの鐘を鳴らすのはあなた》だった。

七二年の沢田研二は《許されない愛》の後も、《あなただけでいい》(安井かずみ作詞・平尾昌晃作曲)、《死んでもいい》(山上路夫作詞・加瀬邦彦作曲)とヒットを飛ばし、七三年になると、加瀬邦彦が音楽面でのプロデューサー的立場となり、安井かずみ作詞・加瀬作曲の組み合わせが定着した。

一方、七二年になると『スター誕生!』から歌手がデビューするようになった。最初の優勝者である森昌子の《せんせい》は阿久悠が作詞し、週間チャートに四〇週にわたりランクインし五一・四万枚の大ヒットとなった。『スター誕生!』はこれにより歌謡界に確固たるポジションを得た。以後、阿久悠は同番組出身の歌手の多くに、デビュー時から関わり、詞を書くようになる。

ここで『スター誕生!』(以下、ときに『スタ誕』とする)について記しておかなければならない。この番組そのものが阿久悠の最大の作品とも言えるのだ。

「スター誕生!」の時代

日本テレビの音楽番組のプロデューサー池田文雄が阿久悠に、新しいオーディション番組を作りたいと相談を持ちかけたのは、一九七一年六月のことだった。阿久悠の《また逢う日まで》がヒットしている時期である。

阿久の回想録『夢を食った男たち』では、この時点で日本テレビと渡辺プロダクションとが全面戦争状態にあり、ナベプロのタレントが日本テレビの番組に出演しなくなったので、タレントを「貸さないというのなら、こちらで作るまで」という気運が高まり、『スター誕生！』が生まれたとあるが、これは記憶違いと思われる。両者が全面戦争に突入するのは、『スター誕生！』が始まった後の一九七三年のことで、七一年当時はまだ関係は良好で、渡辺プロダクションのタレントは普通に日本テレビの番組にも出演していた。

阿久悠が池田の誘いに乗ったのは「テレビから誕生したスターの必要性」を感じていたからだった。一九七一年はテレビが本格的に普及してからまだ十年ほどしか経っていない。阿久悠の理解では、テレビの特性とは「日常性」だった。そして、その日常性を魅力としたスターはまだ生まれていない。それを生み出したい。そんな思いが『スタ誕』の発想の根底にあった。阿久悠は放送作家として、作詞家として、この企画にのめり込んだ。

それまでもオーディション番組は存在した。日本テレビでは前年の一九七〇年に「全日本歌謡選手権」が放送され、五木ひろし、八代亜紀などがこの番組をきっかけにブレイクしていった。「全日本歌謡選手権」がセミプロを対象とした歌唱力のある本格的な歌手の発掘を狙っていたのに対し、阿久の立てたコンセプトは、「テレビ時代のアイドル歌手」、つまり日常性を魅力としたアイドルを発見し育てようというものだった。

結果的に阿久悠のコンセプトは見事に時代と合致した。『スタ誕』は一九八三年までの十二年間放映されるが、その間の応募者総数は約二〇〇万人と言われ、そこから八七組(九一人)が歌手としてデビューする。全国の中学・高校で「学年で一番かわいい」レベルの女の子のすべてが、堂々と、あるいは密かに応募したと考えていいだろう。後に都倉俊一は、多くの歌手や女優たちから、自分もハガキを出したが、番組に出る前の予選で落とされたと打ち明けられている。そのなかには、松田聖子や古手川祐子もいた。

『スタ誕』では、毎週、阿久悠や都倉俊一たちプロの作詞家・作曲家たちが点数を付けて、合格した者が三カ月に一度の決戦大会へ進み、そこでグランドチャンピオンを決める。その次に、会場にいる芸能プロダクションとレコード会社が、その新人を自社からデビューさせたいと思えばプラカードを上げる。この最後の段階に登場するプロダクションのなかに、当初は渡辺プロダクションも、顔を出しておくという程度の消極的な態度だったが、参加していた。日本テレビ側も、渡辺プロダクションを排除していたわけではなく、「戦争」状態にはなかったのだ。一方、積極的だったのがホリプロとサンミュージックだった。

番組が始まっても、素人がいきなりスターになれるものかと冷ややかに見られていたが、森昌子が成功し、桜田淳子がそれに続き、山口百恵が大成功すると芸能界の地図も変わってくる。渡辺プロダクションは守勢に立たされた。ナベプロだけではない。他のテレビ局も穏やかではない。さらにはレコード会社のなかにも、テレビ局主導での歌手デビューには、その音盤の権利というビジネスの利権も絡んでいたので、面白く思わない者もいた。ナベプロ帝国に翳りがみえてくるのはいいとしても、新たに日本テレビ帝国が生まれたのでは困るのだ。

アイドルと演歌とアニメと

《せんせい》を含め、七二年に年間チャートの上位一〇〇位以内に入った阿久悠の曲は一〇曲——山本リンダ《どうにもとまらない》《狂わせたいの》、森田健作《友達よ泣くんじゃない》、藤圭子《京都から博多まで》、尾崎紀世彦《愛する人はひとり》(発売は七一年)《ふたりは若かった》、内山田洋とクール・ファイブ《この愛に生きて》《恋唄》、森昌子《せんせい》《同級生》があった。レコード大賞では、売上はそれほどでもなかった和田アキ子《あの鐘を鳴らすのはあなた》が前述のように最優秀歌唱賞を受賞した。他に阿久の曲では《ピンポンパン体操》が童謡賞、《せんせい》の森昌子が新人賞、《どうにもとまらない》他で都倉俊一が作曲賞を取っている。

沢田研二は七三年四月二一日発売の《危険なふたり》で、ソロになってから初めて週間チャートで一位となった。この曲は年間でも五位で、六五・一万枚の大ヒットとなり、日本歌謡大賞を受賞した。沢田研二の最初の頂点である。しかしレコード大賞では歌唱賞の五人にも選ばれず、大賞は五木ひろしの《夜空》、沢田は、《わたしの彼は左きき》の麻丘めぐみ、《ロマンス》のガロと並び、大衆賞にとどまった。

阿久悠の曲で七三年の年間一〇〇位以内は、フィンガー5《個人授業》、森昌子《同級生》《中学三年生》、チェリッシュ《若草の髪かざり》、山本リンダ《じんじんさせて》《狙いうち》、堺正章《街の灯り》、ペドロ&カプリシャス《ジョニィへの伝言》、森進一《冬の旅》、あべ静江《コーヒーショップで》《みずいろの手紙》で、ランクインはしていないが、桜田淳子《わたしの青い鳥》もある。前年もランクインした《せんせい》も七三位で入っている。

七三年のレコード大賞では、阿久が《ジョニィへの伝言》と《じんじんさせて》でレコード大賞の作詞賞を受賞したが、大賞候補の歌唱賞五曲のなかには阿久の曲はない。

一九七四年の阿久悠はフィンガー5、森昌子、桜田淳子、伊藤咲子といったアイドルの曲を次々と書く一方で、本人言うところの「アウェイ」である演歌に挑み、森進一の《さらば友よ》《北航路》を書き、さらにはテレビアニメ『宇宙戦艦ヤマト』の主題歌まで書き、その活動範囲を広げようともしていた。

この七四年の年間チャート一〇〇位以内に入った阿久悠の曲は、フィンガー5《恋のダイヤル6700》《学園天国》《個人授業》《恋のアメリカン・フットボール》《恋の大予言》、森進一《冬の旅》《さらば友よ》、夏木マリ《お手やわらかに》、桜田淳子《花物語》《三色すみれ》《黄色いリボン》、野口五郎《こころの叫び》《愛さずにいられない》、ペドロ&カプリシャス《五番街のマリーへ》、あべ静江《突然の愛》と一五曲となった。

このなかで森進一に書いた《さらば友よ》が日本作詩大賞を受賞したが、レコード大賞となると阿久悠は縁がない。フィンガー5が「ヤングアイドル賞」(この年にしか設けられていない)を《恋のアメリカン・フットボール》で受賞しただけだった。この年の大賞は森進一の《襟裳岬》で、最優秀歌唱賞は五木ひろしの《みれん》と、森・五木時代の本格的な始まりとなったが、沢田研二も《追憶》で二年ぶり、二度目の歌唱賞を受賞した。

七四年も沢田の曲は安井と加瀬が作り、この年最大のヒットとなったのは七月一〇日発売の《追憶》で、五七・九万枚を売り、二度目の週間チャート一位獲得曲となり、年間でも一一位となった。

沢田研二は「熟していた」。阿久悠も「腕を上げていた」。

この時期の阿久悠は山本リンダ、森昌子、桜田淳子、あべ静江、フィンガー5などの曲を連続して手がけてヒットさせていたが、そのファンに支えられてヒットしたという要素が強く、その年の頂点と呼べる曲は書けなかった。この時期、作詞家として頂点にあったのは、安井かずみと山口洋子という二人の女性作詞家だった。レコード会社専属という徒弟制度の外から歌謡曲の世界へ参入したという点でも、この二人は阿久悠にとってライバルである。

さらに七四年のレコード大賞受賞曲《襟裳岬》は、吉田拓郎が作曲し、作詞の岡本おさみもフォーク出身と、阿久悠よりもさらに新しい世代が頂点に立っていた。後に「ニューミュージック」と呼ばれる若い才能——彼らもまた既成の歌謡曲のシステム外からの参入組だ——が歌謡界に本格参入し、メインストリームの頂点に立ったことは、阿久悠にとって衝撃だった。

そして——七四年の年間チャート六〇位に、アグネス・チャン《ポケットいっぱいの秘密》があった。

阿久悠と桜田淳子と山口百恵

一九七五年前半の週間ヒットチャートを見ていこう。

この年最初の週間一位は山口百恵《冬の色》（千家和也作詞・都倉俊一作曲）だった。百恵にとって七枚目のシングルで初めて週間チャート一位を獲得し、初めて五〇万枚を突破した曲だ。七四年夏の《ひと夏の経験》のほうが、「こんな曲を歌わせるなんて」という批判も含めて話題になったが、売上枚数では、静かで叙情的な《冬の色》のほうが上であり、山口百恵の歌唱力が評価される最初の曲でもあった。

《冬の色》を追うのが桜田淳子《はじめての出来事》(阿久悠作詞・森田公一作曲)で、これも前年一二月五日に発売され、年明け二週目に二位に浮上していた。

桜田淳子はデビュー曲《天使も夢みる》からずっと阿久悠が作詞を担っていた。百恵とは同じ『スター誕生!』出身で同学年、さらに同じ中学に通い、顔立ちも似ており、本人同士は仲がよかったが、所属事務所が百恵はホリプロ、淳子はサンミュージック、レコード会社も百恵がCBSソニー、淳子がビクターとそれぞれライバル関係にあった。「花の中3トリオ」では昌子と百恵は同じホリプロだが、あまり仲はよくない。そして、阿久悠がデビュー時から中期的戦略のもとで一貫して作詞していたのが、昌子と淳子という、ねじれた関係にある。

阿久悠が山口百恵に関わらなかったのにはいろいろな理由があるだろう。ひとつは『スタ誕』の審査員には作詞家では千家和也もいたので、阿久が独占するわけにはいかなかったことだ。百恵が契約するCBSソニーには、アイドルを育てる名手となっていた酒井政利がいたので、プロデューサーとしても関わりたい阿久は近づきにくい。酒井は作詞家ではないが、ヒットメーカーという点では阿久悠の最大のライバルだった。

もうひとつが、『スタ誕』での決戦大会で、百恵を評して審査員の阿久が「誰か青春スターの妹役みたいなものならいいけど、歌は……諦めた方がいいかもしれないねぇ」と言ったので、百恵から嫌われていたという伝説である。阿久も自著でそう言ったことを認め、〈妹役程度の女優にしかなれないという意味ではなく、妹役なら、何の努力もなく、この場からドラマのスタジオに連れて行っても、すぐに存在を示せる〉という、最大の褒め言葉だったと説明している。

デビュー前に阿久からこう言われたことを、百恵は引退時に出版した『蒼い時』に書いている。つまり、ずっと覚えていたわけだ。この本は三〇〇万部以上が売れたとされるので、阿久悠は「百恵を見抜けなかった作詞家」との烙印を押されてしまった。

とはいえ、たとえ百恵が阿久に対していい感情を抱いていなかったとしても、「阿久先生には書いてほしくありません」と言ったとは思えない。当時の百恵は、そういう希望を言える立場にはない。

阿久と酒井との一種のライバル関係が、百恵と阿久とを疎遠にした最大の理由だろう。その結果、山口百恵の曲は阿久悠の曲の最大のライバルとなり、阿久悠が詞を書く歌手たちは山口百恵の最大のライバルとなっていく。

桜田淳子と山口百恵の対決は、デビューした一九七三年、デビュー曲では桜田淳子の《天使も夢みる》は一二・一万枚、山口百恵の《としごろ》は六・七万枚なので淳子が勝った。しかし淳子は笑顔のアイドル路線を堅持して、三枚目の《わたしの青い鳥》で〈ようこそここへ、クックックック〉と歌って、一五万枚を超えたものの、百恵は《青い果実》で〈あなたが望むなら　私何をされてもいいわ〉と歌って一九・六万枚の大ヒットを放った。

以後、二人はそれぞれの固定ファンを得て、一五万枚から二〇万枚をコンスタントに売っていく。先に二〇万枚の壁を突破したのは淳子の《花物語》で、笑顔をふりまきながらの「花シリーズ」が続く。百恵は「危なげな青い十代」路線の曲を、無表情に歌っていた。七三年末の賞レースは淳子の圧勝で、レコード大賞最優秀新人賞を受賞、百恵は新人賞にも選ばれなかった。「紅白歌合戦」には淳子も百恵も選ばれなかった。

デビュー二年目は、よく「二年目のジンクス」と言われ、前年にヒットした歌手はふるわないことが多い。新人歌手にとって二年目こそ正念場だった。この年にはこの年の「新人」が出てくるので、前年デビュー組は新鮮さを失ってしまうのだ。森昌子はまさにその道を進むというか下落していた。しかし、桜田淳子と山口百恵は違った。

アイドルが大人になるということ

一九七四年は、淳子が乙女チックに〈風になびく黄色いリボン〉（黄色いリボン）だとか〈花びらむしりながら恋をうらなう〉（花占い）と歌っている間に、百恵は〈女の子の一番大切なものをあげるわ〉（ひと夏の経験）と歌い、四四万枚の大ヒットを飛ばした。百恵はそのままさらに「青い性」路線を進むのかと思いきや、次は〈傷つきあうのが恐いから〉（ちっぽけな感傷）と恋に怯える心を歌い上げ、四三万枚とヒットを続けた。

阿久悠としては、桜田淳子を少しずつ大人にしていこうと、中期的計画のもとで作詞しているのだが、CBSソニーのプロデューサー酒井政利と作詞家千家和也は、百恵を大胆に歌ごとに変えていく。それに応えて作曲しているのが、都倉俊一だった。

都倉俊一（一九四八〜）は外交官の子として生まれ、四歳からヴァイオリンを習い、正規の音楽教育を受けた作曲家だ。父の仕事の関係でドイツに住んでいた時期もある。学習院大学時代にフォークグループ「ザ・パニック・メン」にヴォーカリストとして参加し、六八年にレコードデビューを果たした。一方、大学二年のときから作曲家活動を始めていた。

花の中3トリオのもうひとり、阿久が全面的に関わった森昌子はというと、七二年七月一日発売の《せんせい》こそ五一・四万枚の大ヒットとなったが、以後は出すたびに枚数は減っていった。阿久悠は《せんせい》《同級生》《中学三年生》《夕顔の雨》《白樺日記》《記念樹》《若草の季節》と七曲続けて書いたが、そこでいったん離れていた。最後の《若草の季節》は八・四万枚と一〇万枚を割り込み、何らかのテコ入れが必要となっていたのだ。その後の三曲はそれぞれ別の作詞家、作曲家に委ねられ、一〇万枚にまで回復した。そして七四年一二月一日発売の《北風の朝》から再び阿久悠が書くことになった。

『スタ誕』出身の三人は七四年の年末の賞レースに臨み、百恵は《ひと夏の経験》でレコード大賞大衆賞を受賞し、「紅白歌合戦」にも出場できた。淳子は前年こそ《わたしの青い鳥》で最優秀新人賞を受賞するも、二年目は無冠、昌子も無冠である。だが二人ともこの年も「紅白歌合戦」には出場した。現在も芸能界に残っているのは最初にデビューした森昌子だけだが、彼女はその四十年以上のキャリアを通じて、結局、売上枚数ではデビュー曲《せんせい》を抜くことはできない。

こうしてアイドル戦線は百恵圧勝で一九七四年は終わった。高一トリオは揃って一二月に新曲を出したが、阿久悠が作詞した昌子の《北風の朝》は最高が二二位で、またも一〇万に満たない九・九万枚に終わり、ヒットチャート戦線からは完全に脱落した。

淳子と百恵は高校二年生になる一九七五年もデッドヒートを繰り広げる。

発売後最初の週、一二月一六日では淳子の《はじめての出来事》が初登場で一〇位なのに対し、百恵の《冬の色》は一八位だった。しかしこれは《はじめての出来事》のほうが五日先に発売されていたため、集計上、優位だったからだ。七四年最後のチャートとなる一二月二三日では、百恵の《冬の色》は一気に一位となり、《はじめての出来事》も上昇するが七位だった。

《冬の色》は一二月二三日から翌年一月二七日まで五週にわたり一位を維持し、《はじめての出来事》は一月一三日で二位になるとこれも二位を維持し、ついに二月三日に一位を奪取、《冬の色》は二位に落ちた。だが《はじめての出来事》も一位になったのは一週のみで、二月一〇日、野口五郎《私鉄沿線》に首位を明け渡す。

フィンガー5の瞬間風速

フィンガー5の曲こそが、七三年から七四年にかけての阿久悠の最大のヒット作だった。フィンガー5は沖縄出身の玉元家の五人きょうだいによるグループだが、六一年生まれの四男の晃《あきら》がリードヴォーカルで、彼の人気でもっていた。阿久悠は彼らにプロデューサー的に関わり、都倉俊一と井上忠夫（井上大輔）に交互に作曲させ《個人授業》（都倉）が七一・五万枚、《恋のダイヤル6700》（井上）が八三・七万枚と大ヒットし、続く、《学園天国》（井上）も五〇万を超え、《恋のアメリカン・フットボール》（都倉）、《恋の大予言》（井上）も三〇万前後は売っていた。そして、一二月二五日には《華麗なうわさ》（都倉）が発売され、年が明けるとチャートインしたが一時の勢いはなく、一月二七日の六位が最高で、二〇万枚に達しなかった。晃が変声期に入り、セールスポイントの高音が出なくなり、《華麗なうわさ》では妹の妙子がメインヴォーカルとなったが、それではファンがついてこなかったのだ。

阿久悠は〈あんなに早く声変わりしてしまうとは、思ってもみなかった。もっと年は下だと思ってたのね。身体は小さいし。そうしたらマネジャーが「いや、まだ下に従兄弟がいますから」って（笑）。「妹もいますし、大丈夫ですよ」なんて言うんだけど、大丈夫じゃなかったな〉と振り返っている。この後も、阿久悠は律儀に四曲書くが、最後の七六年一二月の《モンローウォークのお嬢さん》は一・二万枚だった。

どんなに曲がよくても、その歌手の人気が失速してしまうとヒットはしない。これが歌謡曲の評価の難しいところだ。

フィンガー5の《華麗なうわさ》が六位になった七五年二月三日で七位だったのが、伊藤咲子《木枯しの二人》だった。伊藤も『スター誕生！』出身で、前年（七四年）四月のデビュー曲《ひまわり娘》から七七年一〇月の《何が私に起こったか》まで一二曲連続して阿久悠が作詞した。《ひまわり娘》は一一・二万枚と合格点だったが、二曲目《夢みる頃》は二・三万枚しか売れなかった。最初の二曲はイスラエル人のシュキ・レヴィが作曲したが、三曲目の《木枯しの二人》では三木たかしに作曲してもらい、二七・八万枚のヒットとなる。だが伊藤にとってはこの《木枯しの二人》が最大のヒット曲だった。

『スター誕生！』は最初期に森昌子、桜田淳子、山口百恵が鮮やかに成功し、以後も岩崎宏美、ピンク・レディーと続いたので、あたかも優勝した全員がスターになったかのようなイメージがあるが、実際は成功したのはごく僅かで、デビューしたもののヒットせずに消えていった歌手のほうがはるかに多い。伊藤咲子は残ったほうだった。

松本隆と太田裕美

この時点で阿久悠が、その作詞家を新たなる脅威と認識していたとしたら、先見の明があったことになる。桜田淳子が初めて一位となった七五年二月三日、ヒットチャートの二〇位に《雨だれ》という曲が入っていた。前年一一月一日に発売された新人歌手のデビュー曲が、三カ月を過ぎて、じわじわと上昇していたのだ。

その新人は太田裕美、作曲者はヒットメーカーの筒美京平、そして作詞者は松本隆だった。

松本隆はアグネス・チャンのためにアルバムの曲を含め二四曲書き、その当時を〈暗中模索で、少女マンガみたいに女の子の世界に自分の詞を当てはめようとしていた〉と振返っている。だがその暗中模索はそう長くは続かなかった。渡辺プロダクションが売り出そうとしている新人歌手と出会うことで、〈すごい地下鉱脈〉を掘り当て、その歌手こそが太田裕美だったのだ。

松本隆が掘り当てたのは〈自分の中の少女〉〈少年＝少女〉だった。〈少女を理想化するのではなく、自分と同じ生きた人間として描けばいいと〉気づいたのだ。

太田裕美はアイドルでありながら音楽性があるのがセールスポイントで、ピアノを弾きながら歌った。フォーク系のシンガーソングライターならともかく、ピアノを弾きながら歌うアイドルなど、それまでは考えられなかった。

音楽性とアイドル性は両立するのか。この永遠に回答の出ない問題に、真正面から取り組んでいたのは、業界最大手の渡辺プロダクションだった。このことはもっと評価されるべきだろう。渡辺プロダクションはあまりに大きくなり、「ナベプロ帝国」と称されたように、強圧的姿勢のイメージも加わり、商業主義の権化のように思われていたが、所属している歌手たちはアイドルであっても、歌がうまいというのが大前提だった。

その点では、『スタ誕』出身歌手たちとは、大きな差があった。商業主義で、たいして歌のうまくない新人歌手を量産していたのは『スタ誕』の方だったのだ。
では太田裕美はどのように見出されたのだろう。

現在のテレビ朝日は当時はNET（日本教育テレビ）といった。日本テレビ、TBS、フジテレビに次ぐ第四の民放で、音楽番組やバラエティ番組が弱かった。渡辺プロダクションとの関係も薄い。実は局全体としては、渡辺プロダクションと最も関係が深かったのは、「シャボン玉ホリデー」からの付き合いがある日本テレビだった。

一九七三年――『スタ誕』が始まって二年目――NETの娯楽番組部門の責任者は、この部門を強化するためにナベプロと提携しようと考え、同社社長の渡邊晋を訪ねた。

渡邊は『スタ誕』の成功に危機感を抱いていた。このままでは新人タレント発掘の主導権をテレビ局に奪われてしまう。とはいえ、巨大な資本と設備と、全国のネットワークを持つテレビ局に、いくら帝国と称されていても所詮は中小企業でしかないプロダクション単独では対抗できない。そこで、他局と組んで渡辺プロダクションによるオーディション番組を作れないかと考えていた。そんなところに、NETがやって来た。渡邊がそのアイデアを話すと、乗ってきた。渡邊の構想は、『スタ誕』でのテレビ局とプロダクションの構造をそのまま反対にしたものだった。番組制作はナベプロが請け負い、新人の発掘、オーディション、審査員の選定と何から何まで仕切る。この番組から生まれた新人はナベプロに所属し、レコードの原盤制作権もナベプロが所有する。NETは放送するだけだった。

そこまでなら、オーディション番組がもうひとつできるだけの話だった。しかし、放映時間が月曜夜八時と決まったことで、日本テレビとの関係が悪化した。この時間帯は日本テレビの『紅白歌のベストテン』と重なるのだ。この番組は渋谷公会堂からの公開生放送で、ナベプロの沢田研二、天地真理、小柳ルミ子らもよく出演していた。

当時のテレビ界には、同じプロダクションのタレントは同じ時間帯の裏番組には出演しないという不文律があった。NETのオーディション番組にナベプロの歌手がゲスト出演するのであれば、『紅白歌のベストテン』にはナベプロの歌手は出られなくなる。「それで、いいのでしょうか」と、ナベプロの担当者は社長の渡邊晋の決裁を仰いだ。晋は「それでいい」と答えた。

これに慌てたのが、『紅白歌のベストテン』の担当者だ。渡邊に会い、沢田研二らには引き続き出演して欲しいと頼んだ。渡邊は「そんなにウチのタレントが欲しいのなら、『紅白歌のベストテン』の放送日を変えたらいい」と言い放った。

この一言が、全面戦争の宣戦布告となった。日本テレビ制作局次長井原高忠は激怒した。テレビ創生期に始まった渡邊晋と井原との盟友関係は終わった。井原は「渡辺プロダクションのタレントは、一切、日本テレビの歌番組とバラエティ番組では使わない」と決断したのだ。それは無謀と思われた。ナベプロ帝国のタレントなしで歌番組が成り立つのか。バラエティが作れるのか。しかし、井原はその方針を徹底させた。

日本テレビは七三年四月から金曜午後一〇時に渡辺プロダクションと共同でバラエティ番組を放送する予定だったが白紙に戻し、急遽、作られたのが、『金曜10時！うわさのチャンネル‼』だった。打倒ナベプロに日本テレビの社員は燃え、番組は成功した。

NETは予定通り、四月二日から月曜八時に『スター・オン・ステージ あなたならOK！』を放送した。しかし、視聴率的に惨敗した。歌謡曲ファンは、もしかしたらスターになるかもしれない素人が出る番組よりも、現時点でのスターである山口百恵や西城秀樹が出るほうを選んだ。さらに、この月曜八時はTBSの『水戸黄門』という強敵もあった。

『あなたならOK！』は半年で打ち切られた。この番組からデビューしたのは藍美代子と、あいざき進也だけだった。しかし、ナベプロはこの時間帯の制作を引き続き請け負い、一〇月から『ビッグスペシャル』と題した歌謡バラエティを放映し、その一コーナーとして「あなたならOK」が組み込まれ、七三年一二月に太田裕美が優勝した。

「松本－筒美」最初のヒット

太田裕美（一九五五～）は幼少期からピアノを習い、八歳で初めて作曲をした。小学校ではコーラス部に入り、上野学園中学校音楽指導科声楽科へ進学した。しかし太田裕美はクラシック音楽への道は進まず、中学三年生の年に、渡辺プロダクション系列の東京音楽学院に入った。「ジュリー（沢田研二）に会えるかも」との理由で、渡辺プロダクションのスクールメイツのオーディションを受けたのがきっかけだ。同期生に伊藤蘭・田中好子らのキャンディーズがいた。ここでレッスンを受け、高校三年の一九七三年一月からはNHKの『ステージ101』にレギュラーグループ「ヤング101」の一員として出演していたので、同年一二月に『あなたならOK！』に出場した時点で、太田裕美はすでに半分は芸能界へ入っていたと言っていい。

『ステージ101』への出演と並行して、太田裕美は渡辺プロダクションが経営していたライブハウスでピアノの弾き語りをしていた。そこへ「いい新人がいるから見てくれ」と渡辺プロダクションのマネージャーから言われたCBSソニーの白川隆三がやって来た。白川は一九六八年にCBSソニーが設立した際に入社してから、酒井政利の下で働いており、そろそろディレクターとして、新人を一から手がけようとしている時期にあった。白川は太田裕美を見て、当時大ヒットしていた小坂明子に通じるものを感じた。

小坂明子が自ら作詞作曲してピアノを弾きながら歌う《あなた》が発売されたのは七三年一二月で、年が明けると、一六五万枚の大ヒットとなっていた。

この《あなた》は阿久悠に衝撃を与えた。

〈小坂明子は、自分で作詞し、自分で作曲し、自分でピアノを弾き、自分で歌う。衝撃を感じた理由は、世の中の若者が支持するものが、才能の方向に傾いて来ているということで、従来型の、愛らしい、たくみに表現するということの他に、作る才能を持っている人に喝采をおくるものだと知らされたのである〉。

阿久悠ははっきりと書かないが、小坂明子はスリムではなく美人でもなく、とてもテレビで歌えるようなルックスではなかった。自分で作詞作曲しピアノも弾いて歌うという音楽的才能に世の中は拍手を送ったのだ。もちろんその作品が支持される内容だったからなのは、言うまでもない。大きな窓と小さなドアの小さな家に住み、バラとパンジーがあり、子犬がいて、あなたがいればいいという小市民的生活への憧れが支持されたのだ。

阿久悠はしかし、この曲によって「あなた」つまり「男性」がバラとパンジーと子犬と同格であることに注目し、〈その後の男性の立場の矮小化を暗示していた〉と解説する。

小坂明子はヤマハ音楽振興会が主催するポピュラーソングコンテスト（通称・ポプコ

ン）出身で、《あなた》は七三年のグランプリ大会でのグランプリを受賞していた。
小坂と同時期のポプコン出身の女性シンガーソングライターとして高木麻早もいたので、CBSソニーの白川は、小坂と高木のイメージを念頭に置いて、太田裕美のデビュー戦略を練る——歌謡曲とニューミュージックの中間を狙うのだ。

太田裕美は小坂とは比べ物にならないほどルックスがよく、声も透明感があり伸びるし高音も美しく、ピアノも弾け、やろうと思えば作詞も作曲もできる（実際、後に作詞作曲をする）。

小坂明子のイメージから、白川は太田裕美をシンガーソングライターとしてデビューさせようと考えた。だが、上司である酒井政利から「初めて手がけた新人が売れなかったら、ディレクターとして大成しない」と言われて考え直す。つまり曲はプロに作ってもらおう、と。

まだ駆け出しの白川には懇意にしている作詞家も作曲家もいなかった。唯一、面識のある作曲家が筒美京平だった。《筒美京平の響》というインストゥルメントのアルバムを作ったときに会っていたのだ。しかし筒美は多忙であろう。新人ディレクターが手がける新人歌手のデビュー曲など引き受けてくれるだろうか——それでも白川は、自分がディレクターとして一本立ちするときには筒美に相談しようと決めていたので、意を決して筒美に会い、太田裕美のデビュー曲を依頼すると、快諾してもらえた。

作曲家は決まった。次は作詞家だ。白川が筒美に相談すると、松本隆を推薦された。一方、白川はスリー・ディグリーズの日本国内盤を担当した際に松本隆と仕事をしており、松本によると、その仕事が終わったら「今度、新人の詞を書いてもらうよ」と白川に言われ、それが太田裕美だったという。

かくして太田裕美のデビュー曲は松本隆・筒美京平に委ねられた。松本・筒美は歌謡曲界におけるゴールデンコンビと称されるが、この時点ではまだ、そうは呼ばれていない。筒美はすでに名うてのヒットメーカーだが、松本隆はそうではないし、二人で組んだからといってヒットが約束されていたわけではない。実際、アルフィーやオフコースの曲では結果が出せていない。白川つまりはCBSソニーにしてみれば、松本の起用は賭けに近い。だが、白川は筒美の感性を信じた。こうしてデビュー曲《雨だれ》が生まれた。

太田裕美のデビュー曲《雨だれ》は七四年一一月一日に発売された。レコード大賞の対象になるのは、その年の一〇月末までに発売された曲なので、一一月一日発売ということは、翌七五年の対象となる。新人の場合、春までにデビューして夏に人気が出ていないと賞レースに絡むのは難しい。一〇月にデビューさせるよりは一一月にしたほうが、翌年の賞を取る可能性が高いのだ。

《雨だれ》も太田裕美も爆発的な人気が出て大ヒットしたとは言えないが、新人のデビューとしては健闘し、発売から三カ月が過ぎた七五年二月三日の週間チャートで二〇位にまで上昇し、その後も二〇位前後に留まり、三月三日には一四位に上がり、これが最高順位となる。一〇〇位以内のチャートインは二二週間で、売上枚数一八・一万枚、クリーンヒットと言っていい。松本隆にとっては《ポケットいっぱいの秘密》に次ぐトップ20入りだった。

「高1トリオ」と岩崎宏美

渡辺プロダクションが太田裕美という「歌のうまいアイドル」を手に入れた頃、『スター誕生!』陣営も「歌のうまいアイドル」を獲得していた。岩崎宏美（一九五八〜）である。一九七四年七月一七日（放映は八月一一日）の『スタ誕』決戦大会で最優秀賞となり、デビューが決まっていた。岩崎は成城学園の初等学校に入ってから歌のレッスンを始め、中学校へ入ると、松田トシに弟子入りしていた。

松田トシ（松田敏江）は『スタ誕』の審査員のひとりで、クラシックの声楽の勉強をした童謡歌手として知られていた。松田はこの後、『スタ誕』で中森明菜に難癖をつけて二度も落としたことで歴史にのこる。

岩崎宏美は『スタ誕』で見出されると芸映に所属し、ビクターレコードからデビューすることになった。『スタ誕』へ応募したのは同学年の森昌子が優勝してデビューしたのを見て、「自分も、もしかしたら」と思ったからだということになっている。

つまり岩崎宏美も森昌子、桜田淳子、山口百恵と同学年で、七五年春から高校一年生だった。昌子・淳子・百恵の三人は「花の中3トリオ」と呼ばれ、そのまま「高1トリオ」となっていた。岩崎がそこに加わり高1カルテットとなることはなかったが、結果としてはそれが幸いしたであろう。この少女は高校生だという「若さ」を売り物にするのではなく、歌唱力を売り物にしていく。

岩崎宏美が阿久悠作詞・筒美京平作曲の《二重唱（デュエット）》でデビューしたのは七五年四月二五日だった。太田裕美の二枚目のシングルと同時期だが、こちらも作曲は筒美京平なのである。週間チャート最高一九位、一四・〇万枚と、太田裕美のデビューに近い数字を挙げた。「歌のうまいアイドル」市場がこの程度はあるということだ。

阿久は振り返る。〈続々とスターが誕生し、ぼくもまた少女たちをスターにするべく知恵を働かせ、いうことなしの成功を収めていたが、これでいいのだろうかとは思っていた。満たされないものがあったのである〉。

時の過ぎゆくままに

阿久悠がそういう状況にあるころ――ようやく阿久悠を沢田研二とつなげるプロジェクトが立ち上がったのだ。

阿久悠は『スタ誕』に深く関わっていたが、彼には渡辺プロダクションへの敵愾心はとくにない。だがナベプロ対日テレという構図のなかでは、阿久悠こそが日テレ陣営のなかで最も目立つ存在となっていた。それもあって、沢田サイドから阿久悠へオファーがくることはなかったのだろう。

その日がいつなのかは確定できないが、一九七五年の初め、あるいは七四年の終わりであろう。阿久悠は、TBSのプロデューサー久世光彦（一九三五～二〇〇六）から「沢田研二主演で連続ドラマを作ることになったので、一緒にやらないか」と誘われた。

ついに沢田研二が向こうからやってきたのだ。阿久悠に断る理由はなかった。

阿久は、それまで久世が手がけてきたドラマ『時間ですよ』や『寺内貫太郎一家』の劇中で歌う曲を作っていた。そのひとつが一九七三年の堺正章が歌った《街の灯り》（浜圭介作曲）で、一六・八万枚が売れた。

『寺内貫太郎一家』（一九七四年一月から一〇月）では、悠木千帆（現・樹木希林）扮する

「きん」が沢田研二のポスターを見て身悶えして「ジュリー」と叫ぶシーンが毎回あり、話題になっていたが、これは久世の沢田研二へのラブコールだったのである。沢田はこれに応えて一回だけ本人役で特別出演した。

このあたりがきっかけで、TBSは沢田研二主演でドラマを作ることになったのだ。

阿久と久世、そしてもうひとりのプロデューサーの三人は箱根の旅館に籠もり、沢田の主演でどんなドラマを作ろうかと語り合った。記録が残っているわけではないので、どういう経緯なのかは分からないが、阿久が「怪傑ゾロはどうだ」と言い、久世が「それはテレビでは無理だ」と答えた。この年、アラン・ドロン主演の『アラン・ドロンのゾロ』が公開されるので、「沢田を外国のスターにたとえるなら誰だ」「アラン・ドロンだ」「そういえば、ドロンがゾロをやるらしいな」という話の流れがあったのか。

ゾロはアメリカの作家ジョンストン・マッカレーが一九一九年に書いた小説の主人公で、何度も映画になっている。メキシコがスペイン領だった時代の仮面の剣士で、大泥棒なのだが、けっして人は殺さず、弱い者の味方でもある。日本のねずみ小僧のような義賊だ。

このゾロから、阿久と久世の会話は展開し、一九六八年一二月に起きた三億円強奪事件を題材にすることが浮上する。この七五年一二月で時効になるので、再びこの事件がマスコミで話題になってもいたのだ。犯人はモンタージュ写真からして青年である。沢田が犯人というのは年齢的に矛盾はしない。〈ふとしたことで、全く日の当たらない青年が三億円を抱いてしまったらどうなるだろうね〉と思いついた。

こうして沢田研二が三億円強奪事件の犯人を演じるという基本設定が決まり、タイトルは『悪魔のようなあいつ』となった。これはアラン・ドロン主演映画『悪魔のようなあなた』からの借用であろう。

ドラマのストーリーも阿久が考えることになったが、どうせなら、原作も作品としようとなった。ここで登場したのが、上村一夫（一九四〇〜一九八六）だった。

上村は阿久が広告会社・宣弘社に勤めていたときに、アルバイトでイラストレーターの仕事をしており、知り合った。当時の上村はまだ武蔵野美術大学の学生だったが、阿久はその絵のうまさに驚愕していた。六七年に上村は漫画家としてデビューし、七二年の『同棲時代』で一躍有名になるが、その前から阿久が原作を書いて上村が劇画化した作品もあった。

講談社の女性週刊誌「ヤングレディ」で、阿久と上村の『悪魔のようなあいつ』が始まるのは三月一七日号からだった。発売は一週前なので一〇日で、第一回の物語も一九七五年三月一〇日から一一日にかけての出来事となっており、冒頭には「あと二七五日」、最後のコマには「あと二七四日」と書かれている。三億円事件の時効までの日数のことだ。

以後、毎週一週間ごとにその数字が減っていく。

阿久悠としては、ドラマの原作を書くためにこのプロジェクトに加わっているのではない。彼は当然、沢田研二が歌うであろうドラマの主題歌を書くつもりだった。

劇画『悪魔のようなあいつ』に、《時の過ぎゆくままに》の歌詞が載るのは、第七回、四月二九日という設定の回だった。当然、このころには《時の過ぎゆくままに》の作詞は終わっている。ではどういう曲にするか、誰に作曲を依頼するかで、阿久は贅沢な試みをした。大野克夫、加瀬邦彦、井上堯之、井上忠夫、都倉俊一、荒木一郎の六人に詞を渡し、作曲してもらい、そのなかから選ぶというコンペをしたのだ。そして大野克夫の曲に決まった。

大野克夫（一九三九〜）はザ・スパイダースのメンバーのひとりで、解散後は沢田も加わったPYGに参加していた。七二年一一月がPYGとしての最後のシングル発売で、沢田はソロ歌手、萩原健一は俳優になったわけだが、残った井上堯之、大野克夫、岸部修三（現・岸部一徳）、原田裕臣の四人は井上堯之バンドとして活動していた。六人のなかでは大野と井上が沢田に近い。

主題曲も決まり、ドラマの準備も進む。劇画の最初の数回で主要人物が登場し、その設定をもとにして脚本が書かれるが、それを担ったのは、七四年に萩原健一主演・神代辰巳監督『青春の蹉跌』の脚本を書いて注目された長谷川和彦（一九四六〜）だった。長谷川が『青春の殺人者』で監督としてデビューするのは翌七六年のことである。

こうして――六月六日金曜日夜一〇時からTBS系列で、ドラマ『悪魔のようなあいつ』の放映が始まった。人気絶頂の沢田研二がドラマに主演し、しかも三億円事件の犯人を演じるというので話題性はあったが、視聴率はふるわなかった。現在のテレビの状況ではとても放映できないような、暴力と性が炸裂するドラマで、当時の人びともついていけなかったのだ。それぞれの登場人物が持つ過去も、ほのめかされるだけで、分かりにくい。

沢田研二は横浜のバー「日蝕」で歌手として働いている。一晩に何回か歌うのが仕事だ。昼間は何をしているでもない。足が不自由な妹がいて入院している。沢田の勤めるバーの経営者は元刑事で、三億円事件の捜査で何らかのミスをして警察を辞めたらしい。金持ちの女性に若い男性を斡旋することもしており、沢田はその客に売られている。このバーの経営者を藤竜也が演じた。バーに顔を出す刑事が若山富三郎で、三億円事件を個人的に追っており、沢田が怪しいと睨んでいる。こんな設定で物語は進む。毎回最初に「三億円事件の時効まであと〇日」と出て、一日が描かれて、最後に一日減った数字が出て、終わる。その数字は現実の時効までの日と同じで、次の週になると、ドラマの中でも一週間が過ぎており、刻々と時効が近づくという趣向である。

これは前年（七四年）一〇月から放映されたアニメ『宇宙戦艦ヤマト』と似ていた。このアニメではあと一年で人類が滅亡するという設定で、毎週最後に「人類滅亡まであと◯日」と一週間ごとに減っていくのだ。阿久悠はこの『宇宙戦艦ヤマト』の主題歌を作詞しているので、アニメを見ているはずだ。

『宇宙戦艦ヤマト』は一年の放送予定だったが、視聴率がふるわず半年で打ち切られてしまい、『悪魔のようなあいつ』もまた半年の予定で、実際の三億円事件が時効になる一二月に終わる予定だったが、四カ月ほどで打ち切りとなってしまう。

ドラマ『悪魔のようなあいつ』では毎回、一回か二回、沢田研二がギターの弾き語りで《時の過ぎゆくままに》を歌った。しかし放送が始まった六月の時点ではまだレコードは発売されていない。

できた曲に沢田の所属する渡辺プロダクションから、〈堕ちてゆくのもしあわせだよと〉が不健全過ぎるのでどうにかならないかとクレームが付いたが、このフレーズが〈これほど似合う歌手というのも、日本では珍しいなという感じがして〉阿久悠は押し切った。ここを穏便な言葉にしたらこの曲は成り立たない。

阿久悠に衝撃を与えた作詞家・作曲家たち

一九七五年三月から六月にかけては、風《22才の別れ》、かまやつひろし《我が良き友よ》、さくらと一郎《昭和枯れすすき》、布施明《シクラメンのかほり》がヒットチャート上位で競っていた。抜け出すのが《シクラメンのかほり》で五月一九日で一位になると、六月一六日まで五週連続で維持した。

《シクラメンのかほり》は現役の銀行員の小椋佳が作詞作曲した。小椋について阿久悠は〈ニューミュージックを大きく方向転換させた人であろう〉と一九七七年に書いている(実戦的作詞講座)。

この《シクラメンのかほり》から一位を奪取するのが、ダウン・タウン・ブギウギ・バンドの《港のヨーコ・ヨコハマ・ヨコスカ》で、これも七月二一日まで五週にわたり一位を守った。この曲は阿久悠に衝撃を与えた。

宇崎竜童(一九四六〜)率いるダウン・タウン・ブギウギ・バンドは一九七三年に結成され、宇崎の作詞作曲による《知らず知らずのうちに》でレコードデビュー、七四年の《スモーキン・ブギ》が大ヒットした。この曲のヒットについて阿久悠は〈別に驚かなかった。いまさらロックンロールという気持ちもあった〉と記す。しかしそうは言いつつも、〈前年あたりからすっかり主流になっているフォークソング、またはフォーク調歌謡曲の、湿度の高いセンチメンタリズムに、「冗談じゃねえやい」と一撃を食わせたような快感〉を、彼らに抱いてもいた。

松本隆も〈当時は僕らの上には、ザ・フォーク・クルセダーズとグループサウンズ、あとは自虐的な歌謡曲しかなかった〉と語っている。「自虐的な歌謡曲」とは、自分がいかに不幸であるかを歌った曲だ。日本の歌謡曲の大半をこの種の歌が占めていた。貧しいです、家族と別れました、失恋しました、捨てられました、全てを失くしました、と歌い、それを聴くことで人々は「自分よりも不幸な人がいる」と安心し、精神の均衡を保っていた。

演歌だけではない。反戦フォークから始まるフォークやロックも、世の中に対し、「NO！」と叫ぶことから、いつしか、その詞においては「自虐的な歌謡曲」と同じようになっていった。「私たち」は不幸でなければならず、それは政治家や社会が悪いからだと歌っているうちに、〈貴方のやさしさが怖かった〉だの〈なごり雪〉がどうしたとか〈夜汽車に乗って嫁いでゆくの〉といった、自虐的な歌がもてはやされていた。

そういうフォークソングは松任谷由実によって「四畳半フォーク」と否定的に命名されるが、たしかに七四年から七五年はこれが主流だった。演歌のファンよりは年齢層がだいぶ下がるが、結局のところ、日本人は歌で泣きたい。あるいは泣ける歌が「いい歌」だと思う傾向にあるようだった。

ダウン・タウン・ブギウギ・バンドの登場は、その流れとは逆だったので、阿久悠はそれなりに注目していた。そこに七五年四月発売の《港のヨーコ・ヨコハマ・ヨコスカ》が登場する。当初は《カッコマン・ブギ》のB面として作られたが、こちらのほうが話題になった。宇崎の妻である阿木燿子のプロの作詞家としてのデビュー曲だった。「歌」というよりも「語り」で、探偵らしき男が港の酒場をめぐり、ヨーコという女を探しているという設定だが、この男はあくまで「聞き役」であり、この男に対して、「関係者」らしき人物がヨーコについて知っていることを語る。最後に、「あんたあの娘のなんなのさ」となって、バンドのメンバーが〈港のヨーコ・ヨコハマ・ヨコスカ〉と絶叫するところだけがメロディが付いている。構成も斬新だった。こんな歌はなかった。

だが阿久悠が衝撃を受けたのは、そういう形式上の斬新さもさることながら、彼が原作を書き、上村一夫が劇画にした『ジョンとヨーコ』という〈基地の町で生まれた少年と少女が、コールガールとヒモという協力関係でカネを稼ぎ、巨大なラブホテルを建設する夢を見ている〉ストーリーの作品があったからだ。いうまでもなく、主人公の名はジョン・レノンとオノヨーコからの借用だろう。

このような不良の世界を描くのが、かつて《ざんげの値打ちもない》を書いた阿久悠の持ち味だったのに、彼はいつしかアイドルのための明るく健康的な歌ばかり書くようになっていた。阿久悠は《港のヨーコ・ヨコハマ・ヨコスカ》を聴いて、「やられた。俺が書きたかった」と衝撃を受けたのだ。

それだけでは終わらなかった。ライバルの登場に、〈ぼくは発奮した〉。それが一九七五年の阿久悠だった。

七月二八日で、《港のヨーコ・ヨコハマ・ヨコスカ》から一位を奪ったのが、この年の新人細川たかしの《心のこり》だった。作詞はなかにし礼で、阿久悠のライバルであるこの大作詞家もまだまだ健在である。四週連続一位となった。細川は新人賞の最有力候補に浮上した。

八月二五日の一位は小坂恭子の《想い出まくら》だった。彼女もヤマハのポプコン出身で、七四年五月につま恋で行なわれた本選で《恋のささやき》でグランプリを受賞していた。

《想い出まくら》が一位になったのは一週間だけだったが、三六週にわたりチャートインし八五万枚を売る。だが小坂恭子の曲で大ヒットしたのはこれだけだった。ポプコン出身者はいわゆる「一発屋」が多く、長く継続してヒット曲を出すのは中島みゆき、佐野元春、長渕剛、チャゲ&飛鳥など僅かしかいない。

静岡から来たデュオ

ポプコンの七四年の東海地区大会には、静岡県の常葉高校（現・常葉学園高校）の同級生デュオもいた。二人はヤマハボーカルスクールに通い、デュオ「クッキー」となり、歌手になるべくレッスンに励んでいた。ポプコンでは本選へは進めなかったが、二人は諦めない。ポプコンがダメならば『スタ誕』もある。このクッキーこそが、根本美鶴代と増田恵子――後のピンク・レディーであった。

ピンク・レディーの登場は翌年である。だが二人はこの七五年にはすでに『スタ誕』を目指して動いていた。日本テレビのプロデューサー池田文雄によれば、二人が池田に相談に来たのは七五年春だったという。池田は入院中だったが、その病院へ二人がやって来たのだ。審査の公平性を保つためにも池田は応募者には会わないことにしていたが、二人のミュージックスクールでの教師の友人が、池田の妻の親戚という関係で、どうにか会ってくれと頼んできたのだ。それだけ二人は熱心というか真剣だったとも言える。

聞けば増田恵子は『スタ誕』の静岡大会に一度出て落ちていた。そこで今度はデュオで挑戦したいが、「次の静岡での大会まで待てないんです、東京で受けられないでしょうか」と言った。

池田はこのときの二人に好印象は抱いていない。入院先まで押しかけてきた強引さは熱意と解釈してもいいが、頼みに来るのだから普通の服装で来ればいいのに、タレント風のコスチュームで現れたことにも違和感を抱いた。それもあって池田は、「交通費も出せないし、他の応募者と同じ扱いにしかできないが、受けるのはそちらの自由だ」と冷たく言い放った。当然と言えば当然の対応だ。

二人はそれでもかまわないと言う。仕方がない。池田は部下の金谷に、「こういう二人が行くから、受けるだけ受けさせてやってくれ」と伝えた。合格させるという約束はできないが、受けに来た者を受け付けることはかまわないだろうとの判断だった。

このように病院にまで押しかけて池田に依頼する一方、クッキーの二人は、フジテレビのオーディション番組『君こそスターだ！』にも挑み、二位で落選していた。

一一月末、『スター誕生！』の予選会に二人はやって来た。金谷は池田から頼まれていたので、受け付けた。まさにその日、テレビでは『君こそスターだ！』が放映されており、二人が二位になったのが映っていた。金谷は仕事がらライバル番組も見るようにしていたので、その日も見ていた。そして二人があまりにも見事に落ちたので、それならばこっちでもらってしまえと思い、予選を通してしまった。

池田は気になっていたので、金谷に「あの二人はどうなった」と電話をかけた。事情を聞いた池田は、「なんだ、それは」と絶句した。

後にピンク・レディーとなって大人気を博している最中の芸能誌「平凡」ではこの経緯はこういう物語となっている。池田に会いに行ったことが伏せられているのを除けば、嘘はない。

〈10月末、「進学か就職か、迷っていた」時に東京で某テレビ局の決戦大会があったが2位で落選。そこで二人は雑誌に掲載された『スター誕生!』の募集を見て、最後のチャンスとばかり、さっそく応募のハガキを出す。やがて11月末、東京（そごうデパート）での予選大会。ちょうどその時だ。皮肉にも、2位で落選した時の録画がオンエアされた。偶然とは言え、あまりのタイミング?のよさに二人とも、「あの時は、ホントにもうビックリしました」〉（七七年四月号）。

こうしてクッキーの二人は予選を通過していった。決戦大会は翌年二月である。

『スタ誕』三人目の一位

九月一日に、ポプコンの小坂恭子から一位を奪ったのは、『スタ誕』の岩崎宏美だった。岩崎宏美の二枚目のシングル《ロマンス》は七月二五日に発売され、八月一一日には一八位まで上がり、一八日に一〇位、二五日に三位となり、九月一日でついに一位になったのだ。スタ誕出身でオリコンの週間チャート一位になったのは、山口百恵、桜田淳子に次いで三人目だった。

その百恵は、《冬の色》は五二・九万枚と大ヒットしたものの、三月二一日発売の《湖の決心》は最高五位で二四・九万枚、六月一〇日発売の《夏ひらく青春》は最高四位で三二・九万枚と合格点ではあるが、ファン以外にまで広がるほどではなかった。

桜田淳子も、キスされたことを大騒ぎする《はじめての出来事》が五二・七万枚と彼女にとって最大のヒット曲となるが、三月五日発売の《ひとり歩き》は最高四位、三四・一万枚、次の五月一〇日発売の《白い風よ》は最高九位、一二・九万枚、六月五日発売の《十七の夏》で盛り返して最高二位で四〇・四万枚、八月二五日発売の《天使のくちびる》が最高四位で二八・一万枚と健闘していた。

売れなかった《白い風よ》は変則的なもので、NHKの連続テレビ小説『水色の時』の主題歌として作られたものだった。この曲の作詞は阿久悠ではなく、ドラマのシナリオを書いた石森史郎だった。

現在では朝ドラの主題歌になればヒットするのだが、当時はそうではなく、桜田淳子の曲のなかでは一番売れなかったのである。テレビの歌番組で歌われなかったせいでもあるだろう。

この年、トータルでの淳子vs百恵の対決では、淳子の勝ちだった。だが、百恵はこの時点ですでに翌年の大ヒット曲を仕込んでいた。百恵のスタッフたちは、阿木燿子と宇崎竜童に依頼していたのである。

「高2トリオ」唯一の共演

シングル盤として発売されなかったので、ほとんど知られていないが、この夏、森昌子・桜田淳子・山口百恵は最初で最後の、共作をした。三人が主演した唯一の映画『花の高2トリオ　初恋時代』の主題歌《初恋時代》である。昌子と百恵がホリプロ、淳子がサンミュージック所属と分かれていたので、テレビ番組や芸能誌では共演しても興行や映画では三人が揃うことはなかったが、この年の夏休み映画で、唯一共演したのだ。

映画の主題歌《初恋時代》は阿久悠作詞、都倉俊一作曲で、映画では、前半がソロ、後半が三人の合唱という形で三番まであり、一番のソロを森昌子、二番を桜田淳子、三番を山口百恵が歌った。三人のレコード会社が異なるため、このままのかたちではレコードにならなかった。それぞれがひとりで歌ったものがそれぞれのアルバムに収録された。

この曲は山口百恵が歌った阿久悠作品という点でも珍しい。

ドラマ『悪魔のようなあいつ』の主題歌《時の過ぎゆくままに》は満を持して八月二一日に発売され、九月一日で三位にランクインした。六月から二カ月にわたりドラマのなかで歌われており、ファンの間ではすごい曲だと評判になっていたので、発売と同時に火がついた。

この週の一位は《ロマンス》で、翌週九月八日は《ロマンス》が一位、《時の過ぎゆくままに》が二位で、三位は《想い出まくら》だったが、四位には桜田淳子《天使のくちびる》がランクインしていた。五位は細川たかし《心のこり》なので、トップ五曲のうち、三曲が阿久悠作品である。

一五日も《ロマンス》《時の過ぎゆくままに》《想い出まくら》《天使のくちびる》が変わらず、二二日になって、《時の過ぎゆくままに》が一位を奪取、《ロマンス》は二位になる。この上位二曲はこの後、一〇月二〇日まで変わらなかった。

一方、『悪魔のようなあいつ』の視聴率は最高一一・六パーセントと、当時としてはふるわなかった。そのため、半年の予定が四カ月・十七回で終わってしまい、三億円事件時効成立のころに終わるという趣向は崩れ去った。

《時の過ぎゆくままに》は、二十六週間・半年にわたりチャートインし、累計売上枚数七六・六万枚と、沢田研二最大のヒット曲となった。《勝手にしやがれ》や《危険なふたり》といった歌謡大賞やレコード大賞を受賞した曲よりも、売上枚数としては上なのだ。
こうして、阿久悠が沢田研二に書いた最初の曲は大成功した。

荒井由実と中島みゆき

一〇月二七日で、《時の過ぎゆくままに》から一位を奪ったのは荒井由実、後の松任谷由実である。もっとも、彼女が歌った曲ではなく、作詞作曲したバンバンの《「いちご白書」をもう一度》である。八月一日に発売されると、じわじわと売れ、三カ月目についに一位になったのだ。このまま七週間一位を維持し、七五万枚の大ヒット曲となる。

荒井由実（一九五四〜）は一九七二年に《返事はいらない》でデビューするが、これはチャートインできなかった。しかし七三年のファーストアルバム《ひこうき雲》が注目され、ヒットした。シングル盤ではこの七五年二月に発売された《ルージュの伝言》が六・九万枚とヒットした。荒井由実はシンガーソングライターとして自分で歌ってもいたが、初期から作詞家、作曲家として楽曲の提供もしていた。

阿久悠は七七年に荒井由実について〈ほどほどの貧しさとほどほどの華麗さのまざり合いが、学生というよりキャンパスと呼ぶのが似合う青春像を上手く描き出していると思う。さりげないフィクションということが理解できているのであろう〉と評している（実戦的作詞講座)。

荒井由実はこの七五年一二月にアレンジャーの松任谷正隆と婚約し、翌年秋に結婚、いったんは姿を消す。

後に松任谷由実と人気を二分する中島みゆきもこのころに、頭角を現していた。

中島みゆき(一九五二〜)はこの年の五月のヤマハのポプコンで、《傷ついた翼》が入賞し、九月二五日にキャニオン・レコードから《アザミ嬢のララバイ》でデビューした。さらに、一〇月のポプコンでは《時代》がグランプリを受賞し、一一月の第六回世界歌謡祭でもグランプリを受賞する。《時代》は七五年一二月にシングル盤として発売される。

「北の宿から」——演歌の「救世主」としての阿久悠

一二月一日、都はるみ《北の宿から》が発売された。

都はるみ(一九四八〜)は、七〇年代に入ってからは、大歌手ではあったがヒット曲がない、「売れない歌手」となっていた。彼女は一九六四年、一六歳になってすぐの三月、《困るのことョ》でデビューした。同年の《アンコ椿は恋の花》がミリオンセラー大ヒットとなり、日本レコード大賞新人賞を受賞して一躍、大スターとなった。

その後も六五年の《涙の連絡船》、六八年の《好きになった人》などのヒット曲があったが六九年の《はるみの三度笠》を最後に一〇万枚以上の曲はなく、七二年一〇月の《おんなの海峡》も七六位が最高で一五週にわたりチャートインしたが四万枚に満たなかった。

それでも歌手活動を続けられたのは演歌歌手の場合は、興行が主たる収入源だったからだ。だがその興行にしても数年に一曲でいいから大ヒット曲がないと先細りとなる。

一九七三年にはそれまで在籍したコロムビア音楽芸能からサンミュージックへ移籍し、心機一転を図った。七四年はデビュー一〇周年だった。都はるみはマネージャーにことあるごとに「何かやってよ」と言っていた。このままではいけないとの思いがあった。興行面では一〇周年記念としてNHKホールでリサイタルを開くことにし、ミュージカルの演出家藤田敏雄に演出を依頼し、これまでとは違うステージを作り上げた。あとは、画期的な新曲があればいい。それには、これまでの都はるみの曲を作ってきた作家たちでは無理だと判断された。都はるみはステージでは井上陽水の《心もよう》や、南こうせつとかぐや姫の《神田川》を歌うこともあり、ニューミュージック系にも関心を寄せていた。

阿久悠は、どういう経緯で都はるみの新曲の依頼が自分のところへ来たのかは分からないと書いている。これまで都はるみのために書いたことはない。

これまでの都はるみの曲は、作詞家はさまざまだったが、大半の曲を市川昭介が作曲していた。次に猪俣公章が多い。しかし従来の演歌の作詞家・作曲家では従来のような曲しかできず、それではもう売れないことが分かっている。といって、いくらコンサートでは歌ったことがあるからと、いきなり、井上陽水や南こうせつにまで飛ぶのも冒険すぎる。

都はるみには、気になっている曲があった。七二年一〇月発売の水前寺清子の《昭和放浪記》である。水前寺と都は同年デビューで、水前寺はクラウンレコード、都は日本コロムビアの専属だったので、ライバル関係にあった。といっても仲が悪かったわけではないようだ。水前寺も七〇年一一月発売の《大勝負》以降はヒット曲がない状況で、七二年に阿久悠に新曲を依頼した。〈完璧な絶頂の最中であるなら、作風がガラリと変わる危険のあるぼくに、わざわざ詞の依頼をするはずもないから、ちょっと絶頂を過ぎていたかもしれない。とにかくぼくに注文がきた〉と阿久は『なぜか売れなかったが愛しい歌』に書いている。

水前寺サイドから注文が来ると、阿久は小林亜星に作曲してほしいと希望を伝えた。小林に演歌の才能があると思っていたからではなく、小林ならば〈ド演歌〉にならないだろうとの読みだった。阿久悠には演歌は書いても、ド演歌を書くつもりはない。水前寺サイドもド演歌がほしいのなら、従来の作家たちに頼めばいいのだから、阿久に依頼してきたのは、ド演歌ではないものが欲しかったはずだ。

阿久は、それまでの水前寺がチータの愛称で親しまれ、元気のいい人生の応援歌を歌っている印象があったので、それとは違うイメージを打ち出そうと、暗く悲しい女の歌を書いた。小林も阿久の期待に応えて、ド演歌ではない、ジャズ風アレンジではあるが、演歌の範疇《はんちゅう》の曲を書き、傑作ができたと関係者の誰もが思った。

こうして《昭和放浪記》は一〇月に発売され、水前寺清子は暮れの『紅白歌合戦』でこの曲を歌った。この年はヒット曲がなかったので、この新曲に賭けたのだ。高視聴率の『紅白』で披露すれば、年が明ければレコードが売れると期待しての選曲だったろう。

だが、この曲は阿久にとって「なぜか売れなかったが愛しい歌」となってしまう。ヒットチャート最高六六位、四万枚ちょっとである。ファンは、明るく元気なチータが好きなのであり、暗く悲しい水前寺清子は支持されなかったのだ。

阿久はこの曲を〈劇画か映画のような、人物設定と場所設定のはっきりしたものにした〉と解説している。これを見抜いたのが、水前寺清子のライバル、都はるみだったのだ。テレビで水前寺が《昭和放浪記》を歌っているのを見た都は、〈まるで映画を見ているように、詞から映像が浮かんできました〉。そしてサンミュージックの制作部長・西潟昌平に、「なぜ、水前寺さんには、こんな歌があるの」と苛立つように言った。

こうして、阿久のもとに、都はるみサイドから依頼があった。阿久としては自信作の《昭和放浪記》が売れなかったので、捲土重来の機会だ。となれば、作曲も小林亜星に頼みたい。その希望も通り、阿久と小林は再び演歌に挑むことになった。

「演歌」を否定するわけではないが、演歌が描く世界ではないものを提示するのが、阿久悠の仕事の流儀である。だから演歌歌手からの依頼があれば、従来の演歌とは異なる世界、異なる愛、異なる恋を描かなければ、意味がない。

阿久悠は、元気な男の歌の多い水前寺清子にあえて悲しい女の歌を書いたのと同じように、都はるみの隠れた個性である「元気の良さ」に注目し、《野郎》という男っぽい曲を書いた。しかし都はるみサイドからはこれではダメだと言われた。

〈そこでイメージを急転回させて〉書いたのが、《北の宿から》だった。〈未練、セーター、北の宿、汽車の音、涙唄、寝化粧などと、ちょっと気恥ずかしくなるほどの演歌の道具立て〉をしたが、主人公の女性には、〈いささかの性根を持たせたい〉。

阿久がこだわったのが、〈未練でしょう〉だった。これはカラオケでは〈未練でしょうか〉と歌われることが多いが、「か」という疑問形ではないところが、阿久にとってこの曲の「キモ」だった。ヒロインはそれが未練だと分かっている。だから問いかけではない。その上で、未練を断ち切るためのセレモニーとしての旅だったのだ。

編んでいたセーターはどうなったかの問いに、阿久は、「宿屋のおやじにあげたんじゃないか」と答えている。別れた男に送るはずはなく、いつまでも持っているのでもない。

そういう女性を描いたつもりだった。

都はるみサイドから「《神田川》のような曲」という希望があったのかもしれない。少なくとも、都が《神田川》を好んでいることは伝えられていただろう。《神田川》は〈あなたはもう忘れたかしら〉で始まり、《北の宿から》は〈あなた変わりはないですか〉で始まる。「です・ます調」であること、目の前にはいない「あなた」へ向かっているシチュエーションと、明らかに、《神田川》を意識したものになっている。

詞を受け取った小林亜星は、読んでいき、演歌らしい単語のなかにあるこの〈未練でしょう〉に、思わず、ふるえた。耐え忍ぶ女ではなく、誰かに答えを求めているのでもなく、自分を客観的に見て突き放していると読み取ったのだ。この主人公は「自立した女性」だと、小林は理解した。そして「すごい歌になるぞ」と、傑作の予感を抱いた。

できたのは、演歌調ではない曲だった。都はるみの持ち味である、唸り節は必要がない。むしろ、邪魔だった。曲は、です・ます調の歌詞にあわせ、フォークソング調だ。これまでの都はるみの歌い方には合わない。

このイメージチェンジはうまくいくのか、それとも、水前寺清子の《昭和放浪記》の二の舞いとなるのか。

しかし都はるみは、この曲に賭けるしかない。《北の宿から》は一二月一日に発売された。そして、かつて水前寺清子が《昭和放浪記》でしたように、大晦日の『紅白歌合戦』で歌うことにした。

「木綿のハンカチーフ」の誕生

どんな曲も一位の座は永遠ではない。一二月八日、《「いちご白書」をもう一度》は二位に下がり、一位となったのは岩崎宏美《センチメンタル》だった。だが、二週間だけの天下で、一二月二二日の一位は、荒井由実《あの日にかえりたい》となる。四位には《『いちご白書』をもう一度》がまだ入っており、「ユーミンの時代」が始まっていた。

一九七五年最後となる一二月二九日でも《あの日にかえりたい》が一位、しかし二位には中村雅俊《俺たちの旅》(小椋佳作詞・作曲)が上がっていた。それでも《センチメンタル》はまだ三位である。

太田裕美が生き残りをかけた《木綿のハンカチーフ》が発売されたのは一二月二一日だった。

太田は《雨だれ》がまずまずの成績だったのを受けて、次のシングル盤の前、七五年二月にファーストアルバム《まごころ》が発売された。このアルバムはアイドルとしては珍しいコンセプトアルバムとなっていた。

当時の歌謡曲はシングル盤がすべての評価基準にあった。売れている歌手は季節ごとにシングル盤を出していたが、そのために複数の作詞家と作曲家に発注され、五曲から六曲が作られ、録音された。そのなかから一番いいものがシングルA面になり、二番目のものがB面となった。そうすると、半年の間に一〇曲から一二曲ができるので、それをまとめてアルバムにするというサイクルだった。

当然、アルバムには一貫したコンセプトはなく、寄せ集めとなる。一方、ニューミュージック勢はシングルでヒットチャートを競うよりも、アルバムを重視し、そのなかでシングルにすれば売れそうなものをシングルカットするという音楽作りをしていた。CBSソニーの白川隆三は、それを見ていて、アイドルでもそういう音楽作りをすべきだと考えていたのだ。

同じCBSソニーで、先にデビューしている山口百恵は、コンセプトアルバムでも先駆けている。山口百恵のシングル盤は酒井政利が企画し作っていたが、アルバムはホリプロ側から参加している川瀬康雄が作っていた。それでも最初はアルバムのA面はシングルとして出した曲を集めたベストアルバムで、B面だけがアルバムのためにテーマを決めて発注された曲という構成で、両面トータルのコンセプトアルバムとしては、七六年四月発売の《17才のテーマ》が最初となるので、太田裕美のほうが早いとも言える。

つまりは、ニューミュージックのアルバムの作り方が、七五年から七六年にかけて、アイドル歌謡曲へも導入されていったのだ。

白川は太田裕美のアルバムを作るにあたり、既存曲の寄せ集めではないものにしようと、二月一日発売のファーストアルバム《まごころ》も、六月二一日発売のセカンドアルバム《短編集》も、松本隆と筒美京平にすべて委ねていた。《短編集》では松本隆は「作詞」だけでなく「構成」ともクレジットされ、プロデューサーとして関わっていることを示している。

こうして太田裕美は、松本隆が全作品を作詞することで、プロデューサー的に関わる最初の歌手となった。この成功があってこそ、後の松田聖子の大成功がある。だが、この時点ではまだ太田裕美も「デビュー曲がそこそこ売れた」という状態に過ぎない。

松本・筒美による太田裕美の二枚目、三枚目のシングルである《たんぽぽ》(四月二一日発売)、《夕焼け》(八月一日発売)とも六万枚台とふるわなかった。太田裕美はライブ活動を本格的に始め、フォークファンの間では人気が出ていたのだが、セールスに結びつかない。フォークファンはシンガーソングライターであることを重視するので、プロの作詞家、作曲家が作る「歌謡曲」は軽視していた。

太田裕美は、ルックスを活かしたアイドル歌謡曲路線と、音楽性と歌唱力を強調したフォーク路線の二つの間で揺れていた。うまくいけば、両者を止揚した第三の道が開拓されるが、どっちつかずに終わる確率のほうが高い。

一方、松本隆は《雨だれ》はいい曲だと自負しているが、〈まだ僕自身じゃなくて、誰かを演じてるみたいな詞なんだ。無理がある〉と感じていた。そんななかで《たんぽぽ》と《夕焼け》を書き、それほど売れなかったことと、白川からダメ出しをされたことで自信喪失し、何がいい詞だか分からなくなった。そういう状況下、太田裕美のサードアルバムを作ることになるが、松本は白川と衝突し、「僕を降ろすか、好きに作らせるか、どっちかにしてくれ」とキレた。白川は「好きに書いていい」と言った。

サードアルバム《心が風邪をひいた日》は一二曲のうち太田裕美自身が作詞作曲した《水車》を除く一一曲すべてを松本隆が作詞し、筒美京平が七曲を作曲、ほかに荒井由実が二曲、萩田光雄と佐藤健が一曲ずつ作曲した。三枚目のシングルだった《夕焼け》と《水曜日の約束》が含まれているので、新たに作られたのは九曲となり、完全に松本隆によるコンセプトアルバムとなった。

そして作っている過程で、関係者の間でこれは名曲だ、シングルカットしようとなってリリースされたのが、四枚目の《木綿のハンカチーフ》だった。

これがヒットしなかったら、今までの路線、つまり松本隆と筒美京平ではダメだという結論になってしまう。

百恵、淳子、宏美それぞれの転機

この一九七五年の桜田淳子と山口百恵は、ともに前年一二月発売の《はじめての出来事》と《冬の色》がピークで、以後、下降していた。

どうにかしなければならない。先手を打ったのは百恵陣営で、これまでは千家和也作詞、都倉俊一作曲の曲が続いていたが《ちっぽけな感傷》だけ馬飼野康二作曲）、《白い約束》では三木たかし作曲となり、次の《愛に走って》も、千家和也作詞・三木たかし作曲で作る。

それだけではない。翌年四月に発売されるアルバムのために、阿木燿子と宇崎竜童に曲が発注されていた。二人は山口百恵のために四曲作っていた。

百恵と淳子が後半になってふるわなかったのは、同じ『スタ誕』からデビューした岩崎宏美の快進撃も関係しているのかもしれない。岩崎宏美のデビュー年は、すさまじい数字を出した。四月の《二重唱》は一四・〇万枚だったが、七月の《ロマンス》が八八・七万枚、一〇月の《センチメンタル》が五七・三万枚である。

しかし、岩崎宏美は翌年になると四枚とも三〇万枚前後になってしまう。それでも全体のなかでは立派な数字なのだが、彼女もまたデビュー年が最高という歌手のひとりなのだ。

沢田研二のアルバムで阿久・松本が「競作」

一二月二一日、沢田研二のオリジナルアルバム《いくつかの場面》がリリースされた。一一曲が収録され、A面一曲目が《時の過ぎゆくままに》である。

阿久悠の曲は《時の過ぎゆくままに》のみで、何人もの作詞・作曲家が参加したアルバムとなっている。そのなかの《燃えつきた二人》は松本隆作詞・加瀬邦彦作曲で、これは《時の過ぎゆくままに》の作曲コンペで落選した曲に、松本隆が作詞したものだった。松本が沢田の曲を作詞するのはこれが最初で、他には翌七六年のアルバム《チャコール・グレイの肖像》収録の《影絵》だけだ。

阿久悠の詞に付けた曲に、松本隆が作詞しているので、この曲のメロディに《時の過ぎゆくままに》の歌詞はそのまま乗るし、その逆に《時の過ぎゆくままに》のメロディに《燃えつきた二人》の歌詞も乗る。本人たちは意図していないが、阿久悠と松本隆の唯一の「競作」となった。

このアルバムに参加している作詞家は他に、及川恒平、西岡恭蔵、藤公之介、作曲家は大野克夫、加瀬邦彦、東海林修、ミッキー吉野、そして加藤登紀子、大瀧詠一、河島英五が作詞・作曲した曲を提供している。沢田研二とそのスタッフたちは、これまでは安井かずみ、加瀬邦彦に委ねてきたが、今後どうするか模索していたことが窺える。その模索は翌年いっぱい続く。

レコード大賞と紅白歌合戦

この年のシングル盤の年間チャートの上位を一位から見てみよう。さくらと一郎《昭和枯れすすき》九九・五万枚、布施明《シクラメンのかほり》八七・九万枚、小坂恭子《想い出まくら》七九・四万枚、沢田研二《時の過ぎゆくままに》七九・一万枚、ダウン・タウン・ブギウギ・バンド《港のヨーコ・ヨコハマ・ヨコスカ》七七・七万枚、岩崎宏美《ロマンス》七七・二万枚、風《22才の別れ》七〇・八万枚、細川たかし《心のこり》七〇・七万枚、かまやつひろし《我が良き友よ》七〇・一万枚、山口百恵《冬の色》五二・九万枚。阿久悠は沢田と宏美の二曲がトップ10に入った。トップ30のなかには桜田淳子《はじめての出来事》《十七の夏》《ひとり歩き》も入っている。

一二月三一日――レコード大賞は最優秀新人賞の発表から始まった。候補となる新人賞の五人は、岩崎宏美《ロマンス》、小川順子《夜の訪問者》、片平なぎさ《美しい契り》、太田裕美《雨だれ》、細川たかし《心のこり》で、最優秀新人賞は細川が獲った。

前年に山口百恵が受賞した大衆賞には、桜田淳子が「一連のヒット曲」で選ばれた。ダウン・タウン・ブギウギ・バンドの《港のヨーコ・ヨコハマ・ヨコスカ》には企画賞が与えられた。宇崎竜童と阿木燿子のポジションは、まだその程度だった。「話題になった」ことは事実なので、何らかの評価はしなければならなかった。

事実上の大賞候補となる歌唱賞の五人は、布施明《シクラメンのかほり》、野口五郎《私鉄沿線》、南沙織《人恋しくて》、小柳ルミ子《花車》、五木ひろし《千曲川》で、まず最優秀歌唱賞に五木が選ばれ、大賞は布施明《シクラメンのかほり》となった。

沢田研二は《時の過ぎゆくままに》という大ヒット曲があり、一一月の歌謡大賞では大賞候補の放送音楽賞を受賞していたにもかかわらず、レコード大賞では何も受賞できなかった。ドラマ『悪魔のようなあいつ』同様に、この曲もまたカルト的な名曲となる。

歌謡曲全体でみると、レコード会社専属の作詞家・作曲家から、阿久悠や都倉俊一のようなフリーランスのプロの作詞家・作曲家に時代の主導権が移り、さらに、ニューミュージックと呼ばれるフォークやロックを自作自演していたミュージシャンが音楽のメインストリームへ進出していた。その流れを察知したプロデューサーやディレクターたちは、ニューミュージックと敵対するのではなく、それを歌謡曲へ取り込むことを考えた。こうして前年には吉田拓郎が作曲した《襟裳岬》、この年は小椋佳が作詞作曲した《シクラメンのかほり》がレコード大賞を受賞するまでに至っていた。

レコード会社の専属制度のもとでの徒弟制度の外から歌謡曲の世界へ入った阿久悠は、最先端のつもりだったが、より新しい世代の台頭により、早くも旧世代になりつつあった。

レコード大賞が決まると、九時からは『紅白歌合戦』だった。紅組の最初の歌手は岩崎宏美で《ロマンス》を歌い上げた。他に阿久悠の曲としては、桜田淳子《はじめての出来事》、森昌子《あなたを待って三年三月》、いしだあゆみ《渚にて》、沢田研二《時の過ぎゆくままに》、森進一《あゝ人恋し》、そして都はるみ《北の宿から》と、合計七曲が歌われた。四八曲のうちの七曲なので占有率一四・六パーセントである。前年は六曲だったので、新記録となった。

《渚にて》は、いしだあゆみの隠れた名曲、つまり阿久悠の「なぜか売れなかったが愛しい歌」のひとつだ。発売は七三年なのだが、この年のいしだあゆみにはヒット曲がなかったので、この曲が選ばれた。タイトルの「渚にて」はネヴィル・シュートの小説を原作とする、核戦争後の地球を描いた映画と同じだが、関連はまったくない。

《北の宿から》もこの時点ではヒットしていない。森昌子の《あなたを待って三年三月》も一五万枚前後、森進一の《あゝ人恋し》も六万枚と、ヒットしたとは言いにくい。一九七五年の『紅白』で披露された阿久悠作品で、ヒット曲と言えるのは《ロマンス》《はじめての出来事》《時の過ぎゆくままに》の三曲だ。

この年で都はるみは『紅白』出場一一回目となる。女王美空ひばりは七二年をもって『紅白』から姿を消しており、この時点での紅組の最多出場者は一九回目となる島倉千代子だった。それに次ぐのが一一回で都はるみと水前寺清子が並び、伊東ゆかりの一〇回、青江三奈と梓みちよ、佐良直美の九回が続く。

ヒット曲がなくてもベテラン歌手は終わりのほうで歌い、この年の紅組のトリは島倉千代子が三年連続でつとめ、しかもこの年は大トリで《悲しみの宿》を歌う。その前が《さだめ川》のちあきなおみ、都はるみはトリから三番目だった。

都はるみの対戦相手（トリから三番目）は北島三郎で《残雪》、北島の次がレコード大賞の布施明《シクラメンのかほり》で、白組のトリは五木ひろし《千曲川》だった。

五木ひろし（一九四八〜）はこの後、二〇一六年までに一三回トリをつとめ、これは美空ひばり、北島三郎と並ぶ数だが、この年が五回目の出場で初のトリだった。

七五年はレコード大賞同様に、『紅白』でもトリをめぐり、五木と布施との競争となった。レコード売上だけをみれば《千曲川》の四五万枚に対し、《シクラメンのかほり》はその倍以上の一〇五万枚を超えている。だが『紅白』は、日本人は演歌を聴いて年を越さなければならないという旧態然とした「イデオロギー」に縛られ、この年もポップス系はトリの座を得ることができない。この慣習を破るにはさらに三年が必要なのだ。

一方、阿久悠にとってあまり思い出したくないのが、この年の森進一だろう。

森進一（一九四七〜）は一九六六年に《女のためいき》でデビューし、六八年に『紅白』初出場となり《花と蝶》を歌い、六九年の《港町ブルース》はミリオンセラーとなった。以後も《銀座の女》《おふくろさん》《冬の旅》《襟裳岬》などの大ヒット曲がある。その歌作りの特徴は作家を固定させないことにあった。さまざまな作家に書かせ、どんな曲でも「森進一の歌」としてしまうのが、森進一の天才的歌唱だった。それゆえに、吉田拓郎が作曲した《襟裳岬》もヒットさせる。

こうしたヒット曲を背景にして、森進一は、『紅白』では、出場二回目の六九年に《港町ブルース》、七〇年に《銀座の女》、七一年に《おふくろさん》、七四年《襟裳岬》と、三年連続を含めて四回トリをつとめていた。しかし七五年の森にはヒットはなく、『紅白』で歌った阿久悠作詞の《あゝ人恋し》は六万枚に過ぎない。五木の《千曲川》は四五万枚の大ヒットなので、この年は五木の圧勝である。

阿久悠は演歌畑とは無縁のところから出発しながらも、都はるみ、石川さゆり、八代亜紀に大ヒット曲を書いたが、彼女たちへの曲は演歌としては異端に属する。だからこそ、ありきたりな演歌に飽きていた人びとも支持して売れた。だが異端は多作はできない。多作したら異端ではなくなってしまう。それもあってか、この三人に書いた曲はそう多くはない。

一方、阿久は森進一には、七二年四月発売の猪俣公章作曲《波止場町》を書いて二七・三万枚が売れたので、年に一枚か二枚は書くようになっていく。二枚目となる七二年一〇月の《放浪船》は一八・三万枚と落ちたが、七三年一〇月の《冬の旅》は四八・九万枚の大ヒットとなり、七四年四月の《さらば友よ》は二九・二万枚、九月の《北航路》は二三・八万枚を売っていた。

そこで七五年は三枚のシングルすべてを阿久悠が作詞した。この年に限れば、阿久悠は森進一の専属作詞家だった。作曲家は曲ごとに異なり、彩木雅夫、平尾昌晃、浜圭介、大野克夫らと組む。だが四月発売《女がひとり》は一一・九万枚、六月発売の《別れの接吻》は七・五万枚、一〇月発売の《あゝ人恋し》は六万枚しか売れていない。七六年一月発売の《故郷》も四・四万枚で、さすがにここでいったん森進一と阿久悠は切れる。

森進一が次に二〇万枚を突破するのは一九八二年、松本隆作詞・大瀧詠一作曲《冬のリヴィエラ》まで待たねばならない。

それでも森進一は阿久悠に断続的に曲を依頼して関係を維持し、それが八四年の《北の螢》という名曲を生む。

　五木ひろしはこの芸名でのデビュー曲である七一年の《よこはま・たそがれ》から、ほぼすべてのシングル盤を山口洋子が作詞していた。七七年から他の作詞家が書くようになっていくが、たかたかし、喜多條忠《まこと》が多く、阿久悠が書くのは八二年の《愛しつづけるボレロ》まで待たねばならず、その次の《契り》が映画『大日本帝国』の主題曲になったのでヒットし、八七年の《追憶》へとつながる。

　阿久悠は演歌歌手に対しては、書いた曲数こそ少ないが大ヒットが多く、ヒット率は高い。すでに出来上がっている歌手たちに書く場合、彼らのもともとのイメージと阿久の書く詞との間にギャップがあるときほど、新鮮さがあってヒットするのだろう。それは逆に言えば、ヒットが持続しないことも意味する。たとえば《北の宿から》の一年後、七七年一月に、都はるみは同じ阿久悠作詞・小林亜星作曲の《雨やどり》を出すが、四・五万枚に終わる。

　一方、阿久悠のスター誕生プロジェクトにおける最大のサクセスストーリーとなる、静岡県の二人組は、このころ『スタ誕』の決戦大会へ向けて準備していた。

「北の宿から」と戦後三〇年

さて——『紅白』で起死回生を狙っている都はるみの話に戻る。『紅白』に出場した歌手の大半は、「一九七五年の歌い納め」、「一年の総決算」「今年もがんばった」というような思いで歌っていただろうが、都はるみだけは翌年を見据え、新曲《北の宿から》を全国民に周知させるプロモーションとして歌う。

ほとんどの人が、『紅白』で初めてこの曲を聴くことになる。「これはいい曲だ」と火がつくか、「都はるみが紅白で、聴いたことのないフォークみたいな曲を歌った」というだけで終わるか。

都はるみは《北の宿から》のレコーディングでは、その音楽が要求するものに従い、これまでの歌唱法ではなく、語りかけるように淡々と歌い、サビの部分でも唸り節を封印した。編曲者やディレクターもそう指導したのだろう。テレビやステージで歌うときも、それを踏襲していた。

だが『紅白』のステージに出て拍手を受け、スポットライトを浴びると、それまで封印していたことで溜まっていたフラストレーションが爆発したのか、歌い手としての本能からなのか、都はるみはサビの〈女心の未練でしょう〉で熱唱し、唸りまくった。

「これまでの都はるみ」を否定するはずだったのに、「これまでの都はるみ」が全開したのである。音楽としては失敗だった。しかし会場は盛り上がった。本人も満足したであろう。

結果として、《北の宿から》は、作り手の目論見と、依頼主である都はるみ当人の思惑とも外れ、新境地となる斬新な「フォーク調の演歌」ではなく、「都はるみの歌」以外のなにものでもないものとして全国民の前に提示された。

その熱唱は都はるみの自己満足で終わったのか、多くの人びとの心に響き、異様な感情を生んだのか。その答えが出るのは、年が明けてからだ。

一般論として、計算外のことが起きたときに大きな成功を得る。しかし計算外のことが起きても、成功するとは限らない。

この年の『紅白歌合戦』の視聴率は七二・〇パーセント。

一九七五年、あるいは昭和五〇年——敗戦から三〇年という節目の年はこうして終わった。

第二章

セーターとハンカチーフ——一九七六年

一九七六年一月――最初の初登場1位「たいやきくん」

この年最初の週間チャートは一月一二日だった。

これまでオリコンチャートに初登場でいきなり一位になったシングル盤はなかったが、この年の最初についに達成された。世間がクリスマスから年末へと向かう、一二月二五日に発売された《およげ！ たいやきくん》（高田ひろお作詞・佐瀬寿一作曲、歌は子門真人）である。

《およげ！ たいやきくん》はフジテレビの子供向け番組『ひらけ！ ポンキッキ』から生まれた曲だった。番組内では一〇月から流されており、すぐに人気が出た。

発売が発表されると予約だけで三〇万枚を超えており、まさに発売と同時にベストセラーとなった。すでに年明けの一月六日には出荷枚数一〇〇万枚を超え、一〇日に一五〇万枚を超えていく。ミリオンどころか四五〇万枚という、いまだにシングル盤としては破られない記録を打ち立てる。

《およげ！ たいやきくん》は三月一五日まで一〇週連続一位となる。突然現れた強敵の前に、アイドルたちも演歌勢も実力派もニューミュージック勢も太刀打ちできない。

一方、前年（一九七五年）一二月に発売され、歌謡曲史に刻まれることになる《北の宿から》《木綿のハンカチーフ》の二曲も動きが出ていた。

先にヒットチャートに躍り出たのは太田裕美《木綿のハンカチーフ》だった。週間チャートでトップ20に入ったのは一月一九日で、一四位である。

《木綿のハンカチーフ》は何もかも新鮮だった。外形的には、八行ずつ（最後の繰り返しを除いて）で四番まであることがまず「長さ」の点で珍しい。次に、一番ごとに前半が男性の立場から、後半が女性の立場からの詞であることが新しい。というよりも、以後、こういう詞を書くのは松本隆しかいないのだから（いたかもしれないが、大ヒット曲ではないと思う）、前代未聞にして空前絶後である。

男女の掛け合いの曲はデュエット曲ならばいくらでもある。しかし、《木綿のハンカチーフ》は女性歌手の太田裕美がひとりで、男のパートも女のパートも歌うのだ。これは太田裕美という歌手だから可能だったとも言えるだろう。太田は男の部分だからと声を変えることもしない。それなのに一人二役を自然にやってしまう。松本隆の詞も完璧だ。〈恋人よ　ぼくは旅立つ〉と、冒頭で太田裕美が男を演じていることを瞬時に示し、〈いいえあなた〉とするだけで、聴く人に、その瞬間から女になったと分からせる詞を書いた。

筒美京平の曲、太田裕美の声を得てから一年にして、松本隆の確信犯的な歌謡曲のパターンのぶっ壊しが本格的に始まっていた。

一聴したところ、往復書簡のようでもあるが、そうではない。二人の心情が交互に描かれるのだ。太田裕美は男でも女でもなく、第三者としてレポートしている立場なのかもしれない。地方都市で暮らしていた若いカップルが主人公だ。高校生だったのだろうか。男性は〈東へと向かう列車で〉〈はなやいだ街〉へと旅立つ。就職したらしい。女性は故郷に残り、彼が帰ってくるのを待つ。男は常に彼女に何かを送ろうとしており、その意味においては彼女のことを大切な人と思っているのだが、彼が送ろうとするものは常に彼女が欲しいものではない。その哀しい感情のすれ違いが、軽快なリズムで綴られていく。

タイトルの「木綿のハンカチーフ」は最後の最後になってようやく出て来る。タイトルが歌詞の冒頭にある歌が多いなか、これも異例だった。最後まで聞かないと、なぜこの曲が「木綿のハンカチーフ」というタイトルなのか分からない仕掛けだ。

この名曲については、裏話もよく知られている。松本隆が書いた詞を受け取った筒美京平は、一読して、こんな長い詞には曲がつけられないと思い、短くしてくれと頼もうとした。アルバム版《木綿のハンカチーフ》は三分五〇秒だ。いまの感覚ではそう長いものではないが、当時としては長い。

筒美はディレクターの白川や松本に電話をするが、つかまらない。当時は携帯電話などないから、出かけてしまえば、連絡はとれなくなる。筒美は諦めた。すると、突然、曲が浮かんできた。もしこのとき松本か白川に連絡がつき「短くしてくれ」と言って、それを受け入れたら、あの名曲は生まれなかったという話になっている。だが、たとえ連絡が取れたとしても、松本が書き直しに応じるとも思えない。松本はアルバムの曲なので、長いことも男女の掛け合い形式が異例であることも、百も承知で書いているのだ。

四分近い長さも、アルバムの一曲ならば大きな問題ではない。しかしこれをシングルカットするとなると事情が変わってくる。物理的にはシングルの片面に入る長さだが、問題はテレビで歌う場合だ。歌番組ではひとりの歌手に四分もくれないのだ。といってこの歌は一番から四番までを通すことで、ひとつの物語になっている。一番、二番、という形式を守っているようで、実はそうではない。区切りのない長篇でもあり、八つのパートに分かれているとも言える。

シングル化にあたっては、アレンジに手が入れられ、一〇秒ほどは短くなった。だがやはりテレビではフルコーラスで歌われることは少なく、『紅白歌合戦』でも二番は省略された。そのため、全体を聞きたいと思った人が多く、レコードが売れたのかもしれない。

一月一二日の二位は、荒井由実《あの日にかえりたい》、三位は中村雅俊《俺たちの旅》、四位は岩崎宏美《センチメンタル》で、前年の一位から三位がそのままひとつずつ下がった。この週でトップ20に入っていきなり五位になったのが、前年一二月二一日発売の山口百恵《白い約束》で、一一月発売だった桜田淳子《ゆれてる私》は九位に下がった。

こうして——この年もまた、山口百恵と桜田淳子の宿命のライバル対決が始まっていた。

山口百恵《白い約束》は一月一九日では二位に上がった。以後三週にわたり二位を維持するが、《およげ! たいやきくん》から一位を奪取することはできない。

この日、太田裕美《木綿のハンカチーフ》が一四位に上昇してきた。デビュー曲《雨だれ》は最高一四位だったので、それより上へ行けば、とりあえずは成功だ。だが、《木綿のハンカチーフ》はこれでは終わらない。翌週二六日には八位となる。

そしてこの二六日の一八位に、中島みゆき《時代》がランクインしていた。前年九月二五日発売の《アザミ嬢のララバイ》は三八位が最高で、七・四万枚だったので、彼女の曲がトップ20に入るのはこれが初めてだった。この曲は一六・九万枚のヒットとなる。だが中島みゆきの時代が本格的に始まるのは七七年の《わかれうた》の大ヒットからである。

この一月二六日、荒井由実《あの日にかえりたい》が四位で、その下の五位にはイルカ《なごり雪》が上がってきていた。井上陽水の《青空、ひとりきり》も一四位、グレープの《無縁坂》も一五位にある。

ヒットチャート戦線は、若い世代に支持されるニューミュージック勢が目立つようになっていた。阿久悠は新世代と対峙していかなければならない。そして松本隆は、ニューミュージック陣営から歌謡界へ先に入っていた先輩として、多くの才能を引き入れる役割を担うことになる。

《時の過ぎゆくままに》は七五年八月二一日の発売だったので、普通ならば一一月下旬か一二月には次の曲を出すはずだが、よく売れていたので、阿久悠が沢田研二へ書いた二曲目のシングル盤は年が明けてから発売された。七六年一月二一日発売の《立ちどまるなふりむくな》である。二月二日に九位となったが勢いがなく、翌週も九位に留まり、二月一六日で八位になったのが最高だった。売上枚数も一六・五万枚と、沢田研二の曲としても、阿久悠の曲としてもふるわない数字に終わった。

沢田が前年六月にザ・ピーナッツの伊藤エミと結婚したのが、人気に響いているとも分析できるが、《時の過ぎゆくままに》の発売もすでに結婚した後なので、そう単純なものではないだろう。

阿久と沢田の関係は、《時の過ぎゆくままに》と《立ちどまるなふりむくな》の二枚で、いったん終わる。

一九七六年二月――三人の「ひろみ」

二月に入っても《およげ！　たいやきくん》は一位を維持していた。

岩崎宏美は、デビュー二年目だが、いわゆる二年目のジンクスにも見舞われず、ヒットチャート戦線に残っていた。しかし、前年の《ロマンス》を抜くことはできない。

この年の岩崎宏美は一月二五日発売の《ファンタジー》で始まる。この曲は最高二位、三九・三万枚を売る。この年も岩崎宏美の曲は、阿久悠作詞、筒美京平作曲である。

二月二日は、二位は《白い約束》、三位に《木綿のハンカチーフ》が上がり、《あの日にかえりたい》は四位に下がった。岩崎宏美《ファンタジー》が一四位と上昇している。

阿久悠陣営にいる『スタ誕』出身者の歌手としては、森昌子はヒットチャート戦線から脱落していたが、桜田淳子と岩崎宏美は最前線にあり、山口百恵はこの二人をライバルとして競っていた。二月九日で《ファンタジー》が一気に二位に上がり、《木綿のハンカチーフ》は三位を維持、《白い約束》は五位に下がった。《なごり雪》が四位に上がる。一一位に郷ひろみ《恋の弱味》が入っており、上位をうかがっていた。橋本淳作詞、筒美京平作曲である。

郷ひろみの曲はデビュー以来ずっと筒美京平が作曲していた。作詞家は最初期の三年は岩谷時子で、以後は安井かずみ、橋本淳らが手がけていた。

しかし筒美は松本隆を郷ひろみに引き入れようとはしなかった。松本隆が郷ひろみに書くのは一九八五年の《サファイア・ブルー》までない（七八年にテレビ番組の企画で、公募した子供が書いた詞を補作したことがある）。阿久悠が郷ひろみに書くのは、七八年に盟友・久世光彦が作り郷ひろみが出演していたドラマ『ムー一族』の劇中歌《林檎殺人事件》が最初で、以後《いつも心に太陽を》《素敵にシンデレラ・コンプレックス》《ほっといてくれ》などを書く。

郷ひろみはCBSソニーと専属契約しており、デビュー以来、酒井政利がプロデュースしていた。阿久悠も松本隆も、自分がプロデューサー的に関わるタイプなので、酒井のような大プロデューサーがいる歌手には書く機会が少ないのだ。

この後、酒井のもとで松本隆は山口百恵の曲をいくつか書くが、百恵チームのなかでは傍流となる。

淳子vs百恵の前年一二月発売の「冬の陣」は、淳子の《ゆれてる私》（阿久悠作詞・森田公一作曲）が二七・〇万枚、百恵の《白い約束》（千家和也作詞・三木たかし作曲）は三五・〇万枚と百恵が八万枚の差をつけて勝った。

百恵の曲はデビュー曲からずっと、都倉俊一が作曲していたが、ここから三木たかしに交代した。それでもまだ『スタ誕』の審査員陣が関わっている。

二月一六日は、二位《ファンタジー》、三位《木綿のハンカチーフ》は不動で、四位に《恋の弱味》が上がった。太田裕美、岩崎宏美、郷ひろみと三人の「ひろみ」が並ぶ状態だった。そして三人の「ひろみ」すべての曲が筒美京平作曲だった。

《木綿のハンカチーフ》が二位を奪うのが翌週二三日で、《ファンタジー》が三位、《恋の弱味》が四位である。以後三月一五日まで四週連続して《木綿のハンカチーフ》は二位を維持する。はたして、《およげ！ たいやきくん》から一位を奪えるのか。

一九七六年三月――「木綿のハンカチーフ」の作品力

三月一日で、《ファンタジー》のすぐ下の四位に、野口五郎《女友達》が上がってきた。この曲は山上路夫作詞、佐藤寛作曲だが、野口五郎には阿久悠の曲もある。七三年に《愛さずにいられない》を書き、二三・四万枚とヒットさせていた。この後、七七年には松本隆も二曲書き、七八年から七九年にかけて阿久悠も三曲続けて書く。

岩崎宏美と太田裕美の対決は、阿久悠と松本隆の対決でもあった。だが阿久・岩崎組も、松本・太田組も、作曲は筒美京平だった。この年の歌謡界では、『スタ誕』陣営内では、百恵・淳子の対決に、岩崎宏美も加わり三つ巴となっていたが、岩崎は太田裕美との筒美京平ワールド内での競争もしていた。もっと俯瞰すれば、太田裕美はナベプロ帝国を代表して、『スタ誕』陣営にひとりで立ち向かっている。

三月八日になると、《およげ！　たいやきくん》と《木綿のハンカチーフ》の一位・二位は変わらないが、《ファンタジー》が三位から四位へと下がり、代わって西城秀樹《君よ抱かれて熱くなれ》が浮上した。阿久悠作詞、三木たかし作曲で、この二人が組んで西城秀樹のために書いた最初の曲だった。以後、七八年一月の《ボタンを外せ》まで七曲連続して、阿久と三木が西城秀樹のシングル盤を担う。さらに、桜田淳子《泣かないわ》（阿久悠作詞・森田公一作曲）が五位に上がっている。

デビュー二年目の太田裕美を、当時「新御三家」と呼ばれた、郷ひろみ、野口五郎、西城秀樹が交互に追撃したが、《木綿のハンカチーフ》は二位を守り通していた。

作詞家からみれば、阿久悠陣営が岩崎宏美と西城秀樹によって、太田裕美を擁する松本隆を追撃している状況でもある。それでも《木綿のハンカチーフ》は二位を死守している。この強力なライバルたちにも勝っていたのだから、《木綿のハンカチーフ》が、いかに売れていたかが分かる。

シーズンごとのローテーションで出される新曲は、その歌手のファンの数によって売上枚数はほぼ固まる。人気のある歌手は、どんな曲でもある程度は売れる。桜田淳子も西城秀樹も郷ひろみも野口五郎も、二〇万枚前後は固定票として持っていた。それよりも売れるかどうかが、作品の力だ。太田裕美の固定ファンは、《たんぽぽ》《夕焼け》が六万枚なので、それが固定票にあたる。《木綿のハンカチーフ》はその固定票の十数倍も売れるので、これは作品の力だった。

三月一五日も、《たいやきくん》、太田裕美、西城秀樹の順位は変わらないが、四位に桜田淳子《泣かないわ》が上がり、《ファンタジー》は五位になる。阿久悠の手駒は多い。だが《木綿のハンカチーフ》も負けない。桜田淳子の《泣かないわ》はこの週の四位が最高だった。

三月二二日、ついにこの年最初の週から一位を爆走していた《およげ！ たいやきくん》が首位陥落となった。しかし、代わって首位に立ったのは、太田裕美でも西城秀樹でもなかった。歌謡界にとってまたも伏兵とも言うべき、洋楽、ダニエル・ブーンの《ビューティフル・サンデー》がトップ20初登場にしていきなり一位となったのだ。

原曲の《Beautiful Sunday》はイギリスで一九七二年に大ヒットした曲だったが、日本ではまったく知られていなかった。それがこの年、TBSの朝の情報番組『おはよう720』の一コーナー「キャラバンⅡ」のテーマソングとなったことからヒットし、三月一〇日に日本盤《ビューティフル・サンデー》として発売されると、瞬く間にベストセラーとなった。

またも歌番組ではないテレビ番組から生まれたヒット曲だった。《ビューティフル・サンデー》は以後六月二八日まで一五週にわたり一位を維持し、一九二・四万枚を売る。多くのカバー盤も生まれ、そのひとつ、三月二五日発売のトランザムのカバー盤は、松本隆が訳詞し、これも最高九位、二七万枚売れた。

一九七六年前半の週間チャートで一位になったのは、二曲しかない。一月から三月までの《およげ！ たいやきくん》と三月から六月までの《ビューティフル・サンデー》である。

一九七六年四月――「春一番」という強風

一位を奪われたとはいえ、《およげ！ たいやきくん》の勢いは衰えず、ぴたりと二位につけていた。四月一二日まで四週にわたり、この順位は変わらず、さらに四月五日までは《木綿のハンカチーフ》も三位を維持した。

しかしついに、四月一二日で、《木綿のハンカチーフ》はいったんトップ3から落ちてしまう。二月二日に三位になってから、一〇週にわたり三位以内に入っていたことになる。

《木綿のハンカチーフ》を抜いて三位になったのは、三月二一日発売の山口百恵《愛に走って》（千家和也作詞・三木たかし作曲）だった。

淳子vs百恵の「春の陣」は淳子の《泣かないわ》は二一・六万枚、百恵の《愛に走って》は四六・五万枚と、百恵がダブルスコアで勝利した。

三月一四日に放映された『スター誕生！』第一六回決戦大会では、清水由貴子がグランドチャンピオンとなり、一四のレコード会社、プロダクションのプラカードが上がった。静岡から来た根本美鶴代と増田恵子はチャンピオンにはなれなかったが合格し、八社のプラカードが上がった。

四月一九日でついに、たいやきくんが二位を明け渡して一気に五位に落ちた。百恵が二位、太田裕美が三位、そして四位はキャンディーズ《春一番》（穂口雄右作詞・作曲）だった。CBSソニーの女性アイドルが独占したのだ。

キャンディーズは、ランこと伊藤蘭（一九五五～）、ミキこと藤村美樹（一九五六～）、スーこと田中好子（一九五六～二〇一一）の三人組で、太田裕美も通っていた渡辺プロダクション系列の東京音楽学院のスクールメイツ出身だ。一九七二年にNHKの歌番組『歌謡グランドショー』のマスコットガールに三人が選ばれ、キャンディーズと命名された。もともと三人が知り合いでグループとして活動していたわけではない。七三年に《あなたに夢中》（山上路夫作詞・森田公一作曲）でデビューしたが、当初は一〇万枚を超えるものがなく、それほど売れなかった。

キャンディーズのブレイクは、センターをスーからランに交代させた、七五年の《年下の男の子》によってだった。週間チャートで初めてトップ10に入り、最高九位、二六万枚とヒットした。七五年は《年下の男の子》《内気なあいつ》《その気にさせないで》と千家和也作詞、穂口雄右作曲が続き、一二月発売の《ハートのエースが出てこない》（竜真知子作詞・森田公一作曲）も一七・二万枚が売れた。それに続いて、三月一日に発売されたのが《春一番》だった。

《春一番》は発売直後にトップ10に入ったわけではなく、じわじわと売れていき、一カ月半が過ぎて、四位にまで上昇してきたのだ。キャンディーズの固定ファンも増えていたが、それ以上の広がりを持っていた。《春一番》は最終的に最高三位、三六・二万枚の売上となる。いまも春一番が吹くと、ラジオで必ず流される名曲だ。

阿久悠は四月一日発売のキャンディーズのアルバム《春一番》に収録された《弱点みせたら駄目よ》を作詞している（井上忠夫作曲）。シングル候補としての注文に応じたのだろうか。松本隆はキャンディーズには一曲も書いていない。

この四月一九日では、トップ20に《ビューティフル・サンデー》が三曲入った。一位のブーン盤の他、六位にはテレビ番組で歌っていた田中星児、そして一五位に松本隆作詞のトランザム盤である。

四月二六日は一位、二位は変わらず、《木綿のハンカチーフ》が四位に下がり、《春一番》が三位に上がった。田中星児も六位にまで上昇し、トランザムも一一位にいた。アグネス・チャンの《恋のシーソー・ゲーム》（落合恵子作詞・井上忠夫作曲）が八位に入り、渡辺プロダクションがトップ10内に三組となる。

そして、ついに都はるみ《北の宿から》がトップ20に入ってきた。『紅白』で全国民に披露してから四カ月、この間、都はるみは各地のコンサートで歌い続け、テレビの歌番組に出る機会があれば歌い、じわじわと売れるようになり、一六位となったのだ。

山口百恵、桜田淳子、岩崎宏美以外の『スタ誕』出身者で、この年のヒットチャート戦線のトップ20内に踏みとどまっていたのが、伊藤咲子だった。七五年一二月発売の《冬の星》は八・三万枚に留まったが、三月五日の《きみ可愛いね》（阿久悠作詞・三木たかし作曲）が、四月五日に一九位となり、五月三日の九位が最高で、二一・二万枚とクリーンヒットとなる。しかし、これを最後に伊藤咲子は一〇万枚を超える曲は出ない。

一九七六年五月――「ウィンクでさよなら」

五月になってもトップ5は変わらないが、前年のヤマハのポプコンで最優秀曲賞となった因幡晃《わかって下さい》が上位をうかがっていた。五月一〇日で、ついに《木綿のハンカチーフ》は六位に下がってしまう。この週は、ブーン、百恵、因幡、田中星児、キャンディーズの順となる。そして六位の太田裕美のすぐ下の七位に五月一日発売の岩崎宏美《未来》があった。郷ひろみの《20才の微熱》（橋本淳作詞・筒美京平作曲）も初登場で一〇位だ。

五月一七日で、ついに《木綿のハンカチーフ》はトップ10から落ちて一一位となった。代わりに一〇位に上がったのが、松本隆作詞のトランザム盤《ビューティフル・サンデー》だった。松本隆としてはトップ10内を維持したことになるが、《ビューティフル・サンデー》がトップ10に三曲という異常事態だった。前週に二位だった《愛に走って》が四位に下がり、《未来》が二位、《20才の微熱》が三位となった。

前週に一九位で初登場した沢田研二《ウィンクでさよなら》（荒井由実作詞　加瀬邦彦作曲）が七位に上がっている。

五月一日に発売された《ウィンクでさよなら》は不運な曲だった。伏線として、前年

（七五年）一二月七日に東京駅の新幹線ホームに、沢田を見に来たファンが押しかけ、整理していた駅員と沢田とが口論になり、沢田が頭突きをしてしまうという暴行事件があった。その半年後の七六年五月一六日、新幹線の車内で一般の乗客に沢田が絡まれ、揉み合いとなる事件も起こした。沢田はこの事件で一か月、謹慎したのである。そのためテレビ番組などに出られず、曲を披露できない。最高七位、一六万枚とふるわなかった。

五月二四日で、発売から半年が過ぎた《北の宿から》が八位に入った。流行歌として理想的なヒットのしかただった。同じようにじわじわと売れていたのが、二葉百合子《岸壁の母》で、この週で一二位に上がっていた。週間チャート最高三位、年間で五位、七七・四万枚となる。三一日で《岸壁の母》は一〇位となり、《恋のシーソー・ゲーム》が一一位とトップ10から落ちていく。《木綿のハンカチーフ》は一四位で、これがトップ20に入った最後だった。

《木綿のハンカチーフ》は八六・七万枚と、太田裕美にとって最大の大ヒット曲となった。松本隆にとっても、この時点では最高だった。

一九七六年六月——「ビューティフル・サンデー」を追い落とすのはだれか

六月七日で、いきなり二位に桜田淳子《夏にご用心》が登場した。淳子vs百恵の「夏の陣」の始まりである。いつものように先攻は淳子で、この夏も、阿久悠作詞、森田公一作曲だ。七三年一一月から阿久悠が桜田淳子に書いてきた《花物語》《三色すみれ》《黄色いリボン》《花占い》はタイトルだけを見れば、どれも少女が好きそうな単語で、それも花が三曲もある。この花シリーズを、しかし、いつまでも続けるわけにはいかない。

七四年一二月に《はじめての出来事》をリリースすると、七五年には《ひとり歩き》《十七の夏》《天使のくちびる》と、少女が成長し、少し大人になって、いろいろな出来事を体験して、自分の意志でひとりで生きるようになり、夏を迎えて、唇を捧げている。そして、この七六年は、前年の《ゆれてる私》に続いて《泣かないわ》《夏にご用心》と、かなり自立し、主体的だ。この後、《ねえ！ 気がついてよ》となる。

阿久悠としては完璧なプログラムを立てていたのだろう。《天使も夢みる》でデビューさせた夢みる少女を、一歩一歩、大人の歌手へと成長させていく中期計画は、桜田淳子の成長とぴったりと符合していた。どこにも計算ミスはないはずだった。ライバルの山口百恵が早熟な「青い性」路線を歩んでいても、あわてて追随せずにいたことは正しかった。百恵は百恵、淳子は淳子の道を行けばいいのだ。

山口百恵の新曲が出る前に、太田裕美の新曲が登場する。《木綿のハンカチーフ》があまりにも売れたため、三カ月あるいは四カ月というローテーションを壊し、半年後の六月一日発売となった《赤いハイヒール》である。もちろん、松本隆作詞、筒美京平作曲だった。この曲も男女の掛け合いとなっている。

《赤いハイヒール》は女性が東京駅に着くシーンから始まる。一番で都会での夢の象徴として買った赤いハイヒールが、二番ではかかとが折れてしまい、夢を失くした象徴となる。そして三番では、赤いハイヒールは救いを求めるシグナルのようだ。男性は、そんな彼女を見守り、ふるさとへ一緒に帰る決断をする。彼は故郷へ帰って〈緑の草原　裸足になろう〉と言うので、《木綿のハンカチーフ》の〈草にねころぶあなた〉と同一人物なのかもしれない。

夏に向けて、西城秀樹《ジャガー》、野口五郎《きらめき》も発売となり、チャートインしてくる。さらにキャンディーズも《春一番》の勢いを持続して《夏が来た！》を放つ。

夏の熱い戦いが始まっていた。《ビューティフル・サンデー》から一位を奪うのは果たして誰か。

六月一四日で、《赤いハイヒール》は四位にランクインした。前週はトップ20に入っていないので、急上昇である。しかし六月五日発売の西城秀樹《ジャガー》（阿久悠作詞・三木たかし作曲）が初登場でいきなり七位となった。この曲は最高三位、二三・七万枚となる。

翌週の二一日では六月一〇日発売の野口五郎《きらめき》(山上路夫作詞・筒美京平作曲)が六位で初登場した。最高二位、二八・三万枚となる。秀樹vs五郎の「夏の陣」は互角の闘いだった。

新御三家のもうひとり、郷ひろみは発売時期が少しずれ、五月一日発売の《20才の微熱》が最高三位、二〇・五万枚、八月一日発売の《あなたがいたから僕がいた》が最高二位、二四・一万枚なので、秀樹・五郎と互角と言っていい。二曲とも橋本淳作詞・筒美京平作曲である。

六月最後の、つまりはこの年の前半最後のランキング(二八日)は、一位《ビューティフル・サンデー》、二位《きらめき》、三位《赤いハイヒール》、四位《わかって下さい》、五位《夏にご用心》、六位《ジャガー》、七位《北の宿から》、八位《岸壁の母》、九位《夏が来た!》、一〇位《ビューティフル・サンデー》(田中星児)だった。阿久悠は三曲、松本隆は一曲。

この週、一四位で山口百恵《横須賀ストーリー》がチャートインした。

一九七六年七月――衝撃の「横須賀ストーリー」

ついに――三月二二日以来、一位だった《ビューティフル・サンデー》が陥落した。

七月五日で、山口百恵《横須賀ストーリー》が一位となったのだ。百恵が一位になるのは七五年一月の《冬の色》以来、一年半ぶりだった。

〈私は《横須賀ストーリー》という曲と、運命に近い衝撃的とも言える出逢いをした〉（『蒼い時』）と山口百恵自身が記すように、この曲によって山口百恵は飛躍し、時代のヒロインの座を得ていく。阿久悠にとって「百恵の曲」は最大のライバルとなる。同じ『スタ誕』陣営の千家と都倉、三木たちが作っていた「百恵の曲」は「淳子の曲」のライバルではあったが、阿久悠のライバルではなかった。山口百恵は数多くいる同時代の歌手のひとりだった。だが、山口百恵が『スタ誕』人脈から離れ、阿木燿子・宇崎竜童と組むことで、阿久悠のライバルとなっていくのだ。

阿木・宇崎が作った《港のヨーコ・ヨコハマ・ヨコスカ》を聴いて、〈感心したし、くやしかった。昭和五十年、ぼくは発奮した〉と書いた阿久悠は、この二人が桜田淳子のライバルと組んだことで、より大きな衝撃と悔しさを抱いたに違いない。

すでに前年をもって、山口百恵の曲作りから撤退していた都倉俊一は、一九九九年に雑誌「ユリイカ」の歌謡曲特集のインタビューで、ひとりのスターのために連続して曲を作ることは最初は楽しいが、やがて苦しくなってくるのだと語っている。

〈次に何を作ってやればいいのか、というね。持続しなきゃいけないわけですからね。それよりもっと上に行くことはありえないわけですから。僕は何十人とスターを作りましたけど、スターを作ったら、みんなその悩みですよ。最初と二発目くらいですよ、一番嬉しいのは。酒もうまいしね、後は苦しくて〉。

それは山口百恵でも同じだったとして、こう続ける。

〈だから、百恵なんかは、宇崎・阿木夫妻にバトンタッチして、大正解なんですよ。あれでまったく違う女になりましたからね。むしろあれからの方がすごかった。僕は少女の山口百恵を楽しくやらせてもらったけれど、少女の魔性と女の魔性はちょっと違いますよね〉。

その都倉と阿久悠は、新たなスターを作り出すべく、すでに準備を終えていた。静岡出身のデュオだ。

《横須賀ストーリー》は強かった。八月一六日まで七週間にわたり一位を維持した。つまり、この年は八月一六日まで、週間チャートで一位になったのは、《およげ！ たいやきくん》《ビューティフル・サンデー》《横須賀ストーリー》の三曲しかないのだ。百恵にとっても《冬の色》の五週連続一位の自己記録の更新だった。そして、この記録を塗り替えることができない。《横須賀ストーリー》は六六・一万枚の大ヒットとなり、売上枚数でも、百恵はこれを抜くことはできない。《プレイバックPart2》も《いい日旅立ち》も五〇万台なのだ。

それはそれとして、《横須賀ストーリー》という強敵によって、太田裕美の《赤いハイヒール》もまた二位が最高で、一位は取れない。

淳子vs百恵の「夏の陣」は言うまでもなく百恵の圧勝に終わる。《夏にご用心》は三六・〇万枚、《横須賀ストーリー》は六六・一万枚だ。

都はるみ《北の宿から》はトップ10に入っても上位にはいかないのだが、常に七位から一〇位の間にいた。《およげ！　たいやきくん》のようにテレビ番組から生まれた《山口さんちのツトム君》もヒットしていたが、これは一位にはならない。

一九七六年八月——秋の陣と「ペッパー警部」

八月二三日、山口百恵《横須賀ストーリー》から一位の座を奪ったのは、これも思わぬ伏兵の、あおい輝彦《あなただけを》（大野真澄作詞・常富喜雄作曲）だった。

あおい輝彦（一九四八〜）は、いまや一大帝国となったジャニーズ事務所の最初のグループ「ジャニーズ」のメンバーである。創業者ジャニー喜多川と出会った四人はジャニーズとして一九六二年にデビューし、六七年に解散した。その後あおいは劇団四季に入り演技を基礎から学び、俳優となり、さらにソロ歌手としても活躍していた。この年あおいは角川映画第一作の『犬神家の一族』で白い仮面をかぶった佐清《すけきよ》の役で出演するなど、俳優としても充実していた。

《あなただけを》は六月二五日に発売され、二カ月の間にじわじわと売れて、八月二三日で一位になったのだ。以後、六週間にわたり一位を維持した。

《赤いハイヒール》は七月二六日から八月九日までの三週にわたり二位で、四八・七万枚を売る。《木綿のハンカチーフ》に次ぐ記録だ。それでも一位になれない。こういう歌手もいる。

八月終わりから、秋の陣が始まる。賞レースを見据えて、歌手たちは次々と新曲を出してくる。都はるみは《北の宿から》の大ヒットを達成し、次は年末の賞レースを意識していたはずだ。充分に狙えるポジションにあった。太田裕美は大ヒットして、渡辺プロダクションという大手に所属しているし、曲も売れている。だが、《木綿のハンカチーフ》の曲の新しさを、評論家やジャーナリストがどれほど理解しているかは疑問だった。実際、この曲はレコード大賞では無冠である。

太田は季節ごとのローテーションで新曲を出さなければならないが、都はるみはもうこの曲に賭けているので、へたに新曲を出して、それをテレビで歌うよりは、ひたすら《北の宿から》を歌ったほうがいいとの判断もあり、秋にも新曲は出さなかった。

秋に向けての新曲で最初にチャートインしたのは、郷ひろみ《あなたがいたから僕がいた》（橋本淳作詞・筒美京平作曲）で八月一日に発売され、二四・一万枚。郷ひろみのこの年の四枚のなかでは一番売れた。だが、たとえば七四年の《よろしく哀愁》五〇・六万枚と比べると、だいぶ落ちていた。

岩崎宏美の六枚目のシングルも八月一日に発売となった。阿久・筒美は同じだが、これまでは単語ひとつだったタイトルが《霧のめぐり逢い》と変化した。マンネリになっているとの意識から変えてみたのだろうが、裏目に出て、三〇万枚に届かず二三・四万枚で終わる。そのためか、次の一一月五日発売の曲は《ドリーム》と単語シリーズに戻る。

桜田淳子の秋の新曲は八月二五日発売の《ねえ！ 気がついてよ》で、作詞は阿久だが、初めて大野克夫が作曲した。二八・六万枚を売る。


ようやく静岡のデュオのデビューが近づく。発売日は八月二五日だった。大賞を狙う大物歌手の新曲ならばいいが、新人賞を狙うには遅い。春にデビューさせ、夏にブレイクさせるというのが新人を売り出す基本だ。もちろん、そんなことはレコード会社もプロダクションも分かっていた。それなのにデビュー曲が八月二五日発売となったのは、関係者のほとんどが期待していなかったからだ。

阿久悠作詞、都倉俊一作曲でいくことが決まった。このコンビの作品といえば、阿久悠の最高傑作とされるペドロ&カプリシャスの《ジョニィへの伝言》《五番街のマリーへ》などがある。しかし、二人が組んでデビューさせた『スタ誕』の新人で成功例はなかった。

当初このデュオはフォークソング路線でいくつもりで「白い風船」という名が付けられた。誰がきいても「五つの赤い風船」の真似だ。しかし阿久悠はフォークでは絶対に売れないと確信し、とにかく「白い風船」だけはやめさせた。その代わりにピンク・レディーとなるのだが、それを提案したのは都倉俊一で、前日に飲みに行ったバーで出たカクテルがピンク・レディーだったからという伝説となっている。都倉が提案し、「それはいい!」とその場にいた誰もが賛同したというわけでもなかったが、強い反対もなく、なんとなく決まった。

だが「ピンク・レディー」といういかにも作り物めいた名前になったことで、阿久悠の腹が決まった。〈テレビという日常性を最大限に利用して作り出す非日常〉というコンセプトが明確になったのだ。

《ペッパー警部》は、阿久悠のアイデアだった。ビクター音楽産業でピンク・レディーを担当した飯田久彦は阿久悠に「とにかくびっくりさせるものを」と依頼し、届いたのが

「ペッパー警部」というタイトルの詞だったのだ。ネーミングのヒントは、ビートルズの《サージェント・ペパーズ・ロンリー・ハーツ・クラブ・バンド》説、日本に上陸したばかりの清涼飲料水ドクター・ペッパー説、ピーター・セラーズ主演の映画『ピンク・パンサー』説と諸説あるが、阿久悠自身はこれだと説明していない。

《ペッパー警部》誕生の意図について阿久悠は「日本では情緒的というか、しめっぽさがないと歌として成立しないと思われていた。ぼくはむちゃくちゃに楽しく、面白いものがあってもいいんじゃないかと考えていたんです」と語る。

阿久悠と都倉俊一はそういう「楽しく」「面白い」「しめっぽくない」曲ですでに成功していた。《どうにもとまらない》に始まる山本リンダと、フィンガー5の一連の曲だ。

どちらも子供たちの間でも人気があった。子供は楽しいもの、面白いものが好きなのだ。しめっぽさを日本の情緒だと誤解して感動するのは、単純な大人である。

飯田は気に入り、何よりもピンク・レディーとなった二人も乗り気だった。振り付けが大事だと判断され、土居甫《はじめ》に委ねられた。それまでの歌手の振り付けは手を動かすのが中心で、あくまで歌の補助だった。しかし、土居はピンク・レディーでは、全身を動かす、振り付けというよりもダンスを作った。

以後、阿久、都倉、土居のチームは不動のまま大ブームを突進していく。

しかし出来上がった、振り付けを含めた《ペッパー警部》はビクター社内では不評だった。ゲテモノだと言われ、発売枚数も、最低ランクよりはちょっと上の四〇〇〇枚から五〇〇〇枚でのスタートだった。

阿久悠をはじめとするピンク・レディーのスタッフの頭にあったのはキャンディーズで、その七掛けでも売れれば御の字だという雰囲気だった。阿久悠は『夢を食った男たち』にこう書いている。〈彼女たち（キャンディーズ）にぶっつけていくのか、彼女たちのいないところを走るのか、とりあえず選択しなければならなかった。／キャンディーズと同色の作品を出し、彼女たちが開拓した道を歩いて行くのは、商売としてはある種安全で、得な策ではあったのだが、どうしても、そのての後追い企画はやりたくなかった〉。

これでこそ阿久悠である。だがビクターの社員の中にはキャンディーズの七掛けを目指せばいいと考える者もいて、阿久悠がB面にするつもりで書いた《乾杯！お嬢さん》があやうくA面になりそうだった。これをどうにか撥ね返しての《ペッパー警部》の発売だったのである。そういうわけで、当初は積極的に売り出す体制とはほど遠かった。

阿久と都倉も、受けるとしても男子高校生が下限だろうと思っていた。子供が飛びつくとは、この時点では誰も思っていない。

絶頂にあるということは多忙でもある。そんな阿久悠は七六年九月に、個人雑誌「月刊

ｙｏｕ」を創刊した。阿久悠が編集し、主要な記事を自ら執筆するもので、当初はＡ４判で八ページだったが、だんだんに増えていく。映画についてのエッセイを書き、親しい著名人と対談し、自分の新作を解説し、さらには小説『瀬戸内少年野球団』も連載する。

一九七六年九月——沢田研二の雌伏

西城秀樹は九月五日に《若き獅子たち》を出した。前作につづいて阿久・三木で、この曲で賞レースに挑み、二三万枚を売る。例によってタイトルは、アーウィン・ショー原作でマーロン・ブランドとモンゴメリ・クリフトが主演した一九五八年のアメリカ映画『若き獅子たち』からの借用だ。

野口五郎は九月一〇日に《針葉樹》を出した。作曲は筒美京平だが、作詞は初めて麻生香太郎が書き、この年の野口の曲では最高の四一・四万枚を売る。

沢田研二は謹慎明けの九月一〇日に《コバルトの季節の中で》を出した。小谷夏作詞、沢田研二作曲で、最高七位、二三・二万枚となる。小谷夏はＴＢＳの久世光彦のペンネームだった。大ヒット曲がないこともあり、二度の暴行事件の責任を取るとして、沢田は年末の賞レースと『紅白歌合戦』を辞退した。そのため一二月はほとんどテレビには出なくなる。だが、それは来るべき大ブレイクのための雌伏にすぎなかった。

そして最後が山口百恵で、九月二一日に《パールカラーにゆれて》を放つ。《横須賀ストーリー》で確実にファン層を広げていたので、四七万枚を売った。千家和也が作詞し、《およげ！ たいやきくん》の佐瀬寿一が作曲した曲だ。

九月一三日のチャートでは、桜田淳子が二位に迫るが翌週二〇日も二位。二七日では野口五郎が二位になるが、そこまでだった。西城秀樹は二七日の四位が最高である。

一九七六年一〇月――「S・O・S」の上昇気流

一〇月四日で、《あなただけを》を二位に落としたのは、山口百恵《パールカラーにゆれて》だった。五週にわたり、一一月一日まで一位を維持する。

八月二五日に発売されたピンク・レディー《ペッパー警部》がいかに不遇だったかは、最初のチャートインの数字で分かる。九月六日で一〇〇位以内に初めて入ったが、それは九九位で、〇・二万枚という数字だ。いまとなっては、この時点で買った二〇〇〇人がどういう人びとだったのか気になってしまう。翌週は一〇三位に落ちてしまい、これで終わりかと思いきや、三週目、九月二〇日に七八位に急に上がり、二七日に六八位、一〇月四日に六四位となる。山口百恵が《パールカラーにゆれて》で一位となった週だ。

《ペッパー警部》は一〇月一一日に五四位、一八日も五四位と足踏みしたが、二五日で四八位となり、一一月一日に三九位、八日に四七位、しかし一五日に二九位となり、二二日、ついにトップ20に入って一九位となった。そして二五日には二作目の《S.O.S.》が発売となる。このころにはブームが起きようとしていることは、明らかだった。だがどんな規模のブームになるかが分からない。

一九七六年一一月――「青春時代」が夢なんて

一方、チャート上位ではまたも異変が起きていた。

一一月八日で《パールカラーにゆれて》から一位を奪ったのは、布施明《落葉が雪に》だった。布施自身が作詞作曲した曲だ。前年のレコード大賞歌手である布施は、この年は作品を絞っていた。四月に《陽ざしの中で》（関真次作詞・吉川忠英作曲）を出すが、最高で一二位、二〇・五万枚となり、半年後の一〇月一〇日、自作の《落葉が雪に》を出したのだ。一位は獲ったものの一週だけで、これが布施明にとって最後の週間一位となる。それでも四〇万枚は売った。

布施明に代わって、一一月一五日に一位となったのは、研ナオコ《あばよ》だった。研ナオコ（一九五三〜）は七一年四月に《大都会のやさぐれ女》（坂口宗一郎作詞・中山大全作曲）でデビューし、二曲目からは阿久悠が続けて書き、筒美京平や森田公一が作曲したものの、大ヒットにはならなかった。そこで東宝レコードからキャニオン・レコードへ移籍した第一作の七五年九月の《愚図》では阿木燿子作詞・宇崎竜童作曲となり、初めてトップ10に入るヒットとなった。次の七六年二月の《一年草》も阿木・宇崎だが二八位が最高で、六月の《LA-LA-LA》で中島みゆきに作詞作曲を託した。中島みゆきにとって、他人のために書いた最初の曲となり、週間チャートで最高一二位のクリーンヒットとなった。

それに続く中島みゆき作詞作曲の《あばよ》が、研ナオコにとって初の週間チャート一位の大ヒット曲となったのだ。

松任谷由実に続いて中島みゆきも作詞家・作曲家としても評価されることになる。阿久悠からみれば、自分がヒットさせることのできなかった歌手を、阿木・宇崎が浮上させ、中島みゆきがブレイクさせたことになる。

《あばよ》は三週にわたり一位を維持し、六四・四万枚を売る。

一一月二九日では、《ペッパー警部》は八位に上がっていた。そしてこの週、《あばよ》のすぐ下の二位に浮上していたのが《北の宿から》だった。四位には岩崎宏美の《ドリーム》、五位には森田公一とトップギャランの《青春時代》と、トップ5の三曲が阿久悠作詞だ。

週間チャートの数字は言うまでもなく、その一週間に売れた枚数によって順位が決まる。累計ではない。《北の宿から》は発売から一年が過ぎようとしており、すでに数十万枚が売れている。それにもかかわらず一一月になって爆発的に売れ出したのは、賞レースの効果だった。

レコード大賞に次ぐ第二の賞と位置づけられている日本歌謡大賞は、この年は一一月一六日に発表された。

新人賞は内藤やす子《想い出ぼろぼろ》、新沼謙治《嫁に来ないか》、朝田のぼる《白いスカーフ》、ピンク・レディー《ペッパー警部》、三木聖子《まちぶせ》、角川博《嘘でもいいの》、吉田真梨《水色の星》が候補となり、内藤と新沼が受賞した。大賞候補の放送音楽賞には、都はるみ《北の宿から》、研ナオコ《あばよ》、野口五郎《針葉樹》、八代亜紀《もう一度逢いたい》、山口百恵《横須賀ストーリー》、森進一《さざんか》が選ばれ、日本歌謡大賞には都はるみ《北の宿から》が輝いた。

前後して、さまざまな賞が決まっていくので、そのたびに《北の宿から》はテレビで流れ、今年を代表する歌としてのポジションを確固たるものとしていき、それにあわせてレコードも売れていったのだ。

阿久悠のコマーシャルソング時代からの盟友のひとり、森田公一(一九四〇〜)は作曲家として数多くのヒット曲を作っていたが、一九六九年に「森田公一とトップギャラン」を結成し、歌手としてもデビューしていた。

一九七五年に阿久悠は森田から、初めてのリサイタルを開くのでオリジナル曲を二つ書いてくれと頼まれ、《乳母車》を書いた。かつて愛し合いながらも別れた男女が三年後に再会したシーンを描いたもので、男はまだ女に未練があるが、女はもう過去は忘れている。

阿久悠にとって珍しい私小説風の作品となった。自分でこう解説している。〈青春を過ぎてから作詞家になったぼくは、常に大人の目で青春を見るようになっていたが、森田公一とともに作るのであれば、たとえそれが過去の時点のことであっても、自分とその時代を率直に書けると思ったのである〉。

七五年八月発売の阿久悠作詞《下宿屋》は六・五万枚で、これは阿久悠版四畳半フォーク的な歌だった。そして一年後の八月に発売した《青春時代》がじわじわと売れてきたのだ。最終的にはミリオンセラーとなる。

この曲は時制の混乱がヒットの理由だろう。まず歌っている森田公一はこの年、三六歳である。すでに青春時代は終わっている。阿久悠も三三歳だ。しかし歌詞の主人公は、歌の始まりでは〈卒業までの半年で答えを出せ〉と言われている学生のようだ。

現在進行中の学園ソングとして物語は進むが、最後になって、青春が過去となった世代が青春時代を回顧していると分かる。〈青春時代の真ん中〉という時間と、〈あとからほのぼの想う〉いまという二つの時間があることで、いま、青春の真ん中にいる青少年層にも、青春が過去のものとなっている中高年層にも響いたのである。

一九七六年一二月――「北の宿から」ついに一位

こうして一二月に突入した。

六日で、ついに《北の宿から》は一位となった。二位は《あばよ》、三位は山口百恵《赤い衝撃》、四位が《青春時代》、五位が《落葉が雪に》、六位が《ドリーム》、七位が丸山圭子《どうぞこのまま》、八位が《ペッパー警部》である。

丸山圭子（一九五四〜）は七二年にニッポン放送のオーディションにオリジナル曲で挑んで優勝し、同年、アルバム《そっと私は》とシングル《心の中の》でデビューした。《どうぞこのまま》は三枚目のシングルで、初の、そして最大のヒットとなり五二・〇万枚を売る。

歌手として絶好調の山口百恵は、女優としてもトップに立っていた。東宝の正月映画、夏休み映画で連続して主演をつとめ、興行ランキングで常にトップ10となり、ドラマ「赤いシリーズ」も高視聴率を取っていた。一一月スタートのＴＢＳのドラマ『赤い衝撃』の主題歌が急遽、一一月二一日に発売されることになった。本来のローテーションでは、前作《パールカラーにゆれて》が九月二一日だったので、一二月二〇日前後のはずだが、一カ月の前倒しだった。ドラマで流れていたこともあって人気があり、発売と同時に三位になったのだ。これも五〇・四万枚の大ヒットとなる。作詞は千家和也、作曲は佐瀬寿一で、千家が書いた最後の百恵のシングルとなる。

この六日では《パールカラーにゆれて》も一八位に入っていた。

淳子vs百恵の「秋の陣」は、またも百恵の圧勝だった。淳子の《ねぇ！ 気がついてよ》は二八・六万枚、百恵の《パールカラーにゆれて》は四七・〇万枚、《赤い衝撃》は五〇・四万枚である。

一二月一三日は《あばよ》が一位を奪還し、《北の宿から》《赤い衝撃》《青春時代》《ドリーム》と続く。《ペッパー警部》は七位。二〇日は、《北の宿から》が一位に返り咲き、《あばよ》《赤い衝撃》《青春時代》《どうぞこのまま》《ペッパー警部》《ドリーム》、そして一九位に《S.O.S.》も入っていた。

年末になって異色の曲が売れ出した。スタジオミュージシャンたちが作ったマイナー・チューニング・バンドの《ソウルこれっきりですか》で、《横須賀ストーリー》など当時のヒット曲をディスコ風にアレンジしてメドレーにしたものだ。

一九七六年最後のチャートは、一位《北の宿から》、二位《青春時代》、三位《あばよ》、四位《赤い衝撃》、五位《ソウルこれっきりですか》、六位《どうぞこのまま》、七位《ペッパー警部》、八位《四季の歌》（芹洋子）、九位《ドリーム》、一〇位《想い出ぼろぼろ》（内藤やす子）となった。阿久悠作品が四作入っての年越しだ。

一二月三一日の明暗

一二月三一日、日本レコード大賞の発表である。新人賞の五人には、《想い出ぼろぼろ》の内藤やす子、《雪ごもり》の芦川よしみ、《嘘でもいいの》の角川博、《嫁に来ないか》の新沼謙治、《ペッパー警部》のピンク・レディーが選ばれていた。阿久悠が手がけたのは、ピンク・レディーの他に、新沼謙治もいる。

新沼謙治（一九五六〜）も『スター誕生！』出身だった。この番組からは男性もデビューしていたが、圧倒的に女性のほうが成功した。新沼は数少ない、『スタ誕』出身で成功した男性歌手だった。デビューは二月一日の《おもいで岬》（阿久悠作詞・川口真作曲）だったが、二曲目の《嫁に来ないか》でブレイクし、一五・三万枚を売る。

最優秀新人賞には内藤やす子が選ばれた。前年一一月に《弟よ》（橋本淳作詞・川口真作曲）でデビューし、三五・四万枚の大ヒット。《想い出ぼろぼろ》は二枚目で、阿木燿子作詞・宇崎竜童作曲で、これも三一・九万枚を売り、新人賞五人のなかでは、この時点では最もレコードを売っていたので順当な受賞だった。

大衆賞に《あなたがいたから僕がいた》の郷ひろみ、作曲賞は宇崎竜童が《想い出ぼろぼろ》で、作詩賞は阿木燿子が《横須賀ストーリー》で受賞した。

実質的に大賞候補となる歌唱賞は、《北の宿から》の都はるみ、《もう一度逢いたい》の八代亜紀、《あばよ》の研ナオコ、《針葉樹》の野口五郎、《若き獅子たち》の西城秀樹だった。郷は大衆賞だったが、新御三家がレコード大賞の授賞式に揃ったのは、これが最初で最後だった。最優秀歌唱賞には八代亜紀が選ばれた。

レコード大賞は都はるみ《北の宿から》だった。女性歌手が歌う演歌としては一九六五年の美空ひばり《柔》以来、一一年ぶりとされる。七二年にはちあきなおみが受賞しているが、受賞曲《喝采》は演歌とは分類されていなかったし、当時のちあきも演歌歌手というイメージではなかった。

この年の年間チャート一位は《およげ！ たいやきくん》四五三・六万枚、二位はダニエル・ブーン《ビューティフル・サンデー》一九〇・九万枚だが、二曲とも、大賞候補にはならないものだった。三位は都はるみ《北の宿から》八七・七万枚、四位は太田裕美

《木綿のハンカチーフ》八六・七万枚で、この二曲の差は一万枚でしかない。以下は、二葉百合子《岸壁の母》七七・三万枚、中村雅俊《俺たちの旅》七五・七万枚、あおい輝彦《あなただけを》七二・三万枚、山口百恵《横須賀ストーリー》六五・四万枚、因幡晃《わかって下さい》六一・四万枚、荒井由実《あの日にかえりたい》五三・九万枚となる。

阿久悠作品は《北の宿から》、松本隆作品は《木綿のハンカチーフ》である。

三〇位内に入っている阿久悠作品は他に、岩崎宏美《センチメンタル》《ファンタジー》《未来》、桜田淳子《夏にご用心》、西城秀樹《君よ抱かれて熱くなれ》が入り、松本隆作品では太田裕美《赤いハイヒール》が入った。

《北の宿から》はこの後も売れるので、一四三万枚を超えるが、この年だけでは《木綿のハンカチーフ》と僅差である。しかし《北の宿から》がレコード大賞をはじめ多くの賞を得たのに、《木綿のハンカチーフ》も太田裕美も、ノミネートすらされなかった。

レコードセールスではニューミュージックとアイドル・ポップスが圧倒しているが、賞になると演歌が強い。しかし、いまさらド演歌を歌っても売れない。その意味では、新しい演歌を作ってくれる阿久悠は、演歌歌手にとっては救世主であった。実際、この次に演歌が大賞を取るのは八〇年の八代亜紀《雨の慕情》まで待たねばならないのだ。その前に大賞は取れなかったが大ヒットした演歌として、石川さゆり《津軽海峡・冬景色》がある。

言うまでもなく、どちらも阿久悠だ。

無冠に終わったが、松本隆にも筒美京平にも、そして太田裕美にも、おそらく、涙拭くための木綿のハンカチーフは必要なかっただろう。大賞を受賞して涙を流した都はるみにこそ、ハンカチーフは必要だった。

太田裕美はレコード大賞では無冠だったが、「紅白歌合戦」には初出場し、《木綿のハンカチーフ》を歌った。

この年、阿久悠の作品は『紅白』で九曲、歌われた。四八組に対しての占有率は一八・七五パーセントだ。桜田淳子《夏にご用心》、伊藤咲子《きみ可愛いね》、森昌子《恋ひとつ雪景色》、岩崎宏美《ファンタジー》、都はるみ《北の宿から》、フォーリーブス《踊り子》、新沼謙治《嫁に来ないか》、西城秀樹《若き獅子たち》、ダーク・ダックス《二十二歳まで》である。視聴率は七四・六パーセントだった。

沢田研二はレコード大賞も紅白も辞退していたので、姿はない。翌年は阿久悠作詞・大野克夫作曲でしばらくやってみることが決まっている。

ピンク・レディーはどうにか新人賞に滑り込み、二作目も好調だ。しかし、まだどうなっていくのか、誰にも分からない。

「来年こそは」と決意を新たにしていたのが、石川さゆりである。《津軽海峡・冬景色》の発売は七七年一月一日だ。一一月二五日に発売されたオリジナルアルバム《365日恋もよう》のなかの一曲で、コンサートでは歌っており、好評だった。石川さゆりとしても手応えを感じており、勝負の曲だった。

第三章

勝手にしやがれ、シンドバッド

――一九七七年

一九七七年一月――ピンク・レディー旋風

一九七七年最初のヒットチャートは二週間分をまとめた一月一〇日である。前年最後の一位だった《北の宿から》が、レコード大賞と『紅白』で改めてこの曲を聴いて、いい曲だと思った人が多かったのだろう、一位を維持した。《青春時代》も前年最後と同じ二位のままだ。

ピンク・レディーは、新曲《S.O.S.》が一五位に上昇していたが、《ペッパー警部》がさらに上がり六位となっていた。紅白には出場していないが、レコード大賞の新人賞を受賞していたので、その効果もあったのだろう。

一二月二〇日に発売されていた西城秀樹《ラスト・シーン》が一〇位に入った。阿久悠作詞・三木たかし作曲だ。西城秀樹が歌うこのコンビでの曲の四作目となる。《ソウルこれっきりですか》も強く、三位を維持していた。四位の山口百恵《赤い衝撃》も前年暮れから動いていない。

一七日になると、《北の宿から》が二位に下がり、《青春時代》が一位へ上がった。勢いは《青春時代》にあり、二月七日まで四週間にわたり一位となった。《北の宿から》はこの後も地道に売れ続けるが、順位は下がっていく。そして五位に《ペッパー警部》があるのに、《S.O.S.》が八位に入った。

ピンク・レディー旋風が起きていることは、ランキングにも如実に現れていた。だが、どの層がそれを起こしているのか、阿久悠や都倉俊一にはまだ摑めていない。

二四日で野口五郎《むさし野詩人》が初登場で九位に入った。松本隆作詞・佐藤寛作曲で、一五日に発売されていた。松本隆にとって初めての野口五郎への曲だ。作曲の佐藤寛は野口の実兄である。この曲の「むさし野公園」は東京・吉祥寺の井の頭公園がモデルとされている。

失恋ソングである。主人公は二〇歳らしい。野口自身が二〇歳なので、ぴったりである。彼女からお見合いすると言われたのに、やめろと言えなかったことで恋は終わる。〈15行目から恋をして　20行目で終ったよ〉という、そういう恋だった。一五歳から二〇歳まで付き合ったということなのだろうか。

一月三一日で、《むさし野詩人》が二位に入り、《青春時代》に迫るが、そのすぐ下、三位には《S.O.S.》、四位には《ペッパー警部》とピンク・レディーの二曲が並ぶ。上位四曲のうち三曲が阿久悠作品だ。

九位に山口百恵《初恋草紙》がランクインした。阿木燿子作詞・宇崎竜童作曲で、以後、山口百恵が一年に出す四枚のシングルのうち三枚をこのコンビが作ることになる。一六位に太田裕美《しあわせ未満》（松本隆作詞・筒美京平作曲）が初登場した。「未満」という数学用語を、「しあわせ」に付けたところが、松本隆ならではだった。この後、「友達以上、恋人未満」といったような「未満」の用例が出てくる。

桜田淳子と山口百恵のこの年の「冬の陣」は、淳子《もう一度だけふり向いて》が二〇・四万枚、百恵《初恋草紙》が二四・一万枚と、百恵が下がったことで、再び互角に近くなった。阿木・宇崎は百恵をどうしたらいいか、まだ模索している感じだ。中三トリオは、この春に高校を卒業する。三人とも大学へは進学せず、学業との両立時代はこれで終わる。

一九七七年二月——「さよならをいう気もない」から「しあわせ未満」

二月になると、新人の清水健太郎のデビュー曲《失恋レストラン》が上がってきた。清水はTBSの情報番組『ぎんざNOW！』に七五年から出演しており、《失恋レストラン》は前年一一月二一日に発売され、番組内で歌っていたことで売れてきた。ドラマーでもある、つのだひろ（現・つのだ☆ひろ）の作詞作曲である。六二・八万枚を売って、清水はこの年の多くの新人賞を受賞する。

この週で『S.O.S.』は二位にまで上がった。一位は『青春時代』が守っている。一一位に岩崎宏美の新曲《想い出の樹の下で》（阿久悠作詞・筒美京平作曲）が上がってきた。岩崎宏美の八枚目のシングルで、二三・三万枚を売る。岩崎は前年から、固定ファンは二〇万前後はいるのだが、それ以上には広がらない状態だ。

二月一四日、《青春時代》が二位に下がり、《S.O.S.》が一位になった。ピンク・レディー初の一位獲得で、以後、連続九曲週間チャート一位という、当時としては前人未到の記録への第一歩だった。

六位に郷ひろみの新曲《真夜中のヒーロー》（小谷夏作詞・筒美京平作曲）、七位に太田裕美の《しあわせ未満》、八位に《想い出の樹の下で》と三人の「ひろみ」に筒美京平が作曲した曲が並んだ。《真夜中のヒーロー》の作詞の小谷夏はTBSの久世光彦のペンネームだ。郷はこの年の五月から一一月まで放映された久世がプロデューサーのドラマ『ムー』に主演する。

九位に、沢田研二《さよならをいう気もない》が登場した。阿久悠作詞・大野克夫作曲という《時の過ぎゆくままに》のコンビが沢田研二に連続して書く最初の曲だった。

阿久・大野による二曲目の《立ちどまるなふりむくな》が一六・五万枚と期待されたほどではなかったためか、その後の沢田研二は、荒井由実作詞・加瀬邦彦作曲の《ウィンクでさよなら》、小谷夏作詞・沢田研二作曲の《コバルトの季節の中で》を出していたが、暴行事件での謹慎もあり、ふるわなかった。年末の賞レースも『紅白』も辞退していたので、暮れにテレビにも出ることがなかったが、一月三日のフジテレビの『新春かくし芸大会』でテレビに復帰していた。この番組は生放送ではなかったので、暮れのうちに収録されていたのではあるが。

そして二月一日に発売されたのが《さよならをいう気もない》だった。一九七一年の阿久悠は尾崎紀世彦に《さよならをもう一度》を書いたが、七七年は「さよなら」をいう気がない。最高八位、二一・五万枚を売った。これで沢田にどんな男を演じさせればいいか、阿久は認識し、大ヒット連発への道が開くのだった。

一四日で《北の宿から》は二〇位にあったが、トップ20入りはこれが最後となる。その代わりに翌週二一日で、石川さゆり《津軽海峡・冬景色》が二〇位に入った。

石川さゆり（一九五八〜）はホリプロに所属し、森昌子と同年だった。しかし一月生まれなので、学年は上になる。ホリプロは森昌子と石川さゆりを同時期にスカウトしたので、同年代のもうひとりを加えて「ホリプロ三人娘」として売り出そうと考え、『スタ誕』でも五八年前後に生まれた少女を積極的に獲得しようとしていた。その戦略で得たのが山口百恵だった。三人目の百恵のデビュー直後は実際に「ホリプロ三人娘」としてコンサートもしたのだが、日本テレビが昌子・淳子・百恵を「花の中3トリオ」と命名したことで、石川さゆりは、はじき飛ばされてしまった。彼女は『スタ誕』出身ではなかったし、学年は一つ上だったのだ。

このデビュー時の不運が尾を引き、石川は歌は抜群に上手なのにヒットに恵まれなかった。とはいえ、山口百恵と比較しての話で、七三年三月発売のデビュー曲《かくれんぼ》は三・一万枚、七五年七月発売の《あなたの私》は一四・七万枚を売っているので、何かきっかけがあればブレイクする兆しはあった。

石川さゆりのそれまでの曲は山上路夫・猪俣公章、あるいは千家和也・市川昭介といった組み合わせで作られていたが、七六年四月の《十九の純情》から阿久悠と三木たかしで作ることになった。しかしこの曲は五・一万枚とふるわず、次の七月の《あいあい傘》が七・九万枚、一〇月の《花供養》が三・七万枚だった。〈十八歳の少女に見える透明な声の演歌歌手に似合う曲は何かと、ぼくと三木たかしはシングル二曲空振り、三曲目《花供養》も確信が持てずに目が回るほどに転がり〉というありさまだった。

阿久悠と三木たかしは、日本各地を舞台にし、それと季節、つまり「月」とを組み合わせたアルバムを作ってみることにした。それが《365日恋もよう》で、七六年一一月二五日に発売された。収録されたのは、一月・伊那谷《伊那の白梅》、二月・札幌《雪まつり》、三月・鳥取《流しびな》、四月は地名はなく直前に出たシングル《花供養》が当てられ、五月・九州日豊本線《日豊本線》、六月・長崎《雨降り坂》、七月・琵琶湖《螢の宿》、八月・高松《瀬戸の花火》、九月・淡路島《私の心の赤とんぼ》、一〇月・駿河湾《千本松原富士を見て》、一一月・横浜《横浜暮色》、一二月・青森《津軽海峡・冬景色》だった。阿久悠としては珍しいコンセプトアルバムだ。

このなかのどれかをシングルカットすることになっていたが、コンサートで石川さゆりが歌ってみて、客の反応がいいのが《津軽海峡・冬景色》だった。

《津軽海峡・冬景色》は一月一日の発売から二カ月弱で二〇位まで上がってきた。石川さゆりにとって、これまでの最高は八枚目の《あなたの私》（千家和也作詞・市川昭介作曲）の一九位だ。枚数でもこの曲が最高で一四・七万枚だったが、これを抜くことは確実となっていた。石川さゆりのこれまでの努力と、この曲への意気込みが実りそうだった。《津軽海峡・冬景色》は、はたしてどこまで売れるのか。タイトルや詞の内容から、冬のうちに売っておきたい。

阿久悠が書いた新曲では新沼謙治《ヘッドライト》が一五位まで上がった。二月一日発売で、二〇・二万枚を売る。枚数だけならば、《嫁に来ないか》よりも上だった。《ヘッドライト》もまた映画からのタイトル借用である。ジャン・ギャバンとフランソワーズ・アルヌールが主演した一九五六年のフランス映画だ。

《S.O.S.》の一位は一週のみとなり、二一日で《失恋レストラン》が一位となり、三月二一日まで五週連続してその座を維持した。《ペッパー警部》は二月一八日まで一〇位以内に留まっていたので、ピンク・レディーは一月一七日から二月二八日まで七週にわたり、二曲がトップ10内にあった。また《北の宿から》《青春時代》《S.O.S.》で年初から六週連続して阿久悠作品が一位だったことになる。

太田裕美《しあわせ未満》は二八日で四位にまで上がるが、これが最高となる。《失恋レストラン》《S.O.S.》《青春時代》という大ヒット曲と同時期になってしまい、ローテーションの曲としては合格点の三一・〇万枚を売るが、この曲も週間一位にはなれなかった。

この週は一位が《失恋レストラン》で、以下《S.O.S.》《青春時代》《しあわせ未満》《むさし野詩人》《初恋草紙》《真夜中のヒーロー》《想い出の樹の下で》《さよならをいう気もない》《ペッパー警部》と、一〇位までに阿久作品が五曲、松本作品が二曲だ。

ピンク・レディーの最初の二曲は《ペッパー警部》が最高四位で六〇・五万枚、《S.O.S.》が最高一位で六五・四万枚だった。最初の二枚だけであれば、たとえば岩崎宏美のほうが売っていた。まだ阿久悠も、都倉俊一も、関係者の誰もが、すさまじいブームを予期していない。

一九七七年三月――「カルメン'77」の快進撃

三月になっても、上位五曲は順位を含めて変わらなかった。阿久悠作詞の新曲としては、七日で、桜田淳子《あなたのすべて》が一六位で、西城秀樹《ブーメランストリート》が二一日で、一七位で初チャートインした。

《津軽海峡・冬景色》は春になっても、八位から九位を維持し、順調に売上を伸ばしていた。この年だけで五〇・九万枚を売る。

ピンク・レディーの三枚目のシングル《カルメン'77》は三月一〇日に発売され、二一日で三位になった。この週の二位は《フィーリング》だった。ブラジルのシンガーソングライター、モーリス・アルバートの曲を、フォークグループのハイ・ファイ・セットがカバーしたもので、日本語訳詞は、なかにし礼。

三月二八日で、《失恋レストラン》は三位に下がり、二位は《フィーリング》のまま、一位になったのは《カルメン'77》だった。ビゼーのオペラにもなったカルメンのような情熱的な女性が主人公だ。これまでと同じように速いテンポの曲だが〈私の名前はカルメンです〉と「です・ます」調の歌詞となっている。

松本隆がはっぴいえんど時代に始めた「です・ます」調は、フォークのシンガーソングライターたちが真似し、さらに阿久悠も多用していた。元祖である松本隆が使いにくくなるほど一般化してしまったのだ。

ピンク・レディーの曲はこのころまでは大人を対象とした歌詞だった。《カルメン'77》は純粋なラブソングだ。三月二八日に一位になると、以後四月二五日まで五週連続一位となる。

一九七七年四月――「夢先案内人」と「雨やどり」

ピンク・レディーが当初の目標としていたキャンディーズは、喜多條忠作詞・吉田拓郎作曲の《やさしい悪魔》を三月一日に発売し、《春一番》を抜く三九万枚の大ヒットとなる。二八日には七位まで上がり、四月一一日で最高の四位となった。

その四月一一日で、山口百恵《夢先案内人》(阿木・宇崎)がいきなり六位にチャートインした。

《カルメン'77》に一位を奪われた清水健太郎は二枚目の《帰らない》(つのだひろ作詞・作曲)を四月一日に発売しており、一一日でいきなり一一位で初チャートインした。

一八日で《夢先案内人》は二位に上がり、四週にわたり二位を維持し、なおも一位をうかがう。洋楽のジグソー《スカイ・ハイ》もチャートの上位に入っており、ここから一位をめぐる熾烈な競争となる。

一八日は《カルメン'77》《夢先案内人》《スカイ・ハイ》《フィーリング》《帰らない》、二五日も五曲は同じで、《スカイ・ハイ》が五位に下がり、《フィーリング》《帰らない》が三、四位。この週の六位に、さだまさしの自作曲《雨やどり》が上がっている。

さだまさし（一九五二〜）は七二年にバンド「グレープ」を結成してデビューし、七四年に《精霊流し》が大ヒットし、翌年も《無縁坂》がヒットした。しかしグレープは七六年に解散し、同年からソロ活動をしていた。

一九七七年五月――「秀樹VS五郎」「淳子VS百恵」

五月二日で、《帰らない》が一位になり、《カルメン'77》は三位に下がるが《夢先案内人》は二位をキープ。《スカイ・ハイ》が六位に下がり、《雨やどり》が五位になる。二月からはピンク・レディーと清水健太郎が交互に一位になっていた。

九日は《帰らない》《夢先案内人》《カルメン'77》のトップ3は前週と同じだったが、《雨やどり》が四位になり、五位には野口五郎《沈黙》（松本隆作詞・筒美京平作曲）が急上昇していた。郷ひろみの新曲《悲しきメモリー》（小谷夏作詞・筒美京平作曲）も一二位で初チャートインし、一カ月前に発売の西城秀樹《ブーメランストリート》もまだ一九位にあるので、新御三家がトップ20に入っていた。

この年前半は松本隆が野口五郎に、阿久悠が西城秀樹に、同時期に二曲ずつ書いた唯一の時期だった。一カ月近くの時差があるのでチャートのなかでは激突という感じではなかったが、西城《ラスト・シーン》二二・六万枚、野口《むさし野詩人》三四・二万枚、西城《ブーメランストリート》二一・二万枚、野口《沈黙》一九・二万枚と、一勝一敗だが、総数では野口五郎・松本隆のほうが多い。

この年の九月一〇日発売の野口五郎がニューヨークで録音したオリジナルアルバム《異邦人》は筒美京平がプロデュースし、一一曲のうち一〇曲を松本隆が作詞する。

一六日で、ついに《夢先案内人》が一位になった。アイドルの場合、発売と同時に固定ファンが買うので、発売直後が一番売れ、だんだん下がっていくことが多い。あとになって順位が上がるのは、固定ファン以外にまで歌が広がっていることを意味している。山口百恵は前作《初恋草紙》では広がりがもてなかったが、《夢先案内人》で、ファン層の拡大に成功していた。同世代の女性を摑んだのだ。百恵は、男性に媚びるような内容の歌を歌っていたときには、男性ファンが中心だった。その一方、三浦友和と共演した映画やテレビドラマは女性客が大半だった。山口百恵は好きだけど歌は嫌いという女の子はけっこういたのだ。いや、嫌いではないのだが、女の子が好きとは言えない、そんな雰囲気が百恵の歌にはあった。それが、阿木燿子を作詞家に得たことで変わっていく。

《夢先案内人》は女の子の好きそうなゴンドラの出て来るメルヘンチックな光景が描かれているようでいながら、「あなた」と「夜明け前」を迎えるストーリーだ。高校を卒業し、山口百恵は大人になっていた。

それに対し、阿久悠が桜田淳子に書いた《あなたのすべて》は、〈そっと重ねた〉口づけを〈愛と思ってもいいのでしょうか〉と、不安な少女でしかない。

結局、この年の淳子vs百恵の「春の陣」は、淳子《あなたのすべて》一五・二万枚に対して百恵《夢先案内人》四六・八万枚とトリプルスコアの差がついてしまう。桜田淳子としてはどうにかしなければならない。百恵が『スタ誕』陣営の千家、都倉、三木から、阿木・宇崎へ移行したように、そろそろ、阿久悠から離れるときが近づいている。

《夢先案内人》の一位は一週のみで、五月二三日では《雨やどり》が一位となった。さだまさしにとって初の週間チャート一位である。百恵にとって、さだまさしはヒットチャート上のライバルとなっていたが、実はこの時点で、百恵サイドは、さだにシングル盤にすべき曲を依頼していた。

山口百恵は絶好調だった。この後も出す曲すべてがヒットする。しかし彼女の曲が一位になるのはこれが最後だった。阿久悠が繰り出す曲たちに阻まれるのだ。

阿木燿子と宇崎竜童も絶好調だった。山口百恵のために書くだけでなく、宇崎率いるダウン・タウン・ブギウギ・バンドのためにも書き、資生堂のイメージソングになった《サクセス／愛しのティナ》は五月二三日で六位にまで上がっていた。この間も、《カルメン'77》は三位を維持している。

阿久悠・大野克夫による沢田研二の《勝手にしやがれ》は五月二一日に発売された。《勝手にしやがれ》は一九六〇年公開のフランスのヌーベルバーグ映画からタイトルを借用している。フランソワ・トリュフォー原案、ジャン＝リュック・ゴダールが監督・脚本、主演はジャン＝ポール・ベルモンド。この曲も、映画のストーリーと歌詞とはまったく別のもので、歌詞には「勝手にしやがれ」というフレーズはない。

同棲していたのか、女が出ていってしまい、男はそれを知りながら寝たふりをして、別れを受け入れている。阿久悠言うところの「やせ我慢の美学」の歌だ。沢田はテレビで歌うときは、かぶっていた帽子を投げるパフォーマンスをしていた。このころから沢田は歌ごとに衣装とメイクを変え、「演じる歌謡曲」を確立させた。沢田としても阿久悠の虚構性の高い歌詞を歌うにあたり、虚構であるという開き直りが必要だった。

沢田は後に〈正直に言って、阿久さんの詩はあまり好きではなかったんです。カッコ良すぎる、はっきり言いすぎると思っていたんです。僕自身女々しい方が好きだったから〉と語る。日本一カッコイイ男にしても、阿久が描く男はカッコ良すぎたのである。

これがヒットしたのだから、当時はカッコイイことが肯定的な時代でもあった。

〈これだけ強い詩を用意してくれると、僕は僕でそれに負けないようにしなくちゃいけない。詩のイメージと違う部分を出そうと、化粧をしたり、コスチュームを考えたりしました。詩の強さに刺激され、触発され、スタッフも含めた皆の思いがうまく嚙み合った感じだったと思います。それが成功したことで、それからずーっと続くわけです〉。

シンガーソングライターの自己完結型の作品では不可能な世界がここにある。

一九七七年六月——七〇年代歌謡曲の一つの頂点

ここから、二年間にわたる、沢田研二とピンク・レディーの壮絶な競争が始まる。まさに阿久悠対阿久悠のバトルだった。そしてこの二組に果敢に挑み続け、ついに無冠に終わるのが山口百恵なのだ。

チャートで百恵の上に常にいるのは、沢田研二とピンク・レディーだった。さらに、同世代のライバルが桜田淳子と岩崎宏美、そして石川さゆりだった。阿久悠は、このすべてに実質的なプロデューサーとして関わり、新曲を書いていた。百恵からみれば、彼女をトップにさせまいと、阿久悠による包囲網が作られている状況だった。

阿久悠が繰り出す曲と競い合う山口百恵のために、酒井政利プロデューサーのもと、阿木燿子、宇崎竜童、さだまさし、谷村新司、堀内孝雄ら、より若い世代が集結していた。やがてこの輪のなかに松本隆も加わる。

歌謡界は、いや日本音楽界は、阿久悠陣営対山口百恵陣営に二分されようとしていた。もちろん、どちらにも属さない人びとも無数にいる。都倉俊一のように、どちらとも親しい関係にある者もいる。だがヒットチャート上位の競争に絞れば、七七年から七八年は阿久悠対山口百恵の二年間だったのだ。

『スタ誕』が生んだ最大のスター山口百恵は、『スタ誕』の生みの親で最大の実力者たる阿久悠と対決しなければならない運命にあった。山口百恵が望んだわけでも、阿久悠が望んだわけでもなければ、プロダクションやレコード会社が企んだわけでもない。まさに、運命のいたずらだった。

しかし、この構図が生じたことで、七七年、七八年の歌謡界は、かつてない盛り上がりを見せるのだった。ライバルの存在が藝術家を成長させる、その見本だ。

六月六日でのトップ三位は、《雨やどり》《サクセス》《夢先案内人》と百恵陣営が三組並んだ。四位は小柳ルミ子の久々のヒット曲《星の砂》（関口宏作詞・出門英作曲）、五位が《カルメン'77》、六位は狩人のデビュー曲《あずさ2号》（竜真知子作詞・都倉俊一作曲）、七位が《勝手にしやがれ》だった。以下、《帰らない》、高田みづえ《硝子坂》（島武実作詞・宇崎竜童作曲）、郷ひろみ《悲しきメモリー》となり、一一位に桜田淳子《気まぐれヴィーナス》（阿久悠作詞・森田公一作曲）が上がってきた。

高田みづえ（一九六〇〜）は、『スタ誕』ではなく、フジテレビのオーディション番組『君こそスターだ！』出身で、七六年に第一八代グランドチャンピオンとなって、デビューした。

《雨やどり》は四週連続一位だったが、六月二〇日で、《勝手にしやがれ》に明け渡す。沢田研二にとって、《時の過ぎゆくままに》の七五年一〇月二〇日以来の一位だった。

だがこの週、すでにピンク・レディー《渚のシンドバッド》（阿久悠作詞・都倉俊一作曲）が四位に迫っていた。

阿久悠自身が月刊誌「ｙｏｕ」に書いた紹介文を引くと〈海のプレイボーイが主人公。ビキニの美女を七つの海に見立てて、ここかと思えば、またあちらと、冒険冒険また冒険のつもりであるが、さて、どういうことになりますか。／夏のピンク・レディーが、一段と楽しく、セクシーに見える筈である〉となる。これ以上まとめようのない見事な紹介だ。ピンク・レディー作品の制作意図も改めて確認されている。〈何も滑稽なものをねらってばかりいるわけではない。常識でこり固まっているこの世の中で、常識をちょっと刺激的に暑かったものが必要だということである〉。

一九七七年七月——普通の女の子たち

七月一七日、芸能界を震撼させる事件が起きた。キャンディーズが、日比谷野外音楽堂でのコンサートで「九月で解散する」と宣言し、その理由として「普通の女の子に戻りたいんです」と言ったのだ。三人は所属事務所の渡辺プロダクションとは何の相談もせずに、いきなり、コンサートの場で解散を発表した。相談すれば反対されるのは目に見えていたので、既成事実を作り上げようという彼女たちなりの計算だった。当然のごとく、事務所やレコード会社は三人の説得を始めた。

キャンディーズは人気の頂点にあった。ここでの解散はビジネスとして痛い。だが、三人の決意が固いのであれば、発想を転換し、解散を最大のビジネスチャンスと受け止めるしかない。それにしても二カ月後の九月ではあまりにも早過ぎるので、半年延ばして、一九七八年三月をもって解散することで双方が妥協した。

「あと半年」と区切られたことで、ファンは燃えた。何としても、週間チャートで一位を獲得させよう、と。

キャンディーズの解散発表とピンク・レディーの猛旋風の始まりとがほぼ同時期だったので、後に書かれる文献では、ピンク・レディーにファンを奪われて人気がなくなったから解散したと書かれているものを見かけるが、それは間違いだ。この時期のキャンディーズは上昇機運に乗っていた。レコード売上ではピンク・レディーに敵わないが、七六年一一月の《哀愁のシンフォニー》(なかにし礼作詞・三木たかし作曲)以降はすべて二〇万枚以上を売り、七七年三月発売の《やさしい悪魔》(喜多條忠作詞・吉田拓郎作曲)では三九万枚と、これまで以上に売れていた時期での解散発表だったのである。むしろ、ピンク・レディーとの相乗効果があったとすら言える。

だがそういう誤った歴史認識が生まれるほど、ピンク・レディーの勢いは凄まじかった。六月二七日で、《渚のシンドバッド》はあっさりと一位となり、三週連続してその座を守るも、七月一八日で《勝手にしやがれ》が奪還、一位に返り咲いた。三週も置いての一位への返り咲きは珍しい。この後、八月八日まで《勝手にしやがれ》は四週連続して一位となる。

TBSの人気番組『8時だョ！全員集合』の「少年少女合唱隊」コーナーで、志村けんはこの二曲を無理やり一曲にして笑わせていた。これを見ていた青山学院大学の学生だった桑田佳祐は、自分のバンドで作っている曲のタイトルを「勝手にシンドバッド」としようと思い付いた。

一九七七年八月──「気まぐれヴィーナス」はイミテイションに気づかない

七月二五日で山口百恵《イミテイション・ゴールド》(阿木燿子作詞・宇崎竜童作曲)が二位になった。八月一日で《渚のシンドバッド》が二位に戻り、八日も《勝手にしやがれ》《渚のシンドバッド》《イミテイション・ゴールド》の順番だった。

八月一五日、二二日、二九日の三週間、トップ3は《渚のシンドバッド》《勝手にしやがれ》《イミテイション・ゴールド》が順位も含めて不動で、他を寄せ付けない。

九月五日で《イミテイション・ゴールド》は二位になるが、ここまでだった。

もう少し俯瞰すると、七月一八日から九月五日まで八週間にわたり、トップ三曲は《渚のシンドバッド》《勝手にしやがれ》《イミテイション・ゴールド》だったのだ。

九月一二日、《渚のシンドバッド》の一位はそのままだったが、《イミテイション・ゴールド》と《勝手にしやがれ》は四位と五位に下がり、代わって、郷ひろみ／樹木希林《帰郷／お化けのロック》(阿木燿子作詞・宇崎竜童作曲)、清水健太郎《遠慮するなよ》(宇崎竜童作詞・作曲）が上がっていた。

淳子vs百恵「夏の陣」はこの年も百恵がダブルスコアで勝利した。淳子の《気まぐれヴィーナス》は最高七位、二一・〇万枚だったが、百恵の《イミテイション・ゴールド》は最高二位、四八・四万枚である。

《イミテイション・ゴールド》での百恵は男性と一夜を明かしている。そしてその男と「去年のひと」とを比べている。

この歌は多くの男性に衝撃を与えた。自分も恋人あるいは妻に前の男と比べられているのか、と。こんな歌はこれまでになかった。なかにし礼は阿木燿子について、彼女が百恵のために書いた詞を集めた『十六夜小夜曲《セレナーデ》』の解説にこう記している。

〈歌の話になると、か細い声で力強く、／「とにかく、ぶっこわさなくっちゃ」／と言う。／美しい女性の口からこんな言葉が出て来るところが新鮮である。／「とにかく、ぶっこわさなくっちゃ」／古くさい歌を、古くさいものの考え方を。／この言葉は彼女の歌を書く姿勢であると同時に、自負でもあると思う〉。

古くさい歌をぶっ壊さなければならないとの思いは、なかにし礼も同じだったはずだ。そして阿久悠も松本隆も。誰が古い歌を徹底的に壊すことができるのか、その果てに何が待っているのかは、誰にも分からないが、とにかく古い歌を壊そうという競争が始まっていた。

偶然にも阿久悠が桜田淳子に書いた《気まぐれヴィーナス》（森田公一作曲）も去年と今年とを比較している歌詞だった。《気まぐれヴィーナス》では、自分をトマトにたとえ、去年は〈青くて固かった〉けど、今年は赤くて、味も唇をとろかすはずだと、誘惑というか挑発している女の子が主人公だ。しかし、自分を〈気まぐれヴィーナス〉という彼女は、渚に寝そべって〈おまかせなの〉と言っているだけで、終わる。そのあとどうなるかは聴き手の想像に委ねられる。それはそれでいいのだが、情事の後を気怠く歌う百恵に、淳子はこの路線では勝てていない。

阿久悠は失敗を認めている。

〈ぼくらは桜田淳子に対し、まるで親か先生のように一歩一歩年齢の階段を上らせ、それにふさわしい歌を与えようとしていたが、ここはやはり、親でも先生でもなく、日常を超越させる演出家であるべきだったかもしれない〉。

この八月、阿久悠は電通のプロデューサー藤岡和賀夫（一九二七〜二〇一五）に誘われて、南太平洋の西サモアへ行った。藤岡が企画した「南太平洋　裸足の旅」へ参加したものだった。

この旅行は資生堂とワコールをスポンサーとして、藤岡、阿久悠、酒井政利、画家の池田満寿夫、画家の横尾忠則、写真家の浅井慎平、京大教授の多田道太郎、プロデューサーの小谷正一の八人が、何の目的もなく二週間ほどの旅をするというものだった。八人は親しい関係ではない。藤岡の目論見としては、帰国した後、他のメンバーがそれぞれの仕事のなかで南太平洋をテーマあるいは題材にすることで、南太平洋ブームを起こそうというものだ。

この人脈から、翌七八年、資生堂のテレビCMで使われて大ヒットした矢沢永吉の《時間よ止まれ》、山口百恵《いい日旅立ち》、七九年のジュディ・オング《魅せられて》などのメガヒット曲が生まれる。

一九七七年九月――「憎みきれないろくでなし」を「ウォンテッド」

九月一九日に《渚のシンドバッド》は六位に下がってしまうが、代わって一位になったのは、ピンク・レディー《ウォンテッド（指名手配）》（以下、「ウォンテッド」）だった。三位には沢田研二《憎みきれないろくでなし》が上がっている。

この曲を含めた、沢田研二のオリジナルアルバム《思いきり気障な人生》が一一月に発売されると、LP部門の週間チャートで一位となり、三一・三万枚と大ヒットする。オリジナルアルバムなのだが、ベストアルバムと言ってもいい。収録曲はすべて阿久悠作詞、大野克夫作曲で、《思いきり気障な人生》《あなたに今夜はワインをふりかけ》《再会》《さよならをいう気もない》《ラム酒入りのオレンジ》《勝手にしやがれ》《サムライ》《ナイフをとれよ》《憎みきれないろくでなし》《ママ…》が収録されている。この時点でシングル盤としてリリースされているのが《さよならをいう気もない》《勝手にしやがれ》《憎みきれないろくでなし》の三曲で、翌年一月には《サムライ》がシングルカットされるのだ(アレンジは異なる)。

阿久悠の詞に負けまいと沢田研二は、衣装とメイク、そして前奏や間奏でのパフォーマンスで過激になっていく。《憎みきれないろくでなし》では間奏で咥え煙草をふかし、歌に入る直前にタバコを吐き捨てた。

ピンク・レディーほど上位ではないが、石川さゆりもこのころ、二曲がトップ20に入っていた。《津軽海峡・冬景色》に続いて、阿久悠作詞・三木たかし作曲の《能登半島》と《暖流》である。それまで一〇万枚以上は《あなたの私》だけだったが、この年の石川さゆりはすさまじい。一月発売の《津軽海峡・冬景色》が七二・七万枚、五月発売の《能登半島》が四二・五万枚、九月発売の《暖流》が二九・二万枚を売った。

しかし、以後はまたヒットが出なくなってしまう。

九月になって上位に入ってきたのが、松崎しげる《愛のメモリー》（たかたかし作詞・馬飼野康二作曲）で、六二・九万枚の大ヒットとなる。九月一九日は四位にまで上がっていた。

《憎みきれないろくでなし》は九月二六日に四位に下がり、《愛のメモリー》が三位になり、さらに上をうかがう。だが《ウォンテッド》はミリオンセラーとなるだけあって強く、一二月五日まで一位を守る。

秋の新曲が続々と発売されていく。賞レースに臨む曲でもある。

岩崎宏美《思秋期》（阿久悠作詞・三木たかし作曲）は、九月二六日と翌一〇月三日の六位が最高で四〇・四万枚と、久々に四〇万枚を突破する大ヒットとなった。レコーディングの際に岩崎が詞に共鳴しすぎて号泣してしまったエピソードで有名な曲だ。阿久悠はこの曲について〈今でも名曲だと思っている〉と自信作としている。

もうひとりの「ひろみ」、太田裕美の《九月の雨》（松本隆作詞・筒美京平作曲）も同じ週の七位が最高で三五・六万枚を売った。太田にとって三〇万枚以上はこれが最後となる。雨の中、タクシーに乗って、恋人のもとへ行こうとしている女性が主人公だ。移動していく車内から見える光景と、恋人とのやりとりの回想と、いまの心境とが交互に描かれる。

桜田淳子《もう戻れない》（阿久悠作詞・筒美京平作曲）は、九月二六日の八位が最高で、ついに二〇万枚も割ってしまった。デビュー当時からの男性ファンが三年もたつと大半がファンであることを「卒業」してしまうので、女性アイドルは人気の持続が難しい。より若い男性には、さらに若いアイドルが待ちかまえているので、ファンの世代交代はほぼ絶望的であり、人気を持続させるには同世代の女性ファンの獲得が必要だった。

一九七七年一〇月——角川映画は歌謡界も変えていく

一〇月三日、キャンディーズ《アン・ドゥ・トロワ》(喜多條忠作詞・吉田拓郎作曲)が九位でトップ20にいきなり登場した。解散発表が、皮肉にもファンの拡大につながっている。いや、拡大というよりも潜在的に存在していたファンが顕在化したのだ。吉田拓郎はキャンディーズのシングルへは二曲目だ。二八・一万枚を売る。

《ウォンテッド》の一位を脅かすのは、予想もしない曲だった。ジョー山中が歌う《人間の証明のテーマ》である。角川映画『人間の証明』の主題歌で、映画と原作の角川文庫のコマーシャルで夏から流されていた英語の詞の曲だ。劇中で読み上げられる西條八十の詩をジョー山中が英訳し、大野雄二が作曲した。レコード発売直後に山中が大麻取締法違反容疑で逮捕されたので、テレビの歌番組には出演しなかったが、五一・七万枚を売った。

角川映画は前年(七六年)、『犬神家の一族』で始まった。原作小説と映画と音楽の三位一体のメディアミックスを意図的に出版社主導で行なった点で、映画と出版の世界に一大旋風を巻き起こした。『犬神家の一族』では大野雄二を音楽監督に起用し、主題曲のサントラ盤も売ったが、歌のないインストゥルメンタルだったので、それほど売れなかった。

そこで第二作『人間の証明』からは必ず主題歌を作ることにした。この後、阿久悠は『化石の荒野』の主題歌を作詞するが、これは映画もヒットしなかったので主題歌も売れなかった。一方、松本隆は角川映画では『スローなブギにしてくれ』をはじめ、『探偵物語』『メイン・テーマ』『Wの悲劇』の主題歌を書いて大ヒットさせる。

《人間の証明のテーマ》は一〇月一七日から六週にわたり二位だった。そのため、山口百恵《秋桜》は三位が最高となる。さだまさしが作詞作曲したもので、百恵のさらなる新境地となった。

淳子vs百恵の「秋の陣」は淳子《もう戻れない》一四・四万枚に対して、百恵《秋桜》四六・〇万枚と大差がついた。

桜田淳子はこの曲でいったん阿久悠から離れることにし、すでに新たな作家に新曲を依頼していた。ライバル山口百恵が女性作詞家によって新境地を開いている以上、手をこまねいているわけにはいかない。桜田淳子サイドは、中島みゆきに白羽の矢を立てた。阿久悠から中島みゆきへ、というのは研ナオコという成功例もある。

一九七七年一一月——阿久悠が賞レースを制覇

一一月のトップ4は《ウォンテッド》《憎みきれないろくでなし》《秋桜》《人間の証明のテーマ》が競っていたが、《ウォンテッド》は一位を守り通した。

最初の大きな賞である日本歌謡大賞は一一月七日に発表された。

新人賞は清水健太郎《失恋レストラン》と、高田みづえ《硝子坂》、狩人《コスモス街道》、太川陽介《Lui-Lui》、榊原郁恵《アル・パシーノ＋アラン・ドロン＜あなた》、清水由貴子《お元気ですか》、荒木由美子《ヴァージン・ロード》がノミネートされた。

清水由貴子（一九五九〜二〇〇九）は、父を亡くし苦労して育った少女だった。七六年三月一四日放映（収録は二月一八日）の第一六回決戦大会で、ピンク・レディーとなる二人をおさえて、グランドチャンピオンとなっていた。ピンク・レディーは同年八月にデビューしたが、清水由貴子は準備に時間をかけて、七七年三月に満を持してCBSソニーからデビューした。同社の酒井政利は、新人は自分で見つけ育てるべきとのポリシーだったので、『スタ誕』にはあまり積極的ではなかった。例外が山口百恵だったが、その酒井が久しぶりにこれはいいと思ったのが清水由貴子だった。デビュー曲《お元気ですか》は阿久悠作詞・三木たかし作曲で、酒井が阿久を起用するのも珍しい。

『スタ誕』のグランドチャンピオンで、酒井がプロデュースし、阿久悠作詞、三木たかし作曲と、さらには母子家庭で貧乏だったという点で百恵との共通点もあり、業界内での期待は大きかったが、《お元気ですか》は最高三〇位、八・二万枚しか数字は出せなかった。いや、山口百恵だってデビュー曲はたいして売れなかったのだから、勝負は二曲目である。阿久と三木による《明日草》が七月一日に発売となるが、さらに減って四・三万枚で終わった。日本歌謡大賞の新人賞は、圧倒的なレコードセールスの清水健太郎が下馬評通りに受賞し、もうひとりは高田みづえだった。

大賞候補となる放送音楽賞には、沢田研二《勝手にしやがれ》、岩崎宏美《思秋期》、ピンク・レディー《ウォンテッド》、石川さゆり《津軽海峡・冬景色》、野口五郎《風の駅》(喜多條忠作詞・筒美京平作曲)、八代亜紀《愛の終着駅》(池田充男作詞・野崎真一作曲)の六組が選ばれた。うち四曲が阿久悠作詞だった。この年も山口百恵は無冠である。

そして日本歌謡大賞には、沢田研二が決まった。七三年の《危険なふたり》以来、四年ぶり二度目の受賞である。歌謡大賞もレコード大賞も二度受賞した歌手はいなかった。受賞した年がピークとなる歌手が大半だったのだ。

沢田の二度目の受賞は、それ自体が画期的なことだった。さらにそれまでは、「賞が欲しい」と公言する歌手はいなかった。はしたないとされる風潮があったのだ。それも沢田は変えていく。沢田は大賞を「一等賞」と呼び、狙っていくと公言するのだ。賞がある以上、それを目指すのは当たり前ではないか。

一九七七年一二月——天才美少年・原田真二登場

一二月五日、松本隆がデビューから手がけた男性ミュージシャン、原田真二の《てぃーんず ぶるーす》が一七位でトップ20入りした。

原田真二（一九五八〜）はフォーライフ・レコードの新人オーディションに応募し、吉田拓郎に見出された。松本隆の言葉を借りれば〈竹宮恵子の漫画から抜け出して来たんですか?って感じ〉〈目を疑うような美少年〉だった。

原田真二は美少年だからオーディションで選ばれたのではない。応募されたテープを聴いて、吉田拓郎はその音楽に驚嘆したのだ。

原田は自作した曲でデビューしたいと希望した。それが《てぃーんず ぶるーす》の元の曲だった。しかし曲はいいとしても、詞が問題だった。新聞ではいろいろなニュースが載っているが、俺たちはこのままでいいのかといった呼びかけがあり、世界平和への願いもこめられているメッセージ性の高いものだった。その本質は活かすとしても、「売れる」曲にしたい。そこで、松本隆が呼ばれて、原田の作った曲に合わせて作詞することになった。

シンガーソングライターとして、自分のバンドで音楽を作ってきたミュージシャンが、商業ベースに乗ってデビューする際にぶつかるのが、自作曲でデビューできないという問題だった。かつてのグループサウンズもレコードデビューする際は職業作詞家、作曲家の作った曲を歌い、「歌謡曲になった」と批判もされた。それが厭《いや》で去っていく者もいた。

フォーライフ・レコードは、大手レコード会社の商業主義に反発し、アーティスト主導の作品作りをするために、吉田拓郎、井上陽水、泉谷しげる、小室等らが設立したものだった。初代社長には小室等が就任し、初年度（七五年度）は三一億円の売上となったが、三年目の七七年三月期は八億円に下がった。そこで再建するために吉田拓郎が社長となると、売ることを重視し、歌謡曲も出すようになり、他の三人との間に溝ができる。吉田拓郎としては経営再建のためには売れるものを作るしかないとの思いだった。

そういう背景での原田真二のデビューだったので、吉田拓郎社長としては、絶対に売れるものにしたい。当初は吉田拓郎自身が作った曲でデビューさせようとしたが、原田真二が自作にこだわるのでそれは断念し、作詞だけは松本隆に任せることにした。

作詞を依頼された松本隆は、それまでの若い男性歌手の歌が、〈明るくて、迷いがなくて、俺に付いてこい！　みたいな単純なもの〉ばかりだったので、それを壊そうと考え、

〈男でも悩むし、傷つくよ、と、ぬかるみの中を這っているような歌〉として《てぃーんず ぶるーす》を書いた。

《木綿のハンカチーフ》とは逆に、《てぃーんず ぶるーす》では、男が故郷に残り、女が都会へ行く。雨で駅までの道が川のようになってしまい、〈ズックはびしょぬれ〉で、少年は駅まで行けず、踏切で〈汽車の窓に流れる君〉を探す――そんな別れだった。冷たいレールに耳をあてると、〈ふたりの秋が遠ざかる〉。《木綿のハンカチーフ》の女性は、恋人が都会の色に染まることを心配しつつも予感していたが、《てぃーんず ぶるーす》の少年は、〈都会が君を変えてしまう〉ことを確信している。

若さは〈傷つきやすいもの〉〈こわれやすいもの〉と少年は言い、〈それが僕のぶるーす〉と内向きになる。最後は〈伏せ目がちのジェームス・ディーンまねながら〉少年は愛に背を向ける。

阿久悠が沢田研二にハンフリー・ボガートのやせ我慢の美学を託したのならば、松本隆は原田真二にジェームス・ディーンの傷つきやすさを託す。やせ我慢はカッコいい。しかし、それは自己満足でもある。男たちのそんな身勝手なやせ我慢こそが批判されるべきなのだが、時代はまだ「ボギーへの憧れ」をカッコいいものとしていた。その一方、ジミーに自分を重ね、こういうふうにしか生きられないと思う少年もいたのだ。

できた詞に、原田は当初は不満だった。自分が書いたものから、だいぶ軟弱になったと思ったらしい。なかでも、〈ズックはびしょぬれ〉の「ズック」にひっかかった。すでに死語に近かった。しかし、自分があれこれと綴った「反体制」の思いを、松本隆が〈伏せ目がちのジェームス・ディーン〉のひとことで表現したことには感心し、受け入れた。

最初のシングルが決まった。さらに何曲もいい曲ができていた。歌謡曲は一般的にはシーズンごと、つまり三カ月ごとに新曲を出す慣習となっているが、それはあくまで慣習にすぎない。そこで、前代未聞のことをやって話題にしようと、最初の三カ月に毎月一枚ずつ出すことも決まる。

原田真二の第一弾《てぃーんず ぶるーす》は一〇月二五日に発売された。ニューミュージック系はテレビの歌番組には出ないことが多いが、原田真二はプロモーションとしてテレビにも出た。このルックスを生かさない方法はない。

伏せ目がちのジミーを真似るよと歌う原田真二に、一部の女の子が飛びついた。最初は、ルックスにしびれただけだったのかもしれない。なにしろ竹宮惠子の漫画の少年みたいな美少年が、ピアノを弾きながら歌ったのだ。

原田真二のファンになった女の子のひとりが、福岡県久留米市に住む蒲池法子だった。この少女は、高校一年生だった。原田真二の歌っている曲の作詞者の名を、彼女が当時どう認識していたかは分からない。運命の糸はやがて、松本隆とこの少女――後に「松田聖子」と名乗る――を結びつけ、歌謡曲史上空前の記録を打ち立てていく。

予定通り原田は続いて一一月二五日に第二作《キャンディ》を発売した。キャンディという女の子への呼びかけの歌だ。次は一二月二〇日で《シャドー・ボクサー》が予定されている。すべて、松本隆作詞・原田真二作曲だった。

《てぃーんず ぶるーす》は一二月五日に一七位になると、翌週一二日は一三位、一九日は七位に上がり、二六日も七位だった。それを《キャンディ》が追いかけている状況で年を越す。とてつもないことが起きそうだった。


阿久悠は、ニューミュージックの台頭を無視はしない。来るなら来いとばかり、ニューミュージック系の歌手にも作詞した。その最初期が、Char（以後「チャー」とする）の《気絶するほど悩ましい》だ。チャー（一九五五～）はいくつものロック・バンドに参加し、さらにはスタジオミュージシャンの仕事もしていたが、ロック的な歌謡曲の歌手としても活躍し始めていた。前年（七六年）六月に《NAVY BLUE》でソロとして最初のシングル盤を出していたが、それほど売れなかったので、七七年六月のシングルから「歌謡ロック」に転じる戦略をとり、阿久悠に作詞、梅垣達志に作曲を依頼し、《気絶するほど悩ましい》を出した。この曲が秋になって売れ始め、一一月七日に二〇位となり、一二月五日、一二位にまで上がった。これが最高で、二一・四万枚を売る。

原田真二とチャー、そしてこの直後にブレイクする世良公則の三人は「ロック御三家」と呼ばれる。この三人と山口百恵が六本木などで飲み歩いているのが目撃され、週刊誌に書かれたこともあった。原田・チャー・世良は、野口五郎・西城秀樹・郷ひろみの新御三家と同世代だが、一方は自由なミュージシャン、一方は管理されたアイドルと、そのあり方が異なっていた。

一二月一二日、《ウォンテッド》は二位に下がった。一位となったのは、しかし《憎みきれないろくでなし》でも《秋桜》でもなく、中島みゆき《わかれうた》だった。三位は中島みゆき作詞作曲の、桜田淳子が起死回生の一手として放った《しあわせ芝居》だった。《わかれうた》の一位は一週のみなのだが、これによって、六月二〇日に《勝手にしやがれ》が一位になって以来、《渚のシンドバッド》《ウォンテッド》と合わせて三曲で、二五週間約半年にわたり阿久悠作品が連続して一位だった記録が途絶えてしまった。この一二日には八位に《UFO》がチャートインし、翌週には一位になるので、もし一週間早く発売されていたら、記録は継続していたかもしれない。

連続一位記録は切れたが、この一二日はピンク・レディーの二曲がトップ10内にある。ピンク・レディーの今度の恋の相手は、どうやら地球人ではないらしい。彼女たちは地球の男にはそろそろ飽きていたのだ。

UFOは、未確認飛行物体の英語「unidentified flying object」の略である。英米人は「ユーエフオー」と発音するが、この歌のおかげで日本では「ユーフォー」と発音するようになった。流行歌が発音まで変えてしまう。

翌一二月一九日、ピンク・レディーは僅か一週で、中島みゆきから一位を奪還し、UFOに乗って年末年始を駆け抜けていく。

キャンディーズの《わな》（島武実作詞・穂口雄右作曲）も五位に一気に駆け上がっている。解散まであと四カ月。

一二月に入ると、賞レースで注目されていた《津軽海峡・冬景色》が、再びチャート上位に復帰していた。最終週の二六日には一〇位にまで上昇した。

この年のシングル盤の年間チャートは阿久悠のためにあった。

一位から一〇位に六曲も入ったのだ。一位から記すと、ピンク・レディー《渚のシンドバッド》九四・五万枚、森田公一とトップギャラン《青春時代》八六・五万枚、ピンク・

レディー《ウォンテッド》八四・五万枚、沢田研二《勝手にしやがれ》七四・七万枚、小林旭《昔の名前で出ています》七〇・八万枚、さだまさし《雨やどり》六六・八万枚、ピンク・レディー《カルメン’77》六五・八万枚、ピンク・レディー《S.O.S.》六四・七万枚、清水健太郎《失恋レストラン》六二・八万枚、ハイ・ファイ・セット《フィーリング》五六・六万枚だ。

さらに三〇位までには、一一位の都はるみ《北の宿から》が二年目のこの年だけで五五・九万枚を売り、以下、ピンク・レディー《ペッパー警部》、石川さゆり《津軽海峡・冬景色》《能登半島》、沢田研二《憎みきれないろくでなし》が入っていた。松本隆作品は一曲もトップ30までにも入らなかった。

週間チャート一位の推移をみると、六月二〇日から一二月までの連続二五週を含め、阿久悠作品はこの年、《北の宿から》一週、《青春時代》四週、《S.O.S.》一週、《カルメン’77》五週、《勝手にしやがれ》五週、《渚のシンドバッド》八週、《ウォンテッド》一二週、《UFO》二週と、合計三八週、一位だった。ほぼ四分の三にあたる。一年中、阿久悠の曲がヒットしていた年だった。

沢田研二のレコード大賞

一二月三一日、日本レコード大賞が決定、発表された。

新人賞五人は、狩人《あずさ2号》、清水健太郎《失恋レストラン》、榊原郁恵《アル・パシーノ+アラン・ドロン<あなた》、高田みづえ《硝子坂》、太川陽介《Lui-Lui》で、清水由貴子は選ばれなかった。最優秀新人賞は清水健太郎に決まった。

作詞賞にあたる西条八十賞は、さだまさしが《雨やどり》《秋桜》で受賞した。作曲賞にあたる中山晋平賞は三木たかしが《思秋期》《津軽海峡・冬景色》で受賞した。ピンク・レディーは、レコードは売れたが大賞にはまだ早いという歌手をうまく処遇するためにある大衆賞を《ウォンテッド》で受賞した。

実質的な大賞候補の歌唱賞には、沢田研二《勝手にしやがれ》、八代亜紀《愛の終着駅》、山口百恵《秋桜》、岩崎宏美《思秋期》、石川さゆり《津軽海峡・冬景色》と決まり、最優秀歌唱賞は八代亜紀が受賞した。ここでも五曲のうち三曲が阿久悠作詞作品だった。

レコード大賞は《勝手にしやがれ》だった。沢田研二にとって、レコード大賞は初の受賞で、阿久悠は二年連続、三度目だった。発表の瞬間、沢田研二は飛び上がって喜び、ステージに上がると、ザ・タイガースのメンバーがお祝いに現れた。そこには涙はなかった。

レコード大賞授賞式の視聴率は五〇・八パーセントで、過去最高となり、いまだこれを上回る数字は出ていない。

この年の『紅白歌合戦』でも阿久悠作品は九曲が歌われた。桜田淳子《気まぐれヴィーナス》、ピンク・レディー《ウォンテッド》、岩崎宏美《悲恋白書》、石川さゆり《津軽海峡・冬景色》、新沼謙治《ヘッド・ライト》、西城秀樹《ボタンを外せ》、森田公一とトップギャラン《青春時代》、沢田研二《勝手にしやがれ》、森進一《東京物語》である。ピンク・レディーが『紅白』に出るのは、これが最初で最後となる（再結成後は除く）。

松本隆作品は、太田裕美《九月の雨》、布施明《旅愁〜斑鳩にて》（川口真作曲）の二曲。後者は九月に発売され、一三・五万枚が売れた。松本隆には珍しく地名が特定されている曲で、失恋した男性が、彼女から行ったことがあると教えられた斑鳩を旅してその女性を思うもので、「です・ます調」の歌詞だ。

トリは、沢田研二でもピンク・レディーでも、石川さゆりでもなく、紅組が八代亜紀《おんな港町》、白組は五木ひろし《灯りが欲しい》で、大トリは五木だった。さぞやヒットした曲かと思うかもしれないが、《おんな港町》（二条冬詩夫作詞・伊藤雪彦作曲）は二二・九万枚、《灯りが欲しい》（藤田まさと作詞・遠藤実作曲）は二〇・三万枚でしかない。

この年の『紅白』の視聴率は七七・〇パーセントだった。

第四章

UFO、サウスポー、あるいはキャンディ――一九七八年

一九七八年一月——「ザ・ベストテン」始まる

一九七八年最初の週間チャートは二週間分が一月九日付で発表された。《UFO》《わかれうた》《わな》《しあわせ芝居》《ウォンテッド》と前年末とトップ5は変わらない。六位に上昇していたのが、《てぃーんず ぶるーす》だった。そして《キャンディ》も一三位に上がっていた。ピンク・レディーと原田真二、そして中島みゆき作品が、トップ20にそれぞれ二曲入った状況で、この年は始まる。

《北の宿から》と《木綿のハンカチーフ》というまったくファン層の違う曲で、阿久悠と松本隆とが競った七六年のヒットチャート戦線の戦況が再現されようとしていた。

しかし阿久悠は、ライバルは山口百恵チームだったと、いろいろなところに書いているが、「松本隆」の名を回顧的な随筆に書くことはない。

一九七七年発行の『阿久悠の実戦的作詞講座』の下巻の巻頭には「作詞事典」が収録されており、「愛」「哀愁」「アクション」「雨」から、「ラジオ歌謡72」までさまざまな単語が並び、阿久悠ならではの解説がなされている。そこには一般名詞とともに何人かの作詞家も項目として立てられている。当時の阿久悠が意識している作詞家たちと言っていい。有馬三恵子、荒井由実、阿木燿子、石坂まさを、井上陽水、石本美由起、小椋佳、及川恒平、喜多條忠、菊田一夫、佐藤惣之助、西條八十、サトウハチロー、佐伯孝夫、清水みのる、関沢新一、千家和也、高野公男、なかにし礼、西沢爽、橋本淳、藤田まさと、藤浦洸、星野哲郎、松井由利夫、松本隆、山上路夫、山口洋子、安井かずみの二九名だ。

デビュー当時から阿久悠のライバルとされていた、なかにし礼については、代表作を挙げた後に〈専属作家制がくずれ、フリー作家が輩出した第一期の旗手である。シャンソンに造詣が深く、その心を生かした詩を書く人である〉、橋本淳については〈GS時代の旗手。感覚的なカラフルな詩はこの人独特のものである〉、七七年時点でのライバル、阿木燿子は〈珍しく骨太のフィクションをつくり出せる人だという気がする。女性にありがちな愚痴がなく、エンターティメントを一義に考えている様子が作品からうかがわれて頼もしい〉など、人物評がある。一方、代表作が列記されるだけで、何のコメントもない作詞家もいて、松本隆は《木綿のハンカチーフ》《青春の坂道》《雨だれ》の三曲を挙げるだけだ。

阿久悠は松本隆をどう評価していいのか分からないのだろう。

《津軽海峡・冬景色》は年末に何度もテレビで歌われたことで、七位に上昇していた。これは前年の《北の宿から》と同じだった。演歌系はロングセラーになる。《勝手にしやがれ》もレコード大賞効果で、再び売れ出して、一六日には一一位になった。

そしてこの年も伏兵として、コミックソング《演歌チャンチャカチャン》がベストセラーとなり、チャート上位をかきまわす。


山口百恵が主演していたテレビドラマ『赤い絆』の同題の主題曲が、一二月二一日に発売されていた。これが松本隆が初めて山口百恵に書いたシングル盤だ。作曲は平尾昌晃。

松本隆が初めて山口百恵の曲を書いたのは、前年（七七年）八月二一日発売のオリジナルアルバム《GOLDEN FLIGHT》に書いた《嵐ヶ丘》、《CHECK OUT LOVE》（二曲とも加藤ヒロシ作曲）二曲だった。このアルバムはロンドンで、現地のロック・ミュージシャンの演奏でレコーディングされた。山口百恵も歌謡曲歌手のなかではコンセプトアルバムに早くから取り組んでおり、アルバムでいろいろな作家に作ってもらい、シングルに起用するという道筋を作っていた。松本隆も候補となっており、《赤い絆》でついにシングル盤に起用されたのだ。

一月九日のチャートでは《赤い絆》は一二位に上がっていた。

《UFO》は前年一二月一九日に一位になると、二月二〇日まで九週にわたり一位を維持し、ピンク・レディー最高の一五五・四万枚を売る。

一月一六日、西城秀樹《ブーツをぬいで朝食を》（阿久悠作詞・大野克夫作曲）が発売された。沢田研二への曲のコンビが初めて西城秀樹のシングルに書いたことになる。その前の《セクシーロックンローラー》《ボタンを外せ》がいずれも二〇万枚を割っていたが、この曲は二一・七万枚を売り、盛り返しに成功する。

そして——一月一九日木曜日夜九時、ＴＢＳで『ザ・ベストテン』が始まった。これまでの歌番組は、プロデューサーが恣意的に出演者を決めていたが、「本当に、いまヒットしている曲」を紹介することをコンセプトとし、公正なランキングに基づいて決めるという点で画期的な歌番組だった。番組へのリクエストハガキ、レコード売上、系列ラジオ局の歌のベストテン番組、有線放送の四つのランキングをもとにして、順位を決めることにし、どんな大物でもランキングしなければ出場できないし、ニューミュージック系でテレビには出ない方針の歌手がランキングしても、それを除外しないことにした。そのため、順位だけ紹介され番組では歌われない曲も多かった。また、他の仕事で赤坂のスタジオに来られない歌手は、その仕事の場へ中継車を運び、生中継した。そして、歌う順番は一〇位から始まり最後が一位なので、たとえ演歌の大物がランクインしても、めったに上位にはならないので、アイドルより先に歌うことになる。「番組のトリは大物」という歌謡界の序列を崩壊させることにもなった。

司会の黒柳徹子と久米宏の掛け合いの面白さも評判となり、『ザ・ベストテン』はぐんぐんと視聴率を上げていく。

さて――筆者は悩んだ。以後はオリコンのチャートではなく、『ザ・ベストテン』のランキングをもとにして書くかどうか。『ザ・ベストテン』のデータはレコード売上以外のものもあり、より客観的というか総合的なデータとなる。既刊の『山口百恵』『松田聖子と中森明菜』では『ザ・ベストテン』のランキングをもとにして書いた。だが、本書ではすでに七七年一二月までをオリコンのデータに基づいて書いてきたので継続性を重視し、以後も基本的にはオリコンのデータに基づき、「〇位」とした場合は、オリコンの週間チャートのことを指す。


一月二三日も上位三曲は《UFO》《わかれうた》《わな》と、ずっと変わらないが、五位《赤い絆》、九位《てぃーんず ぶるーす》、一〇位《キャンディ》と、松本隆作品が三曲入った。阿久悠は《UFO》のほか、《ブーツをぬいで朝食を》が七位、一一位《津軽海峡・冬景色》、一五位《勝手にしやがれ》、一九位《憎みきれないろくでなし》も強い。

そして二〇位に原田真二の三枚目、《シャドー・ボクサー》が上がってきた。毎月一枚ずつ出すというデビュー戦略は、共倒れも危惧されたが、成功した。どの曲も一位は獲得できないが、以後しばらく三曲がトップ20に入っている状態が続く。

一月三〇日、沢田研二《サムライ》がいきなり一七位でチャートインした。阿久悠作詞・大野克夫作曲コンビの六曲目にあたる。前年のアルバム《思いきり気障な人生》からのシングルカットだ。発売は一月二一日だった。

「侍」は日本語の一般名詞だが、「サムライ」とカタカナになると、アラン・ドロン主演映画のタイトルになる。一九六七年の映画『サムライ』でのドロンは殺し屋の役で、まさに〈片手にピストル〉だった。この映画がイメージの源泉になっているのは間違いない。沢田研二のために書いた虚構路線の頂点に位置づけられる名曲だ。沢田のファッションはますます過激になり、ナチス風の出で立ちが物議を醸した。

一九七八年二月――「音楽」に共感する

《サムライ》は二月六日に、《UFO》《わかれうた》に次ぐ三位となった。原田真二は《キャンディ》が一二位、《てぃーんず ぶるーす》が一五位、《シャドー・ボクサー》が一七位で、以後もトップ10には入れないが、三曲とも二〇位以内に留まっている。

《赤い絆》は最高五位、二一・五万枚となる。三〇万枚までいかなかったのは、本来の冬の曲、《乙女座 宮》がすでに発売となっていたせいもある。

阿久悠は、桜田淳子を手放したが岩崎宏美はまだ抱えている。二月五日発売の《二十才前》は穂口雄右作曲で、タイトル通り、二十歳前の心境を歌う。岩崎宏美は五八年一一月生まれなので、まさに「二十才前」である。前作《思秋期》は四〇・四万枚を売ったが、《二十才前》は最高一〇位、一七・九万枚で、大ヒットとは言えない。

岩崎宏美、西城秀樹とも、他の歌手と比べれば売れているが、満足のいく数字にはならない。ピンク・レディーと沢田研二の好調ぶりで、阿久悠の全盛期が続いているようだが、潮目は変わりつつあった。

阿久悠の最大のライバルは特定の歌手、作詞家ではなく、ニューミュージックという新潮流だった。二月二七日のチャートには、四位に紙ふうせん《冬が来る前に》、六位に渡辺真知子《迷い道》、八位にアリス《冬の稲妻》、九位に中島みゆき《わかれうた》、一一位に世良公則&ツイスト《あんたのバラード》があり、これに原田真二の三曲、一四位の《シャドー・ボクサー》、一七位の、《キャンディ》、二〇位の《てぃーんず ぶるーす》も加えると八曲がニューミュージックだった
この傾向はその後も続き、シンガーソングライターの曲がヒット曲の大半を占めていく。

小坂明子《あなた》が登場したときに阿久悠が抱いた危機感は、ここにきて正しかったこ

とが実証された。青年層は「プロの作詞家・作曲家」が作った虚構の世界を歌う「商品」としての音楽よりも、同世代の青年が自ら作った等身大の人間を歌う「音楽」に共感し、買うことで支持を表明するようになっていた。

この傾向に拍車をかけたのが、原田真二だった。それまでのニューミュージック系はテレビの歌番組にはほとんど出ていない。この時点でも中島みゆきは出演していないが、その一方で前年（七七年）秋にデビューした原田真二はテレビの歌番組に出演し、それでヒットさせた。アリスも世良公則&ツイストも、テレビを最優先にはしないが、拒否もしないという姿勢で、『ザ・ベストテン』にもランクインすれば出演した。

シングル盤を出すということはヒットチャート戦線に加わることであり、加わる以上は売りたい。売るにはテレビに出るのが効果的だ。アルバムを作り、コンサートツアーをして聴衆の眼の前で歌い、ラジオでファンとコミュニケーションを図ることを重視していたのが、ニューミュージック第一世代だとしたら、第二世代はシングル盤のチャートで歌謡曲と競い、そのプロモーションとしてのテレビ出演も厭《いと》わない。その結果、歌謡曲とニューミュージックとの棲み分け時代は終わり、熾烈な競争をすることになった。

レコード会社専属の作詞家を旧世代とすれば、フリーランスの阿久悠は新世代の作詞家の代表だったが、この時点では「プロの作詞家」であるというだけで旧世代になってしまったのだ。阿久悠よりも深刻なのが、彼の詞に曲を書いてきた作曲家たちだ。音楽のほうが変化は早い。若いシンガーソングライターたちは、作曲だけでなく編曲も演奏も、さらには録音も自分たちで手がけ、新しいサウンドを作っていく。その新しい時代の音楽に対応できる作曲家がどれだけいるか。

阿久悠の八〇年代の悲劇は、新しい世代の作曲家との人脈を持っていなかった点にある。彼の周囲にいたプロの作曲家で、八〇年代も継続的にヒット曲を生めるのは、筒美京平だけとなる。

松本隆は、阿久悠が持っていない人脈を持っていた。もともと松本隆自身がニューミュージックのなかにいた（彼が、はっぴいえんどで活動していたときはまだ「ニューミュージック」という言葉はないが）。アグネス・チャンに書き始めたころ松本は、仲間たちから「歌謡曲へ心を売った」と批判されていたが、彼が歌謡曲の世界に入り道を作っていたおかげで、ニューミュージシャンたちは、歌謡曲の世界へすんなりと入れたのだ。彼らはアイドルや、ときには演歌歌手にも曲を提供し、レコーディングに参加するようになっていた。ニューミュージックの歌謡曲への進出、あるいはニューミュージックによる歌謡曲市場の占有は、松本隆がいたからこそ可能だった。

一九七八年はランキングの上位をピンク・レディーと沢田研二が快走していたので見え

にくかったが、一〇位以下では、まさに地殻変動が起きていた。

この新世代の台頭とはまったく別の流れの大ヒット曲も生まれていた。平尾昌晃（一九三七〜二〇一七）は阿久悠と同世代だが、一九五〇年代のロカビリーブームの代表的なスターで、ブーム後は作曲家に転じていた。

その平尾がデュエット・ソングを作り、自らの音楽学校の学生からオーディションして選んだ畑中葉子とともに歌った《カナダからの手紙》が、一月一〇日に発売されると、二カ月後の二月二七日に、《UFO》から一位を奪ったのだ。この曲は七〇万枚を売る。

一九七八年三月――私たちは幸せでした

キャンディーズの最後のシングル《微笑がえし》（解散後の一一月に《つばさ》が発売されるが、この時点では《微笑がえし》が「最後」とされた）は、二月二五日に発売されると、三月六日、いきなり六位でチャートインした。一位で解散したいとのキャンディーズとそのファンの思いは、翌週に実現した。三月一三日、《微笑がえし》は一位になったのだ。一九七三年九月に《あなたに夢中》でデビューしてから、一七枚目にして初めての一位だった。

《微笑がえし》は阿木燿子作詞・穂口雄右作曲で、歌詞にこれまでの曲のタイトルがちりばめられている「最後の曲」となった。二七日まで三週連続して一位を維持した。
キャンディーズの「さよならコンサート」は、三月一八日から三一日まで八つの都市で開催され、最後の最後が、四月四日、後楽園球場でのコンサートで、五万五千人の青年たちが集まった。このコンサートの模様はテレビ中継され、高視聴率を獲得した。三人は「私たちは幸せでした」と泣き叫び、ファンも声を限りにラン、スー、ミキの名を叫び、狂乱のうちに、解散興行は大成功に終わった。

前年（七七年）三月に《硝子坂》でデビューした高田みづえは、最初の三枚は島武実作詞・宇崎竜童作曲だったが、四枚目の三月五日発売《花しぐれ》は松本隆作詞・都倉俊一作曲で、二〇日に一〇位にまで上がっていた。しかし売上枚数は一八・五万枚と、これまでより下がってしまう。松本隆はこの曲の詞は〈個人的なはっぴいえんどのパロディー〉で、〈人がどう思おうと関係なかった。みづえさんのファンのことも眼中になかった〉と語っている。この曲はタイトルには「花」とあるが、いかに松本隆が雨が好きかがよく分かる、雨ソングの集大成と言ってもいい。〈水無月の雨の色〉〈Flower Rain〉〈五月雨・春雨・長雨〉など、全篇にわたり「雨」が何度も出てくる。そんな独りよがりな曲だったが、一八・五万枚も売れた。

この後も松本隆は高田みづえに何曲か提供するが、大ヒットは生めなかった。彼女に《私はピアノ》の大ヒットをもたらすのは桑田佳祐だが、この時点ではまだ、歌謡界の誰もその名を知らない。

一九七八年四月──「サウスポー」の革命

キャンディーズのファイナルの時期、一位にあったのはピンク・レディー《サウスポー》だった。四月三日、いきなり一位でのチャートインだ。

春のプロ野球の開幕にあわせて、野球選手を主人公にした曲となったのだろう。《UFO》ではヒロインの恋の相手が地球外生命体だったが、今度はヒロインが女性プロ野球選手という、とんでもない設定だった。どちらも漫画の世界にはいるが、現実にはいない。完全なフィクションだった。《ウォンテッド》までは、生身の人間同士の恋の物語という装いをしていたが、ファンの大半が子供だと分かった時点で、阿久悠はかろうじて「恋の物語」の枠組みは維持するが、完璧な虚構を描く。

これはこれで、歌謡曲における革命だった。アニメの主題歌や童謡ならばともかく、宇宙人や女性投手など、どう言い訳しようが──阿久悠には言い訳する気はないだろうが

――どこにもリアリティがない。虚構ではあるが人間の真理や人生の真実が描かれているというわけでもなく、ひたすら三分間、楽しませてくれることに徹した曲だ。

《サウスポー》が画期的だったのは、スポーツ選手が主人公というだけではない。スポーツ選手が出てくる曲は、これまでにもあっただろう。たとえば、松本隆が一九七五年に双子のデュオアイドル、ザ・リリーズのために書いた《好きよキャプテン》は、おそらくは高校のテニス部のキャプテンへの恋の歌だ。

だが《サウスポー》での阿久悠の実験は、試合そのものを描くということだった。相手は〈背番号一の強いやつ〉で、フラミンゴのように一本足打法だという。それが読売巨人軍の王貞治だと誰もが分かった。王は前年（七七年）にホームランの世界記録となる七五六号を達成し、野球に興味のない人でも、日本人ならば誰もが知っている唯一の選手だった。その王貞治らしきバッターを相手に、サウスポーの女性投手が投げるのだ。

しかし限界もあった。せっかく恋愛なしの歌になる可能性がある設定だったのに、《サウスポー》のヒロインは、相手のバッターに恋愛感情を抱いてしまう。阿久悠は主人公に恋心を抱かせてしまったことを〈そこが弱いとこなんですよね、弱いとこって言うより、なんか悔しいとこなんですよね。あそこ、恋の気分になるって言わなきゃ歌にならんのかっていうのは、自分で書いていていながら思うところがあるし〉と振り返っている。

歌謡曲という枠組みのなかで作るには、恋の要素が必要になってしまうのだ。阿久悠は〈ザーッと実況中継だけで押しまくりたいっていう気もある〉と語っているが、それをやってしまったのが、この年の一二月発売のアリスの《チャンピオン》（谷村新司作詞・作曲）だ。

《サウスポー》は九週にわたり一位で、一四六・〇万枚を売った。

四月一七日、《サウスポー》《微笑がえし》に次いで三位になったのが、黒沢年男《時には娼婦のように》（なかにし礼作詞・作曲）だった。なかにし礼は吉田拓郎の依頼で、フォーライフ・レコードでアルバムを作ることになり、全曲を作詞作曲し、自ら歌った《マッチ箱の火事》を作った。そのなかの一曲をシングルカットし、さらに黒沢年男にも歌わせて同時発売して競作させたのが《時には娼婦のように》で、黒沢盤のほうがヒットしていたのだ。歌詞の性的表現が問題となり、放送禁止にはならないが、日本民間放送連盟の「要配慮」扱いになった。

なかにし礼は阿久悠と同世代だが、満州から引き揚げたという過酷な過去を持ち、このアルバムにも《ハルピン１９４５年》という曲がある。なかにし礼は、阿久よりもラジカルで、この曲はニューミュージックに対する挑戦でもあった。フォーライフ内部では、歌詞がきわどすぎると反対する声もあったというが、社長の吉田拓郎は面白がって発売した。しかし、アルバムはそれほど売れなかったようだ。

一九七八年五月——「プレイバックPart 2」

五月一日、山口百恵の《プレイバックPart2》（阿木燿子作詞・宇崎竜童作曲）が発売になった。〈緑の中を走り抜けてく真紅《まっか》なポルシェ〉に乗っている女性が主人公だ。二番では、カーラジオから、〈ステキな唄〉が流れてきて、〈勝手にしやがれ　出ていくんだろ〉と聞こえてくる。それを聞いて彼女は〈昨夜《ゆうべ》のあなたのセリフ〉と同じだと思い出す。

そのカーラジオから流れていた曲は、沢田研二《勝手にしやがれ》だ。

この曲の〈馬鹿にしないでよ〉は流行語にもなり、凄みがあるというので、山口百恵の「つっぱり」イメージを定着させた。

八日に《プレイバックPart2》は一八位でチャートインし、一五日に三位、二二日も三位で、二九日に《時には娼婦のように》が五位に下がり、二位になった。しかし《サウスポー》に阻まれ、一位にはなれない。それでも五〇・八万枚の大ヒットである。

中原理恵のデビュー曲《東京ららばい》が八日に一五位まで上がってきた。松本隆作詞、筒美京平作曲だ。これは松本隆なりの「東京のご当地ソング」なのだという。しかし、松本隆が観光名所めぐりの曲を書くわけはなく、地名として出てくるのは〈午前三時の東京湾〉〈午前六時の山の手通り〉、〈タワー〉くらいだ。午前三時、港にある店のカウンターで物語は始まり、午前六時になってもまだ起きている。そんな一夜が退廃的に、虚無的に描かれる。観光客のための「東京」ガイドではなく、東京で暮らす人びとのためのご当地ソングだった。

原田真二の四枚目も松本隆が作詞した。《タイム・トラベル》で、結局は夢の話だが、古代エジプトらしきところや、ギャングがマシンガンをぶっ放しているニューヨークなど時空を超えてさまざまな時代と場所へ行く。タイトルの「タイム・トラベル」は歌詞では「時間旅行のツアー」となっている。後に松本隆は、松田聖子のアルバム《SUPREME》に《時間旅行》という曲を書く。

阿久悠がチャーに書いた三枚目の《闘牛士》が一日に一九位に上がってきた。作曲はチャーで、一一・九万枚を売る。

この年に『スタ誕』からデビューしたひとりが、石野真子（一九六一〜）だった。デビュー曲《狼なんか怖くない》は三月二五日に発売され、五月一五日に一七位にまで上がっていた。阿久悠作詞、吉田拓郎作曲で、初めての組み合わせだ。一〇・四万枚を売る。石野真子の第二弾の曲も阿久と吉田が作るが、その《わたしの首領《ドン》》も八・四万枚と微妙な数字だった。以後、作曲は穂口雄右、筒美京平、馬飼野康二と代わるが、六枚目まで阿久悠が作詞するも、一〇万を超えられない。

岩崎宏美《あざやかな場面》（阿久悠作詞・三木たかし作曲）が一五日、一九位でチャートインした。最高一四位で一一・五万枚に留まる。

沢田研二の、この年二枚目は《ダーリング》で二九日に一五位でチャートインした。

一九七八年六月――「ダーリング」「時間よ止まれ」

六月五日、チャートイン二週目にして沢田研二《ダーリング》は一位となった。

阿久悠作品では、九位に西城秀樹《炎》が上がってきた。この曲は最高五位、二五・七万枚。

一二日、《ダーリング》は一週にして一位を明け渡すことになった。入れ替わったのは矢沢永吉《時間よ止まれ》（山川啓介作詞・矢沢永吉作曲）である。三月二一日に発売され、じわじわと上がり、一位になったのだ。六三・九万枚の大ヒット曲となる。

一九日、桜田淳子《リップスティック》が一〇位に上がってきた。《しあわせ芝居》が三六・五万枚と久しぶりの大ヒットとなったので、次も中島みゆき作詞作曲で《追いかけックヨコハマ》を二月に出したが、これは一六・四万枚に留まり、その次の《リップスティック》は松本隆作詞・筒美京平作曲というゴールデンコンビに託された。最高一〇位で、一九・六万枚と少しは盛り返したが、松本隆がシングルで桜田淳子に書くのはこれが最初で最後だった。

化粧品のCMとのタイアップ全盛の時代で、「リップスティック」が曲名なのでいかにもという感じだが、《リップスティック》はそうではない。太田裕美の《九月の雨》とシチュエーションは似ている。あの曲では雨のなか、主人公の女性はタクシーで移動するが、桜田淳子は雨の日に山手線に乗っている。付きあっている彼からは素顔が好きだと言われているのに、口紅をつけて向かうのだ。彼女はもう別れると決めている。三日前、彼に他につきあっている女性がいるとの噂を聞いて、昨日、確かめようと彼の部屋へ電話をしたら、女性が出て彼は「いない」と言われ、青ざめた。《九月の雨》での太田裕美は、彼に電話をしたら肩の近くで笑う人がいるので、他の女性の存在に気づいたが、桜田淳子はより深刻な事態である。桜田淳子は彼のマンションへ向かう。ドアに、口紅でグッド・バイと描くために。このことからも、化粧品のCMソングではないことが明らかだ。口紅をこんなふうに使われたら、メーカーとしては困惑してしまう。

《リップスティック》はドラマチックな歌で桜田淳子の新境地だった。しかし、すでにファンが離れ始めている時期だったので大ヒットには結びつかず、隠れた名曲となってしまった。

そして、桜田淳子がオリコンの週間ヒットチャートのトップ10内に入るのも、六月一九日と二六日の一〇位が最後だった。

阿久悠は桜田淳子には、《もう戻れない》の次は、翌七九年に《サンタモニカの風》《Miss Kiss》の二曲を書くが、それが最後だった。

一位から落ちた後も《サウスポー》は一〇位以内におり、二六日は八位だった。次の新曲は二五日に発売された。《モンスター》だ。

一九七八年七月――「モンスター」とは誰か?

矢沢永吉《時間よ止まれ》の一位は一週のみだった。これまでなら、ピンク・レディーの新曲がいきなり一位でチャートインするはずだった。しかし、《モンスター》は二位での初登場となった。絶頂にあるかに見えたが、すでに翳りも見えていたのだ。

まさに歌謡界の怪物であったピンク・レディーの《モンスター》を制して一位になったのは、コーラスグループ「サーカス」の《Mr.サマータイム》だった。洋楽のカバーで、竜真知子が訳詞だ。

《時間よ止まれ》は資生堂の、《Mr.サマータイム》はカネボウの、それぞれこの夏のキャンペーン・ソングで、テレビコマーシャルで頻繁に流されたのが、ヒットの要因だった。いわゆる「タイアップ時代」の本格的な始まりを意味していた。

テレビからヒット曲が生まれるのは、このときに始まったことではない。テレビの歌番組なしにはヒット曲は存在すらしないと言っていい。だが歌番組は、基本的には「後追い」だ。ヒットしている曲が登場する。あるいは人気のある歌手が新曲をとりあえず披露する場であり、ヒット曲を生み出す場ではなかった。レコード会社や芸能事務所が頼み、「期待の新人」を出演させることもあるが、いずれにしろ「話題の曲」「話題の人」を紹介する場である。その意味では『ザ・ベストテン』の司会者だった久米宏が「報道番組のつもりだった」と言っているのは、正しい。

『スタ誕』はテレビと歌の関係を逆転させて、テレビから新人歌手を生み、デビュー直後に同番組でデビュー曲を紹介して、テレビ番組からヒット曲を生む試みだった。番組名は「スター誕生」だったが、日本テレビとしては「ヒット曲誕生」ビジネスで、これはこれで成功した。

一方、ドラマの主題歌はどうか。桜田淳子がＮＨＫ朝ドラ『水色の時』の主題歌《白い風よ》をレコードとして出してもそれほど売れなかったように、この時代、主題歌はそれほど売れなかった。そもそも、主題歌のあるドラマは少ないし、めったにレコードにはならない。

山口百恵は女優としても成功しており、主演ドラマや主演映画の主題歌は、当然、彼女が歌っていたが、レコードになってもB面やアルバムに収録されるのがほとんどで、シングルA面となったのは《赤い衝撃》《赤い絆》の二曲しかない。一九九〇年代になると、フジテレビの月曜九時の通称「月9」枠で『東京ラブストーリー』の主題歌《ラブ・ストーリーは突然に》(小田和正作詞・作曲)を皮切りに、ドラマ主題歌が大ヒットするようになるが、この七〇年代後半は、ドラマ主題歌はビジネスとして重視されていない。沢田研二主演の『悪魔のようなあいつ』の主題歌《時の過ぎゆくままに》は、ドラマ主題歌が大ヒットした最大の成功例だ。

ドラマからのヒット曲としては、むしろ劇中歌のほうがヒット率が高かったのかもしれない。とくに、久世光彦がプロデュースした『時間ですよ』『寺内貫太郎一家』『ムー』『ムー一族』は、劇中で登場人物が歌う曲をヒットさせた。天地真理、浅田美代子はこの方法でデビューしたし、《昭和枯れすすき》という大ヒット曲もある。

加えて、CMとタイアップしてヒット曲が生まれるようになり始めていたのだ。この方法に、広告会社出身で、多くのCMソングを作ってきた阿久悠が積極的にコミットしていないのは、興味深い。阿久悠にとっては、CMソングと歌謡曲とはまったく別のものだった。彼には、歌謡曲として作った曲をCMで流し、それが新曲のプロモーションにもなるという発想はなかったのだ。

CMのための音楽は、CMそのものが三〇秒、長くても六〇秒なので、その長さで作られる。歌謡曲は三分前後だ。せっかく音楽を作るのだから、CM音楽をレコードにできないか、初めからレコードにするという前提でCM音楽を作れないか。これを考えていたのが、松本隆の盟友、大瀧詠一だった。三ツ矢サイダーのCM音楽を担うことになったときから、大瀧は模索を始めていた。

この大瀧の動きが音楽のメインストリートに登場するのはもう少し後だった。

最初に積極的にタイアップを始めたのは資生堂だった。七七年のダウン・タウン・ブギウギ・バンドの《サクセス》が、まさにタイトル通り、タイアップ曲の大きな成功例となった。だが、この曲は四五・二万枚を売るも、ヒットチャート一位は獲得できなかった。さだまさしの《雨やどり》が一位だったのだ。それから一年、ついにライバルである資生堂とカネボウそれぞれのキャンペーン・ソングが、一位となったのだ。

そのタイアップに選ばれたのは、ニューミュージックと洋楽カバーという、歌謡曲ではない音楽だった。流行の最先端を行くはずの歌謡曲は、ここにおいても遅れていた。

七月三日、一二位に、別の阿久悠作品が上がってきた。郷ひろみ・樹木希林の《林檎殺人事件》である。作曲は穂口雄右で、阿久が郷ひろみの曲を書くのはこれが初めてだった。これは、阿久悠としては気乗りのしない仕事だったようだ。

久世光彦プロデュース、郷ひろみ主演のドラマ『ムー一族』の劇中歌で、タイトルもコンセプトも、すべて久世が考え、阿久悠に依頼した。「そこまでできているのなら自分で作ればいいではないか」と思ったと、振り返っている。久世もそうしたかっただろうが、この時期はまだTBSの社員であり、自分で作った曲を自分がプロデュースするドラマで流すことはできなかった。前年の『ムー』から生まれた郷ひろみの《お化けのロック》も阿木燿子と宇崎竜童に作ってもらっている。

他人の作ったコンセプトではあるが、阿久悠は仕事として完璧にこなし、殺人事件の歌謡曲化という難題をこなした。《林檎殺人事件》は三〇・七万枚を売る。しかし前年の《お化けのロック》は四〇・〇万枚なので、それには敵わなかった。

では阿木燿子のほうが郷ひろみの曲をヒットさせていたのかというと、そうでもない。この後の《ハリウッド・スキャンダル》（阿木燿子作詞・都倉俊一作曲）は一三・九万枚、《地上の恋人》（阿木燿子作詞・筒美京平作曲）は九・八万枚とふるわないのだ。郷ひろみはテレビの歌でなければヒットさせられなくなっていた。翌年も《マイレディー》が三四・

九万枚を売るが、これも出演したドラマ『家路～ママ・ドント・クライ』の劇中歌だった。

《モンスター》は初登場一位にはならなかったが、二週目の七月一〇日に一位となると八月二八日まで八週連続して一位を維持し、一一〇・二万枚と三曲連続してミリオンセラーとなった。《サウスポー》では主人公の女性がタイトルロールだが、《モンスター》では、主人公の恋人がモンスターのようだ。「美女と野獣」伝説のイメージの引用のようでもあり、一応は、恋愛物語でもあるかのようだ。あまり理屈っぽく考えないほうがいいが、「モンスター」とはピンク・レディーそのものの隠喩だとか、いや阿久悠の自画像が投影されているとか、深読みしたくなる曲ではある。答えは出ない。

松本隆・都倉俊一による高田みづえへの二曲目《パープルシャドウ》は七月一〇日の一六位が最高で、前作《花しぐれ》より下がり、九・九万枚。

一九七八年八月――「シンデレラ」とアイドル界の地殻変動

八月第一週、七日のチャートは、《モンスター》《Mr.サマータイム》、ビリー・ジョエルの《ストレンジャー》がトップ3で、庄野真代《飛んでイスタンブール》、ビージーズ《恋のナイト・フィーヴァー》、《林檎殺人事件》、アリス《ジョニーの子守唄》、渡辺真知子《かもめが翔んだ日》、《時間よ止まれ》、《ダーリング》、榊原郁恵《夏のお嬢さん》と続く。

《夏のお嬢さん》は榊原郁恵の最大のヒット曲で二〇・二万枚を売った。榊原郁恵（一九五九〜）は山口百恵の一歳下だが、彼女は『スタ誕』ではなく、七六年からホリプロが始めた「ホリプロタレントスカウトキャラバン」で優勝してデビューした。ホリプロの堀威夫社長は、『スタ誕』で森昌子と山口百恵を得て、事業拡大に成功すると、『スタ誕』へ依存するのは止めて、自社のスカウト能力を向上させるために、スカウトキャラバンを始めたのだ。『スタ誕』の場合、これはいい子だと思っても、他のプロダクションとの競合になってしまい獲得できないこともある。日本テレビ系列の音楽出版社に原盤を渡すか、渡さないまでも利益を分け合うことになるので、ビジネスとしても旨味が薄くなっていた。ホリプロに限らず、芸能プロダクションとレコード会社は独自のオーディションを開催していく。

こうして阿久悠が作り出した『スタ誕』以外から、若いアイドルが生まれるようになっていた。

『スター誕生！』は開始から七年が過ぎ、制度疲労を起こしていた。あまりにも巨大化し、応募者がたくさんいたので、いい素材を見落とすようになっていた。

『スタ誕』以外のアイドルへの道のひとつ、CBSソニーと集英社が主催の「ミス・セブンティーン」の九州大会で、七八年四月、久留米市に住む蒲池法子が優勝した。後の松田聖子である。父親の反対で全国大会には出場できなかったが、CBSソニーのディレクター、若松宗雄は彼女の歌を送られてきたテープで聴いて、ひっかかるものを感じた。若松は歌手になるよう勧め、渡辺プロダクション系列の東京音楽学院九州校でレッスンを受けさせることにした。しかし『スタ誕』も制度疲労を起こしていたが、ナベプロ帝国はもっと疲弊していた。九州支社長は東京音楽学院にいる蒲池法子の素質を見抜いて、東京本社に推薦したが、「いいものを持っているが、ガニ股であるのが致命的」とされ、獲得を却下された。

松田聖子の公式プロフィールでは、彼女は『スタ誕』には何の縁もなかったかのようだが、この年代の歌手になりたい女の子が応募しないはずがなく、テレビに出る前の段階で落とされていたのだった。『スタ誕』も、ナベプロ帝国も、松田聖子を見逃した。これは、しかし松田聖子にとって恥でもなんでもない。松田聖子が七〇年体制とは異質であった証拠であり、だからこそ、彼女は八〇年代が始まると同時に開花する。いや、松田聖子が執念と幸運によってデビューしたからこそ、『スタ誕』も「ナベプロ帝国」も凋落したのだ。

いや――先走りすぎた。いまはまだ一九七八年夏だ。

八月七日に、二つの新曲がトップ20まで上がっていた。一三位に岩崎宏美《シンデレラ・ハネムーン》（阿久悠作詞・筒美京平作曲）、一六位に原田真二《サウザンド・ナイツ》（松本隆作詞・原田真二作曲）だ。

岩崎宏美は七五年の《二重唱》以来、四年、一四枚にわたり阿久悠が作詞してきたが、これでいったん終わる（八〇年から再び書くが、連続ではなく散発的）。《シンデレラ・ハネムーン》の「シンデレラ」は「思いもしない幸運を掴んだ女性」ではなく、「門限が一二時」という意味だった、つまり、朝まで一緒にいることはできない、理由《わけ》ありの男女関係を描いている。岩崎宏美の健康的なイメージを少しでも壊し、次の作り手に渡そうとしたのだろうか。

松本隆が原田真二に連続して書くのも《サウザンド・ナイツ》が最後だった（八三年に《雨のハイウェイ》を書く）。原田真二は本来の自分の音楽を作り演奏するため、以後は作曲だけでなく、詞も自分で書き、アイドル・ロック路線と決別し、ライブとアルバム作りに重点を置く。その結果、シングル盤は一気に数万枚しか売れなくなってしまう。松本隆との五枚目となった《サウザンド・ナイツ》も八・三万枚なので熱狂的ブームは終わっていた。しかし、原田真二がニューミュージックの歌謡曲マーケットへの先導役となった功績は大きい。

この夏、松本隆は、吉田拓郎と箱根にいた。吉田が制作するアルバムに詞を書くためだった。吉田拓郎は「一人の作詞家との完全な共作がどれ程のものになるのか」を試みるために松本を強引に箱根に連れて行ったのだった。出来上がったアルバム《ローリング30》には二一曲が収録されていて、全曲ではないが松任谷正隆が編曲として参加している。二一曲のうち一八曲が松本隆作詞で、そのなかに《外は白い雪の夜》がある。

《外は白い雪の夜》は、《木綿のハンカチーフ》で松本隆が作り上げた、男女対話形式の歌だ。松本はアルバムの曲のうち、半分くらいしかできていない状態で「伊豆のスタジオ」へ行ったと語っているが、吉田側の資料には「箱根」とある。スタジオに隣接してプールのあるホテルがあった。松本と吉田は合宿のようにして、曲を作った。松本がホテルの部屋にこもり、二、三時間で一曲書く。吉田はその間、スタジオでレコーディングしており、帰ってくると、プールサイドの椅子に座り、松本が書き上げた詞を見て、三分くらいで作曲してしまう。この曲はとくに早かったようで、松本は「瞬間芸だね」と語っている。

男は女を、二人が最初に出逢った店へ誘い、別れ話を切り出す。女は男がその店の名を電話で伝えたときに、別れ話だと察した。そういう設定である。店の外は白い雪の夜で、最後は「そして誰もいなくなった」と結ばれる。アガサ・クリスティーの小説からの借用で、当初はタイトルも、「そして誰もいなくなった」だったという。松田聖子は一九九三年にアルバム《A Time for Love》に《外は白い雪》という曲を自ら作詞作曲しているが、この松本・吉田の曲との関連はない。

沢田研二の《ダーリング》は八月七日が一〇位で一四日は一六位と下降していく。次の新曲は九月に出る予定だったが、予定外の曲が出て、予想以上に売れてきた。アニメ映画『さらば宇宙戦艦ヤマト』の主題曲、《ヤマトより愛をこめて》である。

最初のテレビアニメ版『宇宙戦艦ヤマト』の主題曲を手がけたことから、この劇場用映画でも、プロデューサー西崎義展は阿久悠に作詞を依頼した。《宇宙戦艦ヤマト》が〈さらば地球よ〉で始まるのに呼応して、《ヤマトより愛をこめて》は〈今はさらばといわせないでくれ〉で終わる。

あくまで映画のための曲だったので、沢田研二はテレビ番組で歌うつもりはなかったが、『ザ・ベストテン』でランクインしたため歌うことになり、さらにヒットした。すぐに次の曲《LOVE（抱きしめたい）》が出たので、二七・〇万枚に留まるが、アニメ映画の主題曲としては異例のベストセラーとなり、以後、アニメ主題歌が歌謡曲の重要なジャンルとなっていく。映画主題歌のヒットという点でも、前年の角川映画の《人間の証明のテーマ》以来だった。

阿久悠へのオマージュなのかパロディなのか分からない、サザンオールスターズのデビューシングル《勝手にシンドバッド》がトップ20に入るのは、八月二八日で、一五位だった。以後、一〇月九日の三位を最高に四九・四万枚の大ヒットなる。歌詞のどこにも「勝手に」も「シンドバッド」も出てこない。歌のタイトルなんて他の曲と区別がつけばいい、ただの記号だという主張だという深読みも可能だが、はたしてどうだったのだろう。

一九七八年九月――「透明人間」「たそがれマイ・ラブ」

九月最初のチャートは四日で、《モンスター》が二位に下がり、世良公則&ツイスト《銃爪》が一位になった。三位は堀内孝雄《君のひとみは10000ボルト》、八月二一日発売の山口百恵《絶体絶命》が二週目で四位に上がった。五位が《ヤマトより愛をこめて》だ。一見、ピンク・レディー、沢田研二、山口百恵の三つ巴のバトルが続いているように見えるが、実はニューミュージック勢に押されていた。

二〇位に西城秀樹《ブルースカイブルー》が初チャートインした。阿久悠が西城秀樹に書くのは、桜田淳子、岩崎宏美に続いてこれが最後となる。人妻との不倫の恋が引き裂かれて終わる、「大人の歌」である。

かつて阿久悠は、西城秀樹のスタッフに、「ヒデキを少年から青年にして下さい」と頼まれて、彼の歌を書くようになった。それから三年が過ぎ、見事に青年になり、大人にもなりかけていた。西城秀樹の脱少年というプロジェクトは完成したのだった。

この曲は最高三位、二九・三万枚と、最初に阿久悠が西城秀樹のために書いた七六年二月の《君よ抱かれて熱くなれ》以来のヒットとなった。西城秀樹が八〇万枚を超える大ヒット曲《YOUNG MAN》を出すのは翌年だ。

この時期の阿久悠は、書くのが最後となる歌手もいれば、伸び悩んでいた歌手に書いてヒットさせることもあった。大橋純子（一九五二〜）は「日本人離れした」と形容される歌唱力が知られて七四年六月に《鍵はかえして》（なかにし礼作詞・井上忠夫作曲）でデビューしたものの大ヒットはせず、以後、松本隆が五曲を書いたが、最大で《シンプル・ラブ》（佐藤健作曲）の五・三万枚だった。

それが、八月五日発売の《たそがれマイ・ラブ》（阿久悠作詞・筒美京平作曲）で、五一・七万枚の大ヒットとなる。この曲はTBSの三時間ドラマ『獅子のごとく』の主題歌として作られた。明治の文豪、森鷗外を主人公にした伝記ドラマで、ドイツ留学中の『舞姫』のモデルとなったドイツ人女性との恋愛も描かれた。阿久悠は歌のタイトルも自分で付けるのを基本としていたが、この曲については発売になる時点で、阿久悠が付けていたタイトルを変更するように言われ、《たそがれマイ・ラブ》になった。元のタイトルは「思い出せない」というから、こちらのほうがふさわしかったということだろう。ベースとなるドラマがあったので、タイトルが変わっても内容との齟齬が生じなかったのだろう。

タイトルは後で決まったせいか、歌詞には「たそがれ」も「マイ・ラブ」も出てこない。ドラマはドイツが舞台なのだから、英語の「マイ・ラブ」はおかしいと言えばおかしいのだが、そういうことには無頓着なのがテレビドラマだ。

ピンク・レディーの《透明人間》がチャートインするのは九月一八日、今度は一〇位でのスタートとなった。翌週は二位で、三週目でようやく一位となる。今度は主人公自身が透明人間で、この世の不思議な出来事はみな自分がやったことだと告白する。テレビ番組によっては、特殊効果で二人が透明になっていく演出もなされた。まだまだ何をやっても話題になり、売れていた。

沢田研二の本来のローテーションの新曲《LOVE(抱きしめたい)》は九月一〇日に発売され、二週目となる九月二五日に九位となる。《ヤマトより愛をこめて》もまだ上位にあり、沢田研二はこのころから、今年も一等賞を狙うと公言していた。一等賞とはレコード大賞のことである。

だが、沢田のV2を阻もうという動きが公然化してきた。ピンク・レディー陣営が『紅白歌合戦』をボイコットし、同時にレコード大賞も獲得しようと画策を始めるのだ。この動きに、ピンク・レディーの二人も、そして阿久悠も関与はしていない。すべては、プロダクションと日本テレビの第一制作局長井原高忠の仕掛けだった。

ピンク・レディーが所属するT&Cミュージックのマネージャー相馬一比古が井原のもとに来て、レコードの売上の勢いが鈍ってきたので、打開策はないかと相談した。T&Cミュージックのオーナーは、井原が言うには「総会屋」で、社長の貫泰夫も「株屋」だった。マネージャーは芸映にいた相馬一比古で、芸能界のプロだ。この時点ではピンク・レディーはまだまだ売れているのだが、株屋独特のカンで、そろそろ危ないと感じたのだろう。貫には芸能界の外部の人間ならではの斬新なアイデアがあり、芸能界の常識に染まっていないため、ピンク・レディーが常識破りの曲でヒットを飛ばせたとも言える。その貫が何かを感じている。

相談された井原が思いついたのが、『紅白歌合戦』のボイコットだったのだ。もともと日本テレビの井原としては、NHKの一番組にすぎない『紅白』が芸能界で大きな存在であることが面白くない。そこで全ての歌手が出たがっている『紅白』を、トップスターのピンク・レディーが辞退すれば面白いと思い、そそのかしたのだ。井原は自著『元祖テレビ屋大奮戦！』ではこう説明する。

〈紅白を降りるっていっても、いくらなんでも理由がないとダメだ。それで、貫さんがチャリティってのを思いついたんだね。どこか施設の子どものところに慰問に行ったら、みんなピンクレディーのことを大好きだって言う、だから今年は私たちは紅白にはでないで、施設の子どもたちを呼んで歌う、とこういう話にしよう、ということになった〉。

いろいろな経緯があり、一一月一日に読売新聞が報じる際にはこういう話になっていた。「ピンク・レディーのミーとケイは、一〇月一三、二七日の二回、都立葛飾盲学校を訪れ、子供たちとの友情をふくらませた。そして二人は盲学校の子供たちを招いてリサイタルを開きたいという気持ちになった。スケジュールがあいているのは大みそかの夜しかないから紅白はあきらめるしかない」

井原は、さらに考える。〈ただ紅白を降ろすだけじゃ面白くない。どうせなら、レコード大賞をとらせよう、ってことになった。何故かっていうと、大晦日はレコード大賞が終わって、紅白が始まるでしょう。だから、レコード大賞をもらって興奮して、涙なんか流して、それで紅白へは行かないってのは実にいい。どこに行くかっていうと、オープンカーに乗って、日本テレビに来る。それで、紅白の裏の時間帯でショーをやるっていうのが、筋書きとしてはいちばんいいから、どうしても、レコード大賞もとろうと、そこから始めた〉。

井原はまず八月の日本テレビ音楽祭のグランプリをピンク・レディーに与えた。この賞は日本テレビに対する貢献度によって選ぶと公言しているものなので、〈日本テレビの音楽の元締めである私（井原）が決めりゃいいんだから〉という具合に、これは何の問題もなく決まった。次は、TBS以外の民放が集まって制定していた歌謡大賞を狙った。審査員はテレビ局とラジオ局の代表なので、井原に言わせれば、〈これはお話し合いで一つずつ詰めていこうじゃないか、ということで〉、これも手に入れた。〈あれは選挙みたいなもんなんですよ。やっぱ力と金を持っているプロダクションが勝つ。率直に言ってそれに尽きる。えらそうなこと言ってるけど、どこの音楽賞だって多かれ少なかれインチキなんだからね〉と井原は公言する。そして、〈いよいよ大賞取りの工作を始めたわけです。工作といったって、プロダクションがやる。率直に言っちゃえば、しかるべきところに金配って歩くわけだ〉。

といっても、現金をそのまま持っていくのではない。審査員は音楽評論家とか音楽ジャーナリストという肩書の人々なので、レコードのライナーノーツを書いてもらい、相場の何倍もの原稿料を払うとか、ピンク・レディーがラスベガスでショーをすることになると、現地へ招待した。このショーは日本テレビで放送されたが、総監督は井原で、それ以外の構成・演出のスタッフはみなＴＢＳの人間だったと井原は語る。そのギャラというかたちで金が払われたということだろう。さらに、井原は審査員たちに電話をかけて頼みまくった。以上は、あくまで井原の著書に拠る。

このような「工作」が十二月三一日に向かって、着々と進んでいく。

ピンク・レディーの二人がどこまでそういう動きを知っていたかは、分からない。

一九七八年一〇月——ツイスト、アリス、渡辺真知子

九月二五日は《君のひとみは１００００ボルト》が一位だったが、一〇月二日は《透明人間》が一位となる。しかし九日は《君のひとみ》が返り咲き、一六日に再び《透明人間》が一位になると、二三日、三〇日と維持した。まさに透明人間で、一位になったかと思ったら消えてしまい、また現れたのだ。しかし結局《透明人間》の一位は合計で四週のみだった。ミリオンには達せず、この年だけだと八〇万枚に留まる。これでもとんでもない数字なのだが、これまでの三曲がミリオン突破なので、「売れなかった」という評価になってしまう。

ヒットチャート上位は、この年に登場してきた、世良公則&ツイスト、アリス、渡辺真知子、庄野真代らが「一発屋」では終わらず、二曲目、三曲目もヒットさせ、常連化していた。そのなかで松山千春《季節の中で》が上がってくる。

松山千春（一九五五〜）は前年（七七年）一月に《旅立ち》でデビューしていたが、二・六万枚に留まり、続く《かざぐるま》は一〇〇位以内に一度も入らなかった。しかし《時のいたずら》が一四・一万枚とクリーンヒットとなり、《青春》も一三・五万枚となり、五枚目の《季節の中で》は八月二一日に発売となっていた。これが山口百恵と三浦友和が出ていたグリコのアーモンドチョコレートのCMに使われたことで広く知られ、一〇月三〇日には三位にまで上がっていた。

この一〇月最後の週の三〇日、松本隆が高田みづえのために作詞した最後の曲《女ともだち》が二〇位になっている。前の二曲は都倉俊一作曲だったが、筒美京平作曲となった。《女ともだち》は、女性の主人公とその女友達の「真知子」が出てくる。実名を歌詞に出すのは、外国の歌ではよくあるが、日本ではそう多くない。歌謡曲は不特定多数の人を対象とするので、固有名詞があるとイメージが限定されるのを恐れるのだ。阿久悠も《ジョニイへの伝言》《五番街のマリー》、あるいは《サムライ》でのジェニーなど、実名を出す歌を作っているが、日本人ではなく英米人の名にしている。松本隆の《キャンディ》もそうだ。

そこで松本隆はあえて「真知子」という名前を出し、〈微妙な綱渡りを楽しんで作った〉と説明している。女性の「私」と、その友人の「真知子」と、さらに二人に共通の知人の男性の三人が登場人物だ。男は真知子のことが好きなのだが、もじもじしていて、つきあいたいと打ち明けられない。そこで「私」が男の気持ちを真知子に伝えにきて、〈ねえ真知子どう思う?〉と問いかける。ハンサムじゃないけど、優しい人よと男のよさを伝える会話があり、それと、実は「私」は男のことを好きなんだと自覚するモノローグとが同時進行する。松本隆お得意の、男女の掛け合いではなく、「外面の私」と「内面の私」が交互に現れる。そのスイッチの切り替えが〈ねえ真知子〉という呼びかけで、これは実際に真知子に対して口に出すときと、内面でのモノローグとがあり、歌い分けなければならない。この難曲を高田みづえは、難しいと感じさせないテクニックで歌いきった。

内容はドラマチックなのだが、形式が冒険的で理解されにくかったのか、最高一九位で、一一・一万枚だった。これで松本隆の高田みづえへの作詞は最後となる。

中原理恵の二枚目《ディスコ・レディー》も松本隆作詞・筒美京平作曲で、最高一四位・二二・八万枚を売った。以後も、松本・筒美で中原理恵にあと六曲、合計八曲作るが、ヒットしたと言えるのは、《東京ららばい》と《ディスコ・レディー》だけだ。

一九七八年一一月――ニューミュージックの「季節の中で」

一一月の四週間はずっと《季節の中で》が一位で、他にもニューミュージック勢がチャートの大半を占めていた。

二七日は、二位がポプコン出身の八神純子《みずいろの雨》（三浦徳子作詞・八神純子作曲）、三位が大橋純子《たそがれマイ・ラブ》、四位が沢田研二《LOVE（抱きしめたい）》、五位が南こうせつ《夢一夜》、六位がさとう宗幸《青葉城恋唄》（星間船一作詞・さとう宗幸作曲）、七位が角川映画『野性の証明』の主題歌《戦士の休息》（山川啓介作詞・大野雄二作曲、唄は町田義人）、八位が《透明人間》、九位がゴダイゴ《ガンダーラ》（奈良橋陽子・山上路夫作詞・タケカワユキヒデ作曲）、一〇位が杉田二郎がフィリピンの歌をカバーした《ANAK（息子）》（なかにし礼訳詞・フレディー・アギラ作曲）となり、阿久悠の三曲と《戦士の休息》以外は、ニューミュージックとカバーだ。プロの作詞家たちがヒット曲を作れなくなっているなかで、阿久悠は孤軍奮闘していたのだ。

一一月一五日、賞レースの本格的な始まりとなる、日本歌謡大賞が発表された。新人賞は石野真子《失恋記念日》、渋谷哲平《スタント・マン》、中原理恵《ディスコ・レディー》、石川ひとみ《くるみ割り人形》、渡辺真知子《ブルー》、さとう宗幸《青葉城恋唄》、金井夕子《ジャスト フィーリング》のなかから、石野真子と渡辺真知子が選ばれた。

大賞候補の放送音楽賞にはピンク・レディー《サウスポー》、野口五郎《グッド・ラック》、山口百恵《プレイバックPart2》、研ナオコ《かもめはかもめ》、西城秀樹《ブルースカイブルー》、八代亜紀《故郷へ…》、沢田研二《LOVE（抱きしめたい）》が選ばれ、ピンク・レディーが、日本テレビの井原の計画通り、大賞を受賞した。


　山口百恵は阿木・宇崎の曲が三曲続いていたが、一一月二一日発売の新曲は、谷村新司作詞作曲の《いい日旅立ち》だった。この曲は国鉄（現・JR）とのタイアップで、五三・六万枚の大ヒットとなる。電通の藤岡和賀夫が企画したサモア旅行に酒井政利が参加し、藤岡と関係ができたことで生まれたタイアップだった。


　阿久悠はこの《いい日旅立ち》について、初めて聴いた時には〈まずやられたと思った。直球がくると思っていたのに、変化球できたか、という感じ〉だったと振り返っている。

〈しかし、これは時代の持つ新しさと格闘することが直球であると思っているぼくの考えであって、一般的にいうと、ゆったりと、美しく、誰にも共感を得られる「いい日旅立ち」の方を直球と解釈するのが、普通であったかもしれない〉と考え直す。

〈「キャリア・ウーマン」「翔《と》んでる女」「結婚しない女」が、時代の言葉として光り輝き、明らかに情とか情念といったもので支えられている歌が、絶対でなくなる予感がした〉とした上で、〈まさに山口百恵向きの風が吹き始めたということで、当然「新しい女」を代表する楽曲でくると思っていたのだが、それは見事にはずされた。新しさを嘲笑《ちょうしょう》するかのように、かつての日本の良き情景を思い出させる、唱歌のように美しい歌であったからである〉と解説する。しかし、解説している場合ではなかった。

一九七八年一二月——「カメレオン・アーミー」「いい日旅立ち」

ピンク・レディーの一〇枚目のシングル《カメレオン・アーミー》は一二月五日に発売され、チャートインして二週目の一八日に一位となった。誰もが当たり前と思っていた「ピンク・レディーの新曲が一位になる」のは、しかし、これが最後だった。

最初の《ペッパー警部》と《S.O.S.》以外の曲のタイトルは、主人公そのものか（サウスポー、カルメン、透明人間）、恋の相手（シンドバッド、地球外生命体、モンスターなど）だったが、カメレオン・アーミーは、主人公をガードしている親衛隊だ。恋の対象である「あなた」は、「私」を射止めようとしても、カメレオン・アーミーが守っているので難しいようだ。単語一語で決められなかった点も含め、焦点がボケているとも言える。そのせいなのか、苦戦するのだった。

一二月五日、太田裕美の一三枚目のシングル《振り向けばイエスタディ》が発売された。これが、デビュー曲《雨だれ》以来続いた、松本隆と筒美京平による曲の最後だった。最高五一位、三・〇万枚となってしまい、太田裕美にも何らかの新しい刺戟が必要な時期になっていた。

二五日、この年最後のチャートのトップ10はこうなっていた。《季節の中で》、《いい日旅立ち》、《カメレオン・アーミー》、《ガンダーラ》、《青葉城恋唄》、《たそがれマイ・ラブ》、サザンオールスターズ《気分しだいで責めないで》。《みずいろの雨》、アリス《チャンピオン》、《夢一夜》、

この時期、職業作詞家としての阿久悠はひとりで、山口百恵の曲も含めたニューミュージック勢と対峙していたようなものだ。

週間一位になった阿久悠の曲は、《UFO》、《サウスポー》、《モンスター》、《透明人間》と《ダーリング》の五曲で合計三〇週にわたる。

この年のシングル盤年間チャートは、一位《UFO》一五五・四万枚、二位《サウスポー》一四六・〇万枚、三位《モンスター》一一〇・二万枚とピンク・レディーがトップ3を独占した。四位は堀内孝雄《君のひとみは10000ボルト》九一・九万枚、五位はキャンディーズ《微笑がえし》八二・九万枚、六位がピンク・レディー《透明人間》八〇万

枚、七位が平尾昌晃・畑中葉子《カナダからの手紙》七〇万枚、八位がサーカス《Mr.サマータイム》、九位が矢沢永吉《時間よ止まれ》六三・九万枚、一〇位が中島みゆき《わかれうた》六二・七万枚。いわゆる歌謡曲はピンク・レディーの四曲とキャンディーズのみだった。

一一位以下は、渡辺真知子《迷い道》、黒沢年男《時には娼婦のように》、沢田研二《サムライ》、世良公則&ツイスト《宿無し》、山口百恵《プレイバックPart2》、アリス《冬の稲妻》、世良公則&ツイスト《銃爪》、アリス《ジョニーの子守唄》、庄野真代《飛んでイスタンブール》、渡辺真知子《かもめが翔んだ日》となる。

しかし、ニューミュージック勢は賞レースには参加しない。

レコードセールスと賞とは、これまでも必ずしも連動しないが、それでも、大賞になるにはある程度のヒットが必要だった。しかし、だんだんに売上と賞とが乖離していき、結果として賞の権威を落としていくのだった。

一二月三一日――黒いドレスの百恵

レコード大賞が発表となった。

新人賞は石野真子《失恋記念日》、さとう宗幸《青葉城恋唄》、渋谷哲平《Deep》、中原理恵《東京ららばい》、世良公則&ツイスト《銃爪》、渡辺真知子《かもめが翔んだ日》が受賞したが、世良公則&ツイストが受賞を辞退するという前代未聞の事態になった。最優秀新人賞には渡辺が選ばれた。

この年から制度が変わり歌唱賞がなくなり、金賞十曲の中から大賞が選ばれることになった。その金賞には、ピンク・レディー《UFO》、研ナオコ《かもめはかもめ》、野口五郎《グッド・ラック》、桜田淳子《しあわせ芝居》、岩崎宏美《シンデレラ・ハネムーン》、大橋純子《たそがれマイ・ラブ》、八代亜紀《故郷へ…》、西城秀樹《ブルースカイブルー》、山口百恵《プレイバックPart2》、沢田研二《LOVE(抱きしめたい)》が選ばれた。一〇曲のうち、ピンク・レディー、岩崎、大橋、西城、沢田の五曲が阿久悠作品だった。最優秀歌唱賞が沢田だと発表されると、沢田は名前を呼ばれてステージに上がったが、大賞でなくて悔しいと本音を述べた。これも前代未聞であった。最優秀歌唱賞に何の価値もないと言っているのに等しい。だが、実際にそうなのだ。

レコード大賞はピンク・レディーが手にした。日本テレビの井原の工作の成果なのかどうかは分からない。

歌謡大賞は《サウスポー》で、レコード大賞は《UFO》だったわけで、同じ年に同じ歌手が違う曲で二つの賞を受賞するのはこれが初めてだった。この年のピンク・レディーはどの曲もミリオンセラーだった。ヒットどころかすべてが満塁ホームランの状態だったので、「これだ」という決定的な一曲がなかったのだ。

沢田研二の二連覇はならなかったが、阿久悠は、七六年の《北の宿から》、七七年の《勝手にしやがれ》に続く三連覇だった。史上初である。

もうひとりの大賞候補だった山口百恵は、年末に発売された「週刊明星」のインタビューで賞についてこう語っていた。

〈10代最後の記念にもなるし、もらえるものならいただきたい。とくに、私が〝歌わされる歌手〟から、〝歌う歌手〟に変れたとしたら、スタッフのみなさんの理解やファンの支持のおかげなんですから、私個人の賞じゃない。とっても素直に喜べると思うの〉

しかし、取れなかった。阿久悠はこの瞬間についてこう記す。

〈受賞者の立場でステージに上がり、歌手や作曲家と歓喜の握手を交わしながら、ふと客席を見ると、はやばやと席を立ち、去って行く山口百恵の後姿が目に入った。喪服のように黒いドレスで、彼女の遠ざかる客席通路のあたりがシンと静まりかえり、空気の凍てつく気配さえ伝わって来て、ぼくはステージ上で笑顔をこわばらせたことがある。それは、考えようによっては、受賞者を道化にしてしまうくらいの、強烈な矜持の証明であるようにさえ思えた〉。

山口百恵は渋谷のＮＨＫホールへ向かった。本来ならば、ピンク・レディーも『紅白歌合戦』に出るはずだが、チャリティーをすることになっていたので、その会場の新宿コマ劇場へ向かった。

保守的なＮＨＫはこれまで、曲がヒットしていてもニューミュージック系の歌手を『紅白』に出すのを拒んでいた。彼らのほうもテレビ番組に出演することそのものに積極的ではなかったので、それでかまわなかった。だが、この年は状況が複雑だった。

ＮＨＫはピンク・レディーの造反を潰すために、彼女たちのショーに出演しそうなニューミュージック系の歌手も手当たり次第、『紅白』に選んだのだ。それもあって、この年は初出場が一一組と多く、さとう宗幸、世良公則＆ツイスト、原田真二、サーカス、庄野真代、中原理恵、渡辺真知子らニューミュージック勢が大半を占めた。

レコード大賞は逃したものの、『紅白』では、山口百恵が《プレイバックPart2》で紅組の、沢田研二が《ＬＯＶＥ（抱きしめたい）》で白組のトリをつとめた。大トリは沢田だ。

紅組、白組ともに演歌ではない曲がトリとなったのは初めてで、日本の歌謡曲が最も先鋭的になった年だった。さらには山口百恵の「一九歳のトリ」というのは史上最年少であり、いまだに破られていない。美空ひばりですら、最初にトリをつとめた年は二〇歳だった。この年一歳だった一九七七年生まれの安室奈美恵が、一九九七年に紅白のトリをつとめるが、このときも二〇歳だった。つまり、十代で紅白のトリをつとめたのは山口百恵しかいない。

この年の『紅白』の四八曲で阿久悠作品は、岩崎宏美《シンデレラ・ハネムーン》、石川さゆり《火の国へ》、森昌子《彼岸花》、西城秀樹《ブルースカイブルー》、菅原洋一《恋歌師》、沢田研二《LOVE（抱きしめたい）》の六曲と、前年より三曲減った。

松本隆作品は、中原理恵《東京ららばい》、高田みづえ《花しぐれ》、太田裕美《ドール》、原田真二《タイム・トラベル》と四曲。

当時の『紅白』はヒット曲がなくて出る歌手がいても、その年に発売した曲を歌うのが原則だった。菅原洋一、森昌子、石川さゆりらの歌はヒットしたとは言えないが、この年の新曲である。そう考えると、阿久悠の六曲のうちヒット曲は三曲で、ピンク・レディーを加えても四曲となる。松本隆の四曲は、ヒットかどうか微妙なのは九・二万枚の《ドール》だけで、互角に勝負していたことになる。

『紅白』の視聴率は七二・二パーセント。

一方、日本テレビのピンク・レディーのチャリティーの視聴率は八・二パーセントだった。井原は「視聴率はとれなかったし、あれを境にとんとん拍子（？）でダメになったね。ピンク・レディーが。ま、この事件はスリルがあって面白かったし、グランプリが取れたときはうれしかったね」と後に語る。

ピンク・レディーと阿久悠、都倉俊一を弁護すれば、この年のレコードセールスの成績だけでも、ピンク・レディーは大賞に値する。さらに、歌謡曲で虚構性を徹底化し、共感や共鳴、あるいは郷愁といった歌への感情を拒否し、鑑賞するものへと転化させた点での革命性は揺るぎようがない。

そして大衆はさらに革命的だった。とくに子供たちは、阿久悠や都倉が予想もしない、自分たちも歌って踊るという行動に出て、ピンク・レディーと一体化した。

阿久悠が、その歌で日本中の子供たちを動かしたのは歴史的事実だ。

ピンク・レディーのレコードが売れたのは、子供たちが親に「買って」とせがんだからでもある。中高校生は自分のお小遣いでレコードを買わなければならず、一カ月を数千円で暮らす彼ら彼女たちにはシングル盤の六〇〇円は大金だった。しかし、小学生や幼稚園児は親が買ってくれる。六〇〇円は大人には安い。だから子供にせがまれれば、買ってやれた。最初からそれを狙って作ったのではないにしろ、ピンク・レディーは、レコードの新たなマーケットを開拓した。

しかし忘れてはいけない。子供は、大人よりもずっと、飽きるのが早いのだ。

ピンク・レディーが地球の男に飽きてきたとき、すでに子供たちはピンク・レディーに飽きてきた。

第五章

ダンディとセクシャル――一九七九年

一九七九年一月——新たな「チャンピオン」

レコード大賞三連覇を成し遂げた阿久悠の勢いは、一九七九年になっても持続しているかに見えた。

一月八日、この年最初の週間チャートのトップ3は前年最後と同じ、《カメレオン・アーミー》《ガンダーラ》《青葉城恋唄》だった。

五位だったアリス《チャンピオン》が勢いをつけ、翌週一月一五日に二位に上がり、二二日も二位だったが、二九日に一位となり、《カメレオン・アーミー》の一位は五週で終わった。

つまり、一九七九年一月二二日が《カメレオン・アーミー》の、そしてピンク・レディーの、さらには阿久悠の曲が一位になった最後となるのだ。《カメレオン・アーミー》の売上枚数は七〇・八万枚と、《透明人間》よりもさらに一〇万枚近いマイナスとなる。それでも年間一〇位と充分に大ヒットだ。

一月二九日、《チャンピオン》が一位になった週、トップ20の大半は、ニューミュージック勢、シンガーソングライターたちの作品だった。音楽界で、ニューミュージックがチャンピオンの座を摑んだ象徴だった——あまりにも月並みなフレーズだが、歴史は時として、このように分かりやすく展開していくのだ。

ニューミュージックが席巻する一方で、この年は演歌が強い。一月最後の週、二九日のチャートのトップ20には、千昌夫《北国の春》、渥美二郎《夢追い酒》が入り、年間を通じて売って、ロングヒットとなる。その下には金田たつえ《花街の母》が上位をうかがっていた。

レコード大賞では負けた山口百恵だったが、この年もヒットチャート戦線では最前線にいた。《いい日旅立ち》は一月の間ずっと四位を維持し、五三・六万枚の大ヒットとなる。

一九七九年二月——あんたの時代はよかった

沢田研二の七九年最初のシングル《カサブランカ・ダンディ》（阿久悠作詞・大野克夫作曲）は二月一日に発売されると、一二日に一〇位となり、翌一九日には六位となるが、そこから上にはなかなか行けない。三月一二日にようやく五位になるが、それが最高だった。

この間、《カサブランカ・ダンディ》の上にあるのは、《チャンピオン》、ゴダイゴ《モンキー・マジック》、甲斐バンド《HERO（ヒーローになる時、それは今）》、《夢追い酒》、西城秀樹《YOUNG MAN》などだった。

《YOUNG MAN》はヴィレッジ・ピープルの《Y.M.C.A》のカバーで、西城の最大のヒット曲となる。オリジナルもヒットしており、これがピンク・レディーにも影響を与える。

阿久悠は西城秀樹に前年夏まで三年にわたり、一〇枚のシングル盤を書いてきたが、前年秋の《ブルースカイブルー》でそれは終わり、七九年は野口五郎への作詞が続いた。

阿久悠と野口五郎は、七三年から七四年にかけて《愛さずにいられない》《こころの叫び》を書いて以来のタッグとなる。野口五郎の前年一二月二五日発売の《送春曲》は一月二二日に一四位まで上がったが、これが最高で、一一・八万枚だった。

阿久悠は西城秀樹に人妻との不倫の恋を歌わせた後、野口五郎も大人の恋を歌う歌手にしようと計画した。新御三家も二〇代半ばになろうとしていた。

《送春曲》では、あなたが〈泊めてよ〉と言い、〈泣いて眠り　話して眠り　そしてぼくらは一つになった〉。そして〈あなたがはじめて女に見えた〉。しかし、この「大人の恋」はファンも減らしてしまったようで、その前の《グッド・ラック》（山川啓介作詞・筒美京平作曲）は二二・五万枚だったのに半分の一一・八万枚になってしまった。

新御三家のもうひとり郷ひろみも、阿久悠に依頼して、六月に《いつも心に太陽を》（ミッキー吉野作曲）を出すが、一一・三万枚に終わるので、《ＹＯＵＮＧ　ＭＡＮ》だけで八〇万枚を売る西城秀樹にはとても敵わない。阿久悠からみれば、自分から離れた西城が大ヒットを飛ばし、自分が書いた野口と郷はふるわなかったことになる。

だが、阿久悠には沢田研二がいる。

《カサブランカ・ダンディ》の「カサブランカ」は地名ではなく、ハンフリー・ボガートとイングリッド・バーグマンが主演した一九四二年のアメリカ映画『カサブランカ』のことだ。歌詞のなかには、「カサブランカ」という単語は一度も登場しない。映画を知らない人には意味不明のタイトルだったはずだ。

この歌は沢田研二を通して、阿久悠が独白をしている点で珍しい。これまでの阿久悠の作品、とくに沢田研二に提供していた作品群は、外国映画を発想の起点とした完璧なフィクションが多かった。沢田は、歌唱はもちろん、メイクアップと衣装を駆使して、その虚構の主人公を演じきっていた。その歌は、常に恋人である「あなた」がいて、その女性へ向かってのものだった。例外が《ヤマトより愛をこめて》だが、これは映画の主題歌であり、まさに例外だった。

《カサブランカ・ダンディ》で沢田が呼びかけるのは、恋人である「あなた」ではなく、実在した映画スター、ボギーことハンフリー・ボガートだ。ボガートは一九五七年に亡くなっているので、七九年の時点では「二〇年以上前に死んだアメリカの俳優」だ。映画ファンならば知っているが、一般的な知名度はすでに低い。「ボギー」という彼の愛称にしてもどれだけ知られていたか。

阿久悠作詞で沢田研二が歌うという、ヒットが約束されている状況だから許される歌詞だったろう。他の作詞家と歌手の新曲としてレコード会社の企画会議に出されたとしたら、「カサブランカなんて言われたって、誰も知りませんよ」「ボギーってなんですか」と言われて通らなくてもおかしくない。

阿久悠がこの歌に託したのは、失われてしまったダンディズムへの憧れであり、挽歌でもあった。〈あんたの時代はよかった〉と——。すでに『カサブランカ』のハンフリー・ボガートをかっこいいと思い、男が憧れていた時代は終わっているのだ。

一九七五年に阿久悠が沢田研二のために初めて書いた《時の過ぎゆくままに》のタイトルは、映画『カサブランカ』の劇中で歌われる曲《As Time Goes By》を日本語にしたものだ。

七五年に《時の過ぎゆくままに》で始まり、七六年秋の《さよならをいう気もない》から八曲連続して続いてきた阿久と沢田のコラボレーション作品とは、ようするに、『カサブランカ』でボガートが演じたリックに象徴される「やせ我慢の美学」への憧れを歌ったものだった——阿久自身がこう解説しているが、本音であろう。

しかし、沢田研二というトップスターが三年をかけて歌い続けても、もはや日本社会にはやせ我慢の美学など、どこにもない。皮肉にも、沢田研二が完璧に演じたことで、それは完璧な虚構として成立し、そんなものは「映画や歌の中だけのお話」になってしまったのだ。

この後も阿久悠は沢田研二に《OH！ギャル》を書くが、それは「現代の女性」を賛美するもので、パロディなのか諦めなのか、どこか投げやりだ。《カサブランカ・ダンディ》で、阿久悠は沢田研二を通して伝えたかったものを出し切ったかのようだ。

二〇年も前に亡くなった映画スターに呼びかけるという、普通ならば「売れるはずのない曲」は、それでも沢田研二の曲なので、三九・〇万枚は売れた。だが《LOVE（抱きしめたい）》は四八・八万枚なので、一〇万枚近くマイナスとなっている。それから四〇年近くが過ぎた現在では、しかし、《LOVE（抱きしめたい）》よりも、《カサブランカ・ダンディ》のほうが〈ボギー、ボギー、あんたの時代はよかった〉の歌詞の一句とともに、知名度は高いだろう。阿久悠回顧番組でも、《カサブランカ・ダンディ》は確実に流される。「あんたの時代はよかった」と沢田研二が歌うのを、二〇一〇年代に聴く時、人びとは沢田が阿久悠に対して「あんたの時代はよかった」と呼びかけているかのように錯覚する。

しかし、一九七九年の阿久悠はまだ終わるつもりはない。

アイドルではデビュー二年目となる石野真子のために、一月に《日曜日はストレンジャー》（筒美京平作曲）、四月に《プリティー・プリティー》（筒美京平作曲）、七月に《ワンダー・ブギ》（馬飼野康二作曲）と書いたが、いずれも一〇万枚に達しない。石野真子にはデビューから六枚続けて書いたが、最初の《狼なんか怖くない》しか一〇万枚を超えられなかった。だが九月に発売される石野真子の曲は《ジュリーがライバル》（松本礼児作詞・幸耕平作曲）で一〇万を超える。

一年半ぶりに桜田淳子の新曲も書いた。二月二五日発売の《サンタモニカの風》（萩田光雄作曲）で、ナショナル（現・パナソニック）のエアコンのコマーシャルにも使われ、一二・三万枚を売った。これが桜田淳子にとって最後の一〇万枚を超えたシングルとなる。

一九七九年三月——「ジパング」からアメリカへ

ピンク・レディーの一一枚目のシングル《ジパング》（阿久悠作詞・都倉俊一作曲）は、三月九日に発売された。B面になった《事件が起きたらベルが鳴る》とどちらをA面にするか最後まで決まらず、《ジパング》というタイトルも、当初は「ミラクル伝説～ジパング」だったのが発売直前に変更された。つまり、すっきりと決まらなかった。阿久悠を含めたピンク・レディーのチームに迷いが生じていた。

《ジパング》は、これまでどうにか維持していた「恋の歌」の枠組みを外した点では、画期的だ。日本賛歌と受け取ることもできるが、当時の日本ではなく、マルコ・ポーロの『東方見聞録』にある日本＝ジパングを歌っている。感情移入のしづらい歌詞で、こういうのは成功すれば革命となるが、ヒットはしなかった。

それでも、発売されるや九位でチャートインしており、ファンはとりあえずは買ったのである。それ以上には広がらなかったということだ。そのファンはこの時点では、二六・九万人はいた。これをどう評価するかだった。

《ジパング》が一位になれなかったことで、《S．O．S．》以来続いていた、ピンク・レディーの週間チャート連続一位記録は「九曲」で終わった。もうこんな記録は誰にも破られないだろうと思われた。たしかに、この記録を破る者はこの時点ではまだ歌謡界にはいない。だが間もなく、その人は芸能界へ足を踏み入れようとしていた。

ピンク・レディーは阿久悠の思惑とはまったく関係なく、アメリカ進出を企画していた。『紅白歌合戦』を敵に回すという暴挙に出たのも、日本歌謡界から離脱しようとの目論見が背景にあったからだった――言うまでもないが、これはピンク・レディーの二人の意思ではなく、所属事務所の意図だ。ピンク・レディーはすでに前年一〇月には渡米しレコーディングの準備に取り掛かっていた。アメリカでは、三大ネットワークのひとつ、NBCでレギュラー番組を確保するなど準備は万端だった。

ピンク・レディーのアメリカでのデビュー・シングル《Kiss In The Dark》は五月一日に全米で発売される。「ビルボード」誌が発表する週間チャート「ホット100」で最高三七位と決して失敗ではないのだが、日本国内のメディアは無視するか揶揄《やゆ》した。当初の計画では、アメリカでの活動と日本での活動を並行させ、日本では従来どおり三カ月ごとに新曲を出し、そのプロモーションの時期は日本にいてテレビ番組に出ることになっていた。アメリカで発売される曲に、阿久悠も都倉俊一も関わらない。

一九七九年四月――「魅せられて」の大ヒット

四月第一週の二日、《YOUNG MAN》の一位が続いていた。《ジパング》は四位、《カサブランカ・ダンディ》は九位。山口百恵もこの年は五位前後までしか上がれない。三月一日発売の、阿木燿子・宇崎竜童による《美・サイレント》は最高四位で、三二・九万枚。

ニューミュージックと演歌が強いなか、思わぬところから大ヒット曲が生まれた。ジュディ・オングの《魅せられて》（阿木燿子作詞・筒美京平作曲）である。阿久悠も参加した電通の藤岡和賀夫が企画した南太平洋旅行がきっかけで生まれた曲のひとつだった。旅に参加した池田満寿夫が書いた小説『エーゲ海に捧ぐ』は、この旅の前に芥川賞を受賞しており、この小説が池田の監督で映画化されることになった。相談を受けた藤岡は、映画の主題歌ではなく、「イメージソング」を作ろうと考え、旅に参加した酒井政利にエーゲ海をイメージした歌を作ってくれと依頼し、できたのがこの《魅せられて》だった。

《魅せられて》は一六日に一位となり、六月一一日まで九週にわたりその座を維持し、ミリオンセラーとなる。賞レースは、阿木が山口百恵に書く作品と、《魅せられて》との競争になる。前年のヒットチャート戦線は阿久対阿久の闘いだったが、この年は阿木対阿木の闘いとなっていく。

沢田研二は、《カサブランカ・ダンディ》が三〇日の二〇位を最後にトップ20から消え、次に登場するのは六月だった。ピンク・レディーの《ジパング》も五月七日の一七位を最後にトップ20から消えた。

一九七九年五月――「真夏の夜の夢」の終わり

五月七日、沢田研二はトップ20から下がったが、野口五郎《真夏の夜の夢》が一六位に上がり、《ジパング》も一七位だったので、阿久悠作品はまだ二作がランクインしている。

野口五郎の「大人の恋」路線の《真夏の夜の夢》は、深刻な恋のようだ。あなたは〈死んでもいいのと目を伏せる〉。アイドルの歌ではなくなっていた。野口五郎を大人の歌手に成長させるという狙いはうまくいっているが、数字が追いついてこなかった。《送春曲》よりさらに減って、一〇・九万枚。

翌週一四日、九位でトップ20に初登場したピンク・レディーの新曲は、阿久・都倉作品ではなく、洋楽のカバー《ピンク・タイフーン》(J・モラーリ、H・ベロロ、V・ウィリス作詞作曲)だった。《ジパング》が三月九日発売だったので、次の曲はローテーションからいくと、六月か七月発売のはずだが、急遽、カバー盤が発売されたのだ。《ピンク・タイフーン》の原曲は西城の《YOUNG MAN》と同じ、ヴィレッジ・ピープルの曲《In the Navy》で、ようするに《YOUNG MAN》に便乗した。岡田冨美子が訳詞している。

もはや阿久悠の意図とは関係なく、ピンク・レディーは動いている。《ピンク・タイフーン》は最高六位、二九・八万枚と、《ジパング》よりも売れたので、その点では成功した。

二一日には一八位に留まっていた《真夏の夜の夢》が、二八日にはトップ20の圏外に出たので、ついに阿久悠作品は一作も二〇位以内に入らない状況となった。

売れなくなった――阿久悠はそれを認識できないほど愚かではない。〈全力でスイングしているのに、空気を切る音がしないと言ったらいいだろうか。ぼくに問題があるのか、時代に問題があるのか、真空の器の中で力み反っている感じが、時々だがし始めた〉。

そして阿久悠は休筆を決断した。後にこう書く。〈ヒステリーを起こしたみたいに休筆なんて言って、ほとんど何の根拠もないのに半年休んだことがある〉。

そんな五月二五日、八代亜紀《舟唄》(阿久悠作詞・浜圭介作曲)が発売された。この曲を阿久悠が書いたのは、一九七六年のことだった。阿久悠は「スポーツニッポン」で一九七四年六月から「阿久悠の実戦的作詞講座」の連載を始めた。新聞社が歌手を決め、その歌手に歌ってもらうという前提で詞を公募し、応募作を阿久悠が批評し、そして自分も書くという連載で、越路吹雪、都はるみ、クール・ファイブ、菅原洋一、にしきのあきら、藤圭子、研ナオコ、野坂昭如、三善英史、青江三奈、三橋美智也、美空ひばりの順に公募と実作がなされた。その美空ひばりの回で、阿久悠が書いたのが、《舟唄》だったのだ。

この連載は歌手やその所属レコード会社と相談していたわけではなかった。《舟唄》も美空ひばりがレコーディングするという話にはならず、眠っていた。それを作曲家の浜圭介が見つけて作曲し、八代亜紀が歌うことになったのだ。

それまで阿久は八代亜紀には書いていなかったので、これが最初の曲となる。

一九七九年六月——福岡から来た少女

六月四日のトップ20も阿久悠不在だったが、翌週一一日に沢田研二の《OH! ギャル》が一〇位でチャートインした。沢田研二人気はまだまだ続いていた。この曲は最高五位、二七・一万枚を売る。これが、阿久悠・大野克夫による沢田の最後のシングルとなった。以後も、阿久悠は散発的に沢田の曲を書くが、《時の過ぎゆくままに》で始まった「傑作の森」の時代はこれで終わった。

《サンタモニカの風》に続いて、阿久悠が桜田淳子へ書いた《Miss Kiss》(佐藤準作曲)が五月二五日に発売されたが、最高二五位、六・六万枚だった。六月一日発売の山口百恵《愛の嵐》(阿木燿子作詞・宇崎竜童作曲)は最高五位、三二・八万枚なので、もはや勝負にもなっていない。

六月に《魅せられて》から一位を奪うのは岸田智史《きみの朝》(岡本おさみ作詞・岸田智史作曲)で、二位にサザンオールスターズ《いとしのエリー》(桑田佳祐作詞・作曲)があった。

この六月のある雨の日、福岡県久留米市在住の高校三年生、蒲池法子が東京へ来て、サンミュージックの面接を受けた。こういう少女がいることを、サンミュージックの社長相澤秀禎はCBSソニーの若松宗雄から聞いていたが、その日、東京へ来ることは知らなかった。いわゆるアポなしでの上京だった。それでも相澤は、蒲池法子の面接をし、歌を聴くことにし、他の幹部社員も同席させた。彼女は桜田淳子の《気まぐれヴィーナス》を歌った。淳子はサンミュージックの稼ぎ頭である。

相澤の第一印象は、「AとBとの中間くらい」だったが、こうして会えるかどうかもわからないのに東京までやってきた、やる気とパワーを感じた。他の幹部社員の反応もよかったので、相澤は「来年三月に高校を卒業してから来なさい」と言った。

蒲池法子は、しかし、来年三月まで待たない。翌月に単身、上京する。

この秋から翌年三月にかけて、歌謡界にどんな大事件が起きるのか、もちろん彼女は知らない。しかし予感していたとしか思えないタイミングだ。あるいは、天に意思があったのか。相澤の言うとおりに翌年春の高校卒業後に上京したのでは、松田聖子は誕生しなかったであろう（松田聖子が世に出るまでのドラマについては、拙著『松田聖子と中森明菜』を参照されたい。本筋ではないので本書では詳細は記さない）。

この少女のことを何も知らない松本隆は、この年の前半は女性アイドルでは相本久美子（一九五八〜）のために二曲書いたが、結果は出せなかった。

相本は七四年に「近藤久美子」の芸名でCBSソニーからデビューし、千家和也・森田公一、阿久悠・森田公一、橋本淳・平尾昌晃など、大家が書いたが、どれもヒットせず、松本隆が起用され、この年の二月二五日に《チャイナタウンでよろめいて》（穂口雄右作曲）を出すも二千枚に終わり、六月二一日発売の《お熱いのはお好き？》は一〇〇位以内にチャートインすることもなかった。レコード会社を移籍して、八一年までシングル盤を出し続けたが、ヒットは一枚もない。

一九七九年七月――ピンク・レディーの引き際

七月になると、小林幸子《おもいで酒》が上がってきて、二三日には《きみの朝》と入れ替わって一位になるも一週だけだった。三〇日に一位になり、一〇月一日まで維持するのは、さだまさし《関白宣言》だ。

一六日にピンク・レディーの本来の新曲、阿久悠・都倉俊一による《波乗りパイレーツ》が一二位でチャートインした。沢田研二の《OH！ ギャル》も七位にあった。前週の九日に一二位でトップ20に入ってきた、郷ひろみの《いつも心に太陽を》は一五位になるが、これで久しぶりに阿久悠作品がトップ20に三曲と盛り返してくる。

郷ひろみに阿久悠が書くのは、《林檎殺人事件》に次いで二枚目、一年ぶりだ。前作はドラマのために作ったコミックソング的なものだったが、《いつも心に太陽を》はラブソングだった。この時期の阿久悠は、新御三家を大人の歌手にしようと苦闘していたのだ。西城秀樹、野口五郎に次いで、郷ひろみにも「情事の後」を歌わせた。

ピンク・レディーの《波乗りパイレーツ》は二年前の《渚のシンドバッド》の延長にある、夏の海辺での恋の物語だ。子供のファンが少なくなったので、小学生向きではない、高校生以上を対象とした詞にしたのだと思われる。A面B面とも同じ曲だが、A面は日本で録音し、B面はアレンジを変えて、アメリカで録音したというのがセールス・ポイントだった。だが、ファンにしてみれば、これまでは一枚に二曲入っていたのに一曲しかないので損をした思いだったであろう。最高四位で二四・二万枚と、普通の歌手なら合格点の数字だが、ピンク・レディーとしては物足りず、「売れなくなった」と印象づけてしまった。

阿久悠はピンク・レディーについて、レコード大賞を取った直後に、「そろそろピンク・レディーという名の返上式をやったらどうだ」と提案したという。最初は「葬式」といったらしいが、さすがにそれは言い過ぎと思ったのか、「返上式」と言った。そのときならば、まだ売れているイメージの最中なので、返上式、つまり解散イベントをすれば、キャンディーズほどにはいかなくても、興行としても成立すると考えたからだ。しかし、これはピンク・レディーの周囲には「悪い冗談」にしか聞こえなかったようで、相手にされなかった。

ピンク・レディーが続くにしても、阿久悠は、自分はそろそろ手を引く時期だと考え、それは都倉俊一も同じだった。

阿久悠と都倉俊一は、これまではいかにして売れる曲を作るかを最優先にして作ってきたが、最後は、ミーとケイが本当に歌いたがっているような、大人の歌を作ろうと考える。

二三日に野口五郎《女になって出直せよ》(阿久悠作詞・筒美京平作曲)が一九位に上がってきた。別れの歌だった。〈いつの日か、いい男といい女で、めくるめく愛の日を持とうじゃないか〉、そのときのために〈女になって出直せよ〉というのだ。そう言われても、ファンは戸惑ったのだろう。七・六万枚となってしまい、次に野口五郎が一〇万枚を突破するのは、八三年の《19:00の街》(伊藤薫作詞・筒美京平作曲)まで待たねばならない。

この七月二三日、阿久悠作品は、四位《波乗りパイレーツ》、九位《OH! ギャル》、一八位《いつも心に太陽を》、一九位《女になって出直せよ》と四曲がトップ20入りした。一位は《おもいで酒》である。俳優の水谷豊の《カリフォルニア・コネクション》(阿木燿子作詞・平尾昌晃作曲)もヒットしており、週間チャートの順位こそ最高三位だが、六五・六万枚の大ヒットとなる。《魅せられて》に次いで、阿木燿子は大ヒットを連発していた。

一九七九年八月——阿久悠の休筆宣言

沢田研二《OH！ ギャル》は第二週の一三日の一八位を最後にトップ20から消え、阿久悠作品で残っているのは《波乗りパイレーツ》だけとなった。

阿久悠は個人雑誌「you」の八月五日号で、休筆を宣言した。

〈突然ですが、八月一日から、来年の二月六日までの約半年間、作詞活動を休むことに致しました〉とその宣言は始まる。自分でもびっくりする決断だったそうで、〈少しのび過ぎた髪を、このさいバッサリ切ろうと美容院へ出かけ、苦行のような思いで鏡を見つめていた時、ふいにそういう気持ちになったのです〉。〈何が原因ということではありません〉。〈映画のアイデアや、小説のモチーフといったものと同等のウエイトで、作詞活動を休んでみよう、という思いが浮かんだのです〉。

二月六日までとしたのは七日が誕生日だからだそうだ。

長期間「休む」ことは二年前から考えていた。七九年の年初には翌八〇年に一年間の休みを取ろうと考えたが、〈八〇年のスタートを傍観者でいること〉が耐えられなくなり、〈八〇年になる前に予定通りの休みをとり、エネルギーを蓄《たくわ》えて八〇年に突入しようという思いになったのです〉。

〈脱サラから一五年、作詞活動を開始してから一一年、全くもって無休で過して来ましたから、多分半年は許されるわがままだと思います〉。

休んでいる間は体を鍛えたいとも書いている。

ともかくヒットメーカーは筆を休めることになった。

一九七九年九月——雨のない「SEPTEMBER」

竹内まりや（一九五五〜）のデビューは前年（七八年）一一月の《戻っておいで・私の時間》（安井かずみ作詞・加藤和彦作曲）だった。この時期のデビューだと、翌年、つまり七九年の新人賞の対象となる。竹内まりやは慶應義塾大学在学中に音楽サークルに入り、ポプコンに出場した。後にシンガーソングライターになるが、デビュー時はプロの作家の作った曲を歌い、二三歳とアイドルというには大人の年齢ではあったが、ルックスに恵まれたので、アイドル的な歌手として活躍していた。デビューシングル《戻っておいで・私の時間》は二・二万枚だったが、二枚目の二月発売《ドリーム・オブ・ユー〜レモンライムの青い風〜》（竜真知子作詞・加藤和彦作曲）は一一・八万枚となり、新人賞を狙えるポジションになった。

そこで、賞レースに臨むべく作られたのが、松本隆作詞・林哲司作曲《SEPTEMBER》だった。松本は二年前の九月にも太田裕美に《九月の雨》を書いている。二年前の太田裕美の九月は、彼に他に女性ができ、恋が終わるのを知った。九月の雨は〈涙も洗い流すのね〉と、雨が重要だったが、竹内まりやの九月は、雨は降っていないが允分に淋しく、哀しい。

つきあっていた彼に、年上の恋人ができたことを知り、その人に会って、彼を返してと言おうと思うが、そんなことはできない。夏の間は楽しかった恋は、九月になって彼の心変わりで終わるのだ。九月は〈さよならの国〉。〈めぐる季節の色どりの中一番さみしい月〉と。

《SEPTEMBER》は最高三九位とトップ20入りは果たせなかったが、一〇・四万枚を売り、竹内まりやは新人賞の有力候補となっていく。

九月になっても《関白宣言》は勢いが落ちなかった。それをゴダイゴの《銀河鉄道999》、水谷豊《カリフォルニア・コネクション》、小林幸子《おもいで酒》、サーカス《アメリカン・フィーリング》が続き、松山千春《夜明け》、サザンオールスターズ《思い過ごしも恋のうち》、八神純子《ポーラー・スター》が追う。《波乗りパイレーツ》は九位に落ちている。一〇位は村木賢吉《おやじの海》だった。

その下の一一位に上がってきたのが、桑名正博《セクシャルバイオレットNo.1》だった。松本隆と筒美京平による、この夏のカネボウのイメージソングだった。

その前に、ピンク・レディーのブームの終焉を見届けなければならない。

九月五日、五月にアメリカで発売した《キッス・イン・ザ・ダーク》が国内盤としても発売された。英語の歌というハンデはあったが、最高一九位、一一・一万枚は売った。まだこれだけの熱心なファンはいた。

続いて九月九日に、阿久悠と都倉俊一がミーとケイの二人へのプレゼント、つまりこれまでの激務への慰労として贈った、《マンデー・モナリザ・クラブ》が発売された。大人向きの曲で、これによりわずかに残っていた子供のファンもいなくなったが、これは意図してのことだ。問題は大人のファンがいなかったことだが、それでも最高一四位、一一・二万枚と《キッス・イン・ザ・ダーク》よりは売れた。いずれも、アメリカでの活動の合間に日本へ帰って、短期間だけテレビ番組に出るという状況下だったので、日本のファンにアピールする機会が少なく、アメリカと日本の双方で並行して活動することの難しさがあった。

この後のピンク・レディーは、ダメな時は何をやってもダメの見本のようになっていく。アメリカ進出は成功していたのだが、日本には伝えられなかった。

阿久悠は休筆に入ったが、都倉はもう少しピンク・レディーに付き合い、一二月に《DO YOUR BEST》（伊達歩作詞・都倉俊一作曲）が発売された。この曲は翌年に予定されているモスクワ五輪の日本選手強化募金のキャンペーンソングでもあった。オリンピックが盛り上がればヒットしたのかもしれないが、発売した直後にソ連がアフガニスタンへ侵攻し、翌年、アメリカがモスクワ五輪ボイコットを決めると日本も追随したので、強化募金のキャンペーンがなくなり、何の意味もない曲となった。それでも五・一万枚は売った。

この後、解散までに六枚のシングルが出るが、五万枚を超えるものはない。

阿久悠のオフィシャルサイトによれば、この年、《マンデー・モナリザ・クラブ》の後に発売されたのは、小林亜星・コロムビアゆりかご会の童謡《ヒマラヤ雪男くん》（小林亜星作曲）、森田公一とトップギャラン《沿線名画座》（森田公一作曲）、草刈正雄《デューク》（芳野藤丸作曲）があるが、いずれも一〇〇位以内にチャートインしていない。これで引退していたら、「売れなくなって引退した」と言われても仕方がない。だが、阿久悠はまだ終わらない。

一九七九年一〇月──「セクシャルバイオレットNo.1」

桑名正博《セクシャルバイオレットNo.1》は九月一七日に二位に上がると、以後、一〇月一日まで三週連続して二位で《関白宣言》を脅かしていた。

そして一〇月八日、《セクシャルバイオレットNo.1》は一位を獲った。それは松本隆作品にとって初の週間一位でもあった。

こうして一九七九年秋に阿久悠の時代から松本隆の時代へと変わった――とは言えない。この後、松本隆を大きな悲劇が襲いかかり、彼もまた休筆を余儀なくされるため、松本隆の時代の到来まで、一年以上待たねばならない。

桑名正博（一九五三～二〇一二）は一九七一年に横井康和と出会い、ロックバンド「ファニー・カンパニー」を結成し、七五年からソロ活動へ転じた。七七年にシングル盤を出していくことになると、それまでは自分で作ったオリジナルしか歌っていなかったが、RCAレコードのディレクター小杉理宇造の考えで、プロの作詞作曲家に作ってもらうほうがいいとなり、まず筒美京平に頼むことを決め、作詞は松本隆と決まった。ロックのファンからは歌謡曲へ魂を売ったと批判されるが、それを覚悟してのことだった。売れなくては意味がない――そこに開き直れた者と、いつまでも開き直れない者とがいる時代だ。

だが開き直って七七年六月に《哀愁トゥナイト》を出すも、二千枚しか売れなかった。九月に大麻とコカインの使用容疑で書類送検され、続いて麻薬取締法違反で逮捕されたのも響いた。復帰して一年後の七八年一一月に出した《サード・レディー》（松本・筒美）は一一万枚、しかし七九年四月に《スコーピオン》（松本・筒美）は一・七万枚と低迷していた。

そんなときにカネボウの秋のキャンペーンのイメージソングの候補に桑名の名も挙がっていた。他に沢田研二と松山千春も有力候補だった。小杉はこれを知ると強烈にプッシュし、新鮮さが買われて、桑名に決まったのだ。

カネボウのこの年のキャンペーンのメインコピーは「セクシャルバイオレットNo.1」と決まっており、他には何の注文もないが、このフレーズをタイトルにして、歌詞にも入れなければならない。松本隆は「こんなダサいコピーをタイトルや歌詞に入れたくない」と思い、「せめてナンバー・ワン」だけでも外せないかとも言ったが、通らず、仕方がないので、歌詞の最後にとってつけたように「セクシャル・バイオレット・ナンバー・ワン」と入れてみた。一度はそれで完成しかけたのだが、どうも納得がいくものにならない。そこで、どうやってもダサくなるのだから、開き直って「セクシャル・バイオレット・ナンバー・ワン」と連呼させることにした。このアイデアに、筒美京平が見事に応え、ダサいコピーも連呼することでカッコイイものになった。

松本隆は「このとき学習したんだ」と語っている。「ダサさを恐れない生き方を。これこそ、その後のぼくの仕事の舵取りに大きく影響した」。

松本がダサいコピーに苦戦したのを知っていたのかどうかは分からないが、出来上がった曲に桑名は「歌ってみて、ノリが最高だった。これで絶対だ」と確信した。

かくして七月二一日に発売された《セクシャルバイオレット№1》はじわじわと売れて、一〇月八日に一位となったのである。これまでの桑名正博の数字が嘘のように、五九・二万枚の大ヒットとなった。タイアップの力だった。

この週、《マンデー・モナリザ・クラブ》は一七位。沢田研二が阿久悠から離れて最初の新曲《ロンリー・ウルフ》（喜多條忠作詞・大野克夫作曲）は一八位にあったが、これが最高で八・九万枚と低迷した。山口百恵だけがまだ上位にいて賞レースに臨む曲として《しなやかに歌って》（阿木燿子作詞・宇崎竜童作曲）が発売され、この週は八位だ。

二二日のチャートで《マンデー・モナリザ・クラブ》はトップ20から消えた。阿久悠の曲がトップ20に一曲もない状態となった。休筆して新曲がないのだから、当然と言えば当然だった。

そして――一〇月二〇日、大阪厚生年金会館でリサイタルをしていた山口百恵は、曲の合間のファンへの語りかけのなかで、「私の恋人の話、きいてくれますか」と呼びかけた。この時期、週刊誌での百恵の恋人探し報道は加熱し、何人もの芸能人の名が挙がっていた。百恵は静かに言った。「その人の名前は、三浦友和という人です」。

世に言う「恋人宣言」であった。芸能人が恋人がいると公言し、相手の名も明らかにするのは当時としては革命的だったのだ。まだ婚約したわけではなく、「付き合っている」と公にしただけだったが、日本中が興奮するニュースとなった。こうなると次は、いつ婚約するのかに人びとの関心は移る。山口百恵はこの時点で結婚と引退を決断していたが、まだそれを知っているのは三浦友和と、百恵のマネージャーだけだった。

山口百恵は七七年から、年四枚の新曲のうち三枚は阿木燿子・宇崎竜童作品で、秋から冬にかけては、七七年はさだまさし、七八年は谷村新司に依頼していたが、七九年は堀内孝雄の作曲が決まり、作詞に松本隆が抜擢された。松本は百恵のアルバムにはすでに何曲も書いており、シングルもドラマ主題歌ではあったが《赤い絆》で成功している。

松本隆作詞・堀内孝雄作曲による《愛染橋》は一二月二一日発売、チャートに登場するのは翌年となる。

一〇月二六日金曜日夜八時、TBSで東京の公立中学校を舞台とし、教員が主人公のドラマ『3年B組金八先生』が始まった。海援隊の武田鉄矢が主役の教員を演じ、生徒役にはオーディションで新人が選ばれていた。このなかに、田原俊彦と近藤真彦、三原じゅん子、杉田かおる、鶴見辰吾らがいた。まだ彼らはこの時点では無名である。

一九七九年一一月——新たな戦争の始まり

《セクシャルバイオレットNo.1》は一〇月二二日まで三週にわたり一位だったが、二九日にさだまさしに一位を奪還される。《関白宣言》に続いて《親父の一番長い日》が大ヒットしていた。一二分三〇秒と、当時としてはシングル片面で最長の曲で、ひとの成長を描く長い物語なので省略すると意味がなくなり、ラジオもテレビも扱いに困った曲だった。これに比べれば《木綿のハンカチーフ》など短いほうだった。

このころ急上昇していたのが、久保田早紀《異邦人》、ばんばひろふみ《Sachiko》、甲斐バンド《安奈》、中島みゆき《りばいばる》などだった。

レコード大賞を狙っている五木ひろしが一〇月一日に発売した《おまえとふたり》（たかたかし作詞・木村好夫作曲）が演歌としては早いスピードでチャートを上がっていた。この年から、世にいう「五木・八代戦争」、略して「五・八戦争」が始まった。この戦争に松本隆は巻き込まれることはないが、阿久悠は八代側に付き、二年越しでレコード大賞を目指すことになる。

一位から下がってしまうと、あとは早い。《セクシャルバイオレットNo.1》は一一月二六日の一六位を最後に、トップ20圏外へ出ていく。

一一月五日、日本テレビ系列でドラマ『おだいじに』がスタートした。池内淳子扮する女医が主人公で、その息子が太川陽介、そのガールフレンド「松田聖子」を、新人の松田聖子が演じてドラマデビューした。実質的にはこれが松田聖子の芸能界デビューとなる。

八〇年代前夜

一二月のチャートのトップ20には、阿久悠と松本隆のどちらの曲も入っていないので、年末の賞と紅白を見て、この年を終えよう。

まずレコード売上だが、年間ランキングのトップ10を一位から順に掲げると――渥美二郎《夢追い酒》一四五・四万枚、ジュディ・オング《魅せられて》一〇二万枚、小林幸子《おもいで酒》九九・七万枚、さだまさし《関白宣言》九九・〇万枚、千昌夫《北国の春》八五・八万枚、ゴダイゴ《ガンダーラ》八二・一万枚、西城秀樹《YOUNG MAN》八〇・八万枚、アリス《チャンピオン》七八・〇万枚、牧村三枝子《みちづれ》七四・三万万枚、ピンク・レディー《カメレオン・アーミー》七〇・八万枚となり、演歌とニューミュージックが強い一年だった。

一一位以下も、サザンオールスターズ《いとしのエリー》六九・八万枚、水谷豊《カリフォルニア・コネクション》六五・六万枚、甲斐バンド《HERO（ヒーローになる時、それは今）》六三・七万枚、ゴダイゴ《銀河鉄道999》六三・二万枚、岸田智史《きみの朝》五九・九万枚、金田たつえ《花街の母》五九・五万枚、ゴダイゴ《モンキー・マジック》五六・五万枚、桑名正博《セクシャルバイオレットNo.1》五六・〇万枚、ゴダイゴ《ビューティフル・ネーム》五二・八万枚、山口百恵《いい日旅立ち》五二・八万枚となる。

トップ20の阿久悠作品は《カメレオン・アーミー》のみ、松本隆も《セクシャルバイオレットNo.1》だけだ。トップ30まで広げても、《カサブランカ・ダンディ》が三九万枚で二六位にあるだけだ。

前年七八年の年間ランキングでは阿久悠は一位から三位を独占し、その三曲を含めてトップ20に五曲、七七年は九曲がトップ20にあったのに、なんという変わりようだろう。時代の潮目が変わるとはこういうことを言う。

レコード大賞の新人賞は、井上望《好きだから》（千家和也作詞・穂口雄右作曲）、倉田まり子《HOW！ ワンダフル》（山上路夫作詞・都倉俊一作曲）、桑江知子《私のハートはストップモーション》（竜真知子作詞・都倉俊一作曲）、竹内まりや《SEPTEMBER》、松原のぶえ《おんなの出船》の五人で、渡辺プロダクションに所属する桑江知子が最優秀新人賞を受賞した。《私のハートはストップモーション》は一四・九万枚を売ったので、順当だった。

大賞候補の金賞は、五木ひろし《おまえとふたり》、小林幸子《おもいで酒》（高田直和作詞・梅谷忠洋作曲）、沢田研二《カサブランカ・ダンディ》、さだまさし《関白宣言》、山口百恵《しなやかに歌って》、ゴダイゴ《ビューティフル・ネーム》、八代亜紀《舟唄》、岩崎宏美《万華鏡》（三浦徳子作詞・馬飼野康二作曲）、ジュディ・オング《魅せられて》、西城秀樹《勇気があれば》（山川啓介作詞・筒美京平作曲）だった。

西城秀樹のこの年最大のヒット曲《YOUNG　MAN》は洋楽のカバーだったので、レコード大賞の対象にならなかった。この賞は日本作曲家協会の仲間内の賞でもあるのだ。小林幸子は一九六四年に天才少女歌手としてデビューしたものの十五年にわたり低迷し、ようやくヒット曲が出た。山口百恵と同時期にデビューしたなかで残ったのは西城秀樹だけ、『スター誕生！』卒業生では百恵と岩崎しか残っていない。つまり、ピンク・レディー以後、『スタ誕』は国民的アイドルを生み出せていないのだ。この年の新人賞五人も『スタ誕』とは関係がない。

森進一はこの年、《新宿・みなと町》（麻生香太郎作詞・西谷翔作曲）が一八・三万枚を売っていたが、渡辺プロダクションから独立したことでパージされており、選ばれなかった。

それもあり、「森・五木戦争」はなくなり、「五・八戦争」になったのだ。

だが、勝者は五木でも八代でもなかった。

最優秀歌唱賞は小林、レコード大賞は、電通が仕掛けて大ヒットしたジュディ・オング《魅せられて》が受賞した。CBSソニーにとって、創業以来初めての大賞、阿木燿子も大賞は初、筒美京平は《また逢う日まで》以来だった。山口百恵は七七年と七八年は阿久悠作品に負けたが、この年は彼女の同志のはずの阿木燿子作品に、しかも自分のプロデューサーである酒井政利が作った曲に敗れた。

続く『紅白歌合戦』でのトリは紅組が八代亜紀、白組が五木ひろしだった。レコード大賞と『紅白』で八代亜紀が歌ったことで《舟唄》は改めて注目され、翌年になってからもかなり売れた。前年の『紅白』での阿久悠作品は六曲だったが、この年は、《カサブランカ・ダンディ》《サンタモニカの風》《舟唄》の三曲となっていた。

松本隆作品はなかった。太田裕美は出場していたが、彼女が歌った《シングルガール》は阿木燿子・宇崎竜童によるもので、この曲と《魅せられて》《しなやかに歌って》の三曲が阿木燿子だ。七五年に阿木燿子に脅威を感じた阿久悠は先見の明があった。ライバルとなるのが誰かを的確に見抜いていたのだ。

そして――この年で『紅白』は第三〇回だったので、七二年を最後に出場していなかった美空ひばりが特別出演し、三曲を歌った。阿久悠がその敬愛のあまり、打倒すべき体制と位置づけた美空ひばりが復権したとき、阿久悠は低迷していたことになる。

阿久悠が休んでいる間に八〇年代の歌はすでに作られ、世に出るのを待っている。未知の可能性を秘めた新人たちも、その出番を待っている。

第六章

長い休暇《ロングバケイション》——一九八〇年

一九八〇年代が始まった。

和製ポップスが勝利したかに見えた一九七〇年代は、ニューミュージックが席捲し、演歌が復権して、終わった。

阿久悠の休筆は前年八月一日に始まり、二月六日までと宣言されていた。はたしてこの長い休暇は吉と出るか凶と出るか。

二月七日から書き始めたとしても、書いてから発売までは数カ月のタイムラグがあるので、阿久悠作品がヒットチャート戦線に再び登場するのは、早くても春のはずだ。

一九八〇年冬

この年最初のチャートは一月一四日付で、《異邦人》《Sachiko》の上位二位は不動で、三位にクリスタルキング《大都会》が上がり、四位から七位は演歌系の《おまえとふたり》《おもいで酒》《おやじの海》、敏いとうとハッピー&ブルー《よせばいいのに》が並んだ。年末年始は普段、レコードを買わない高年齢層が買うので、こういうことになる。八代亜紀の《舟唄》も『紅白』効果で再び二〇位に上がり、一月二八日には一五位になる。

新曲では、西城秀樹《悲しき友情》（山川啓介作詞・筒美京平作曲）がいきなり一〇位でチャートインし、山口百恵の《愛染橋》も一一位に上がった。

百恵サイドが堀内孝雄に依頼したのは、大ヒットした《君のひとみは10000ボルト》のようなロック調の曲を期待してのことだったのだが、そこまで具体的には伝えなかったらしく、できた曲は和風のしっとりとした曲だった。

堀内としては、百恵の曲は、宇崎竜童がロック調を担っているので、自分も、さだまさしや谷村新司が書いたようなしっとりしたものを求められていると思ったのだろうか。できた曲を聴いたCBSソニーの酒井政利は、大阪に昔あった愛染橋という橋を思い出した。これでタイトルが決まり、松本隆には「大阪弁で詞を書いてくれ」と依頼された。松本はあまりにもユニークな注文だったたと振り返っている。

できた詞は、結婚を迷っている女心を歌ったものとなった。愛染橋とは〈ほほえんで渡れば恋がかなう〉、〈うつむけばそれきり〉の橋だという。そして〈ただ一度渡ればもう戻れぬ〉ので、あなたに手招きされているのだが、〈渡りたい　渡れない〉と迷う。〈結婚なんて旧い言葉に　縛られたくなくて〉という一句もある。歌がフィクションであり、百恵自身が作詞したのではないことも分かっているが、聴き手は百恵が結婚に迷っているように感じたかもしれない。しかし、彼女の気持ちはすでに固まっている。

《愛染橋》は最高一〇位、二二・一万枚と、百恵のシングルとしては少ないほうの数字に終わった。

阿久悠が休筆しているので、沢田研二の八〇年代はコピーライターの糸井重里に作詞を依頼した一月一日の《TOKIO》(加瀬邦彦作曲)で始まった。加瀬の作曲はシングルでは七六年の《ウィンクでさよなら》以来だった。パラシュートを付けての衣装も話題になり、三三・八万部のヒットとなった。一月二一日に一一位でトップ20に入り、最高八位。

《舟唄》は二月一一日に再び一五位にまで上がり、以後も二月のあいだずっとトップ20にあった。《愛染橋》は一八日で一七位に下がり、翌週はトップ20の外へ出た。この時点では阿久悠が強く、松本隆は下がっていったことになる。

二月最後の週の二五日になると、クリスタルキング《大都会》、二位のオフコース《さよなら》、三位が財津和夫《Wake Up》、以下、アリス《秋止符》、《おまえとふたり》、松山千春《恋》、久保田早紀《異邦人》、小林幸子の新曲《とまり木》(たきのえいじ作詞・作曲)、沢田研二《TOKIO》、海援隊《贈る言葉》と、五木、小林、沢田以外はすべて自作を歌うニューミュージック系となっていた。その下に、郷ひろみ《セクシー・ユー》、西城秀樹《悲しき友情》などがある。

ドラマ『3年B組金八先生』は視聴率が高く、主題歌《贈る言葉》は二月に入ると、トップ20に入り、上位をうかがっていた。このドラマは三月の卒業シーズンに合わせて終わることになっている。

一九八〇年春

三月七日、山口百恵と三浦友和は都内で記者会見を開き、一一月に結婚することと、その前の一〇月で山口百恵が引退することを発表した。結婚については誰もが時間の問題だと思っていたので、それほどの驚きはなかったが、歌手としても女優としても人気絶頂にある山口百恵の引退は誰も予想もしていなかったので、騒然となった。

以後半年にわたる「百恵引退狂騒曲」の始まりだった。それは同時にポスト百恵をめぐる熾烈な争いの始まりでもあった。もし松田聖子がサンミュージック社長の相澤に言われた通り、この春に上京していたら、とてもこの闘いには間に合わなかった。そうなっていたら松本隆との出会いもなく、日本はまったく異なる歴史を歩むことになった。

ヒットチャートでは三月一〇日に《贈る言葉》が一位となり、四月一四日まで六週連続、ドラマが終わっても一位にあった。この曲は新しい卒業式ソングとなり、この年だけで九三・三万枚を売る。

引退発表後最初の山口百恵の新曲《謝肉祭》(阿木燿子作詞・宇崎竜童作曲)は三月二一日発売で、三一日に一八位でチャートインした。

前年のレコード大賞新人賞歌手では竹内まりやだけが好調で二月発売の《不思議なピーチパイ》（安井かずみ作詞・加藤和彦作曲）が資生堂の春のキャンペーンのイメージソングとなったこともあり、三一日には四位にまで上がった。

この年にデビューした新人で最初にトップ20に入ってきたのは、岩崎宏美の妹、岩崎良美（一九六一〜）の《赤と黒》（なかにし礼作詞・芳野藤丸作曲）だった。二月二一日に発売され、四月一四日に一九位となり、一一・六万枚を売る。姉の岩崎宏美も四月発売の《女優》は、なかにし礼が作詞している（作曲は筒美京平）。姉妹対決では、《赤と黒》一一・六万枚に対し、《女優》は一三・三万枚なので、とりあえずは姉の勝ちだが、次はどうなるか。

松田聖子のデビュー曲《裸足の季節》（三浦徳子作詞・小田裕一郎作曲）は四月一日に発売された。資生堂の洗顔フォーム「エクボ」のコマーシャルソングになり、人びとの耳に、その歌声は記憶されていった。

二一日に《贈る言葉》は二位に下がり、シャネルズの《ランナウェイ》が一位となった。

休筆明けの阿久悠の新曲が発売になっていく。七八年九月以来、新曲を出していなかった伊藤咲子の《未完成》（三木たかし作曲）が四月二〇日に発売されたが、この曲は一回もチャートインできなかった。そして二五日に八代亜紀《雨の慕情》（浜圭介作曲）が発売された。

阿久悠のもとにきた八代亜紀サイドからの依頼は、最初から「レコード大賞獲得を想定した三連作」というものだった。阿久悠は日頃、「歌手のイメージを作るには最低三曲が必要。だから、三曲連続で作らせてもらえたら、しっかりとしたその歌手のイメージを作れる」と公言していた。それを知っての、そしてレコード大賞という具体的な目的を設定しての依頼だったのだ。

阿久悠は依頼を受けると、〈野球になぞって先発《舟唄》から始まって、中継ぎ《雨の慕情》を経て、最終的に抑えの《港町絶唱》で念願のレコード大賞を獲るという戦略を組み立てた〉。だがこの戦略は、いいほうに外れる。中継ぎで出した《雨の慕情》が最後まで投げきってしまうのだ。

《舟唄》は男の立場の歌だったが、《雨の慕情》は女の歌だ。しかもヒロインは「待つ女」である。どうしてなのかは分からないが、雨がふると、彼女の〈いい人〉が来るらしい。かつての阿久悠のヒロインは、《北の宿から》でも《津軽海峡・冬景色》でも能動的だったのに、八代亜紀とそのファン層に合わせたのだろうか。じっさい〈雨雨ふれふれもっとふれ　私のいいひと　つれてこい〉のフレーズで、〈客席がどよめくように大合唱するという、演歌としては珍しい現象が起こった〉。さらには〈テレビの前で子どもまでが真似ている〉。これは阿久悠が仕掛けたものではなかった。〈仕掛けた自分たちの思惑を超えた、こうした反響には驚いた〉。

阿久悠は「雨が降ると逢えるのだから、彼女の恋人はプロ野球選手ですね」と言われたことがあり、驚いたとも書いている。歌謡曲のヒット曲は受け手が数百万人もいるので、作者の思いもよらない解釈をする人がいても不思議ではない。大衆が誤解するのもヒットの条件だった。

阿久悠は健在だった。まだ感性は時代と密着しているように思えた。

しかし——そうではなかった。

《雨の慕情》がチャートを上昇しているとき、その上にいる松田聖子に、阿久悠は少なからず衝撃を受けていた。それは彼女が『スタ誕』出身ではなかったことだ。〈この番組を素通りしてデビューし、一躍トップアイドルに昇りつめたことで、私はもうやめようよ、と言ったんです〉と阿久は「文藝春秋」一九九九年一〇月号での小林亜星との対談で語っている。〈聖子だったら間違いなく『スタ誕』からデビューできたのに、彼女は他の方法を選び、それで見事に成功した。だから私はこの番組もそろそろ時代とずれてきたのかもしれないと思い始めたんです〉。

実際には松田聖子も『スタ誕』に応募はしたが、予選で落とされていた。阿久悠がこれを知ったら、もっとショックだっただろう。

『スター誕生！』は八三年九月まで続くが、阿久悠は八二年一月の放送分で降りる。最後となる八一年にこの番組に出てデビューが決まったのが、小泉今日子と中森明菜で、八二年にデビューする。のちに「花の八二年組」と呼ばれるほど、数多くのアイドルが八二年にデビューするが、『スタ誕』出身者がこの二人だけなのは、阿久悠が感じていたように、時代とずれていたからであり、他にもアイドルになるルートがいくつも生まれていたからでもあった。

阿久悠が日本テレビと作り上げたシステムが崩壊しようとしていた。

五月一二日、松田聖子《裸足の季節》が一九位でトップ20入りした。このころには松本隆は松田聖子を聴いて、「この人の詞は、ぼくが書くべきだ」と直感していた。しかし彼は自分から売り込むことはしないので、そのときを待つ。

この年デビューしたアイドルでトップ20に入ったのは松田聖子が二人目だった。最初の岩崎良美は一週で圏外へ出てしまったが、聖子は翌週一九日は一八位に上がった。二六日は《裸足の季節》が一三位になり、《雨の慕情》も一八位に上がってきた。だが、そのすぐ下にある、もんた&ブラザーズ《ダンシング・オールナイト》こそがこの年最大のヒット曲となる。

このころ、永田町では自民党の党内抗争が激化し、五月一六日に社会党（現・社民党）が形式的に内閣不信任決議案を提出すると、自民党の反主流派が採決に欠席したため、可決されてしまうという前代未聞の事態となった。大平首相は内閣総辞職か衆議院の解散かの二者択一を迫られ、解散を選んだ。この年は参議院選挙も予定されていたので、史上初の衆参ダブル選挙となり、五月三〇日には参議院選挙が公示された。大平首相は選挙戦初日の街頭演説直後から体調不良を訴え、翌三一日、虎の門病院に緊急入院した。

一九八〇年夏

「大平首相が入院した翌日」の六月一日、同じ虎の門病院の隣の病室に二六歳の女性が入院した。松本隆の妹だった。彼女は生まれつき、心臓が弱かったのだ。

松本隆は当時多くの仕事を抱えていたが、なかでも彼にとって重要なのが大瀧詠一が作るアルバムの作詞だった。

松本と大瀧は、はっぴいえんどからの付き合いだが、お互いの家を行き来するような関係ではなかった。その大瀧が初めて松本の家を訪ねたのは、アルバムの作詞依頼だった。

「今度作るアルバムは売れるものにしたいんだ。だから詩は松本に頼もうと思ってね」。松本は「よろこんで協力させてもらうよ」と応じ、これがアルバム《A LONG VACATION》の始まりだった。曲が先にできていき、発売日も大瀧の誕生日の七月二八日と決まった。あとは松本の詞ができるのを待つだけ、というときに、妹が入院したのだ。

このときのことを、松本隆は一九八五年に朝日新聞夕刊連載コラム『新友旧交』の第七回（一二月一八日付）でこう書いている。

〈ぼくは電話で大滝さんに事情を説明して、他の作詞家を探してくれないかと言った。

「いいよ、おれのアルバムなんていつでも出せるんだから。発売は半年延ばすから、ゆっくり看病してあげなよ。今度のは松本の詩じゃなきゃ意味が無いんだ。書けるようになるまで気長に待つさ」

「ありがとう」

でも数日後、妹は息をひきとった〉。

松本は妹の死に大きな精神的ショックを受けた。世界から色彩が消え、モノクロームに見えたという。そして、何も書けなくなってしまった。他の仕事は断らざるをえない。だが大瀧は、松本の詞以外では作ることを考えていなかった。彼は七月の発売日を延ばすことにした。

〈精神的なショックから立ち直るまで、三カ月ほどかかった。その間、彼は何も言わずに待ってくれた〉。

阿久悠に続いて、松本隆も事実上の休筆状態になってしまった。松本隆の予期せぬ長い休暇は、はたして何を生むのだろう。

このころ、松本隆のはっぴいえんどの仲間だった細野晴臣が坂本龍一、高橋幸宏とともに結成したイエロー・マジック・オーケストラ（以下、ＹＭＯ）の《テクノポリス》がブームとなりつつあり、六月一六日には一二位になっていた。

すでに歌謡曲で成功している松本隆、コマーシャルソングで成功して、オリジナル・アルバムを作ろうとしている大瀧詠一、スタジオミュージシャンとして活躍している鈴木茂にくわえ、細野晴臣もメジャーな音楽シーンに登場しようとしていた。

《謝肉祭》がトップ20内にあるのに、山口百恵の新曲《ロックンロール・ウィドウ》（阿木燿子作詞・宇崎竜童作曲）が五月二一日に発売されると、六月二日に一七位でチャートインした。翌週九日には《ロックンロール・ウィドウ》は五位になり、最高三位、三三・六万枚を売る。

《ダンシング・オールナイト》が一位になるのは六月九日で、以後八月一一日まで一〇週間にわたり一位を維持し、この年一五六・三万枚を売る。

《裸足の季節》は六月二三日に一二位まで上がったが、これが最高だった。二八・二万枚のヒットである。

一方――三〇日にいきなり八位でチャートインしたのが、田原俊彦《哀愁でいと》だった。ここにジャニーズ事務所の再興が始まったのである。

ジャニー喜多川（一九三一～）が、親しくしていた野球少年四人に歌と踊りのレッスンをして、ジャニーズとしてデビューさせたのは一九六二年のことだった。その「ジャニーズ」の事務所として「ジャニーズ事務所」が創立され、ジャニーの姉、メリー喜多川（一九二六～）が経理などを担うことになった。

ジャニーズは六七年に解散してしまうが、入れ替わるように、やはり四人組のフォーリーブスが六八年にレコードデビューするとたちまちトップアイドルグループとなり、さらに、七二年に郷ひろみがデビューし、大成功した。ジャニーズ事務所は順風満帆であるかに思えたが、七五年に郷がバーニングプロダクションへ移籍してしまい、フォーリーブスも七八年に解散した。以後、ジャニーズ事務所は何人かのアイドルをデビューさせるものの、郷ほどの成功は得られず、低迷していた。

そのジャニーズ事務所が今日まで続く隆盛のきっかけとなったのが、田原俊彦であり、それに続く近藤真彦だった。この二人に野村義男を加えた三人は、『3年B組金八先生』に生徒役で出演していたことから、中高生の女の子の間で人気があった。同ドラマが三月で終わった後、五月からフジテレビの学園ドラマ『ただいま放課後』に今度は高校生の役で出て、三人の姓から「たのきんトリオ」と呼ばれるようになっていた。

西城秀樹・野口五郎・郷ひろみの新御三家がみな「大人の歌手」になってしまったので、一〇代の男性アイドルは空白地帯となっていた。たのきんトリオはそんなタイミングで登場した。女性アイドルも、デビュー時は中3トリオだった森昌子・桜田淳子・山口百恵がアイドルとは呼べない年齢になり、次を担うかと思われたピンク・レディーはブームが終わり、空白地帯ができており、そこには松田聖子が登場していた。男女ともアイドルの世代交代期を迎えていたのだ。

田原俊彦がデビューシングルでいきなり八位となったのは、その時点ですでに数十万単位でファンがいたことを意味する。

田原俊彦と松田聖子は春からＮＨＫの《レッツゴーヤング》のレギュラーも得ており、顔も名も知られつつあったのだ。

《哀愁でいと》はレイフ・ギャレットの《NEW YORK CITY NIGHTS》のカバーだった。

田原は歌よりもむしろダンスが得意だった。手を動かす程度の振り付けとは異なり、本格的に踊ることができ、それを活かしていく。

田原の人気が上がるにつれて、たのきんのもうひとり、近藤真彦の人気も上がっていく。だが、ジャニーズ事務所は近藤のレコードデビューを意図的に遅らせることにした。早くても一一月でなければならない。田原に八〇年の新人賞を獲らせ、近藤は八一年にまわすという戦略だった。レコード会社も田原がキャニオンなら、近藤はCBSソニーにし、競わせる。

こうしてアイドルの世代交代が一気に達成された時、永田町では、総理大臣が交代するが、それは世代交代ではなく、派閥間のバランスによる、妥協的な交代劇だった。

選挙中に入院した大平首相が六月一二日に急死すると、自民党は選挙戦を弔い合戦と称して、衆参両院とも圧勝した。後継の自民党総裁には大平派の鈴木善幸が選ばれ、内閣総理大臣に就任する。

休筆から明けた阿久悠は、以前から書いていた歌手たちに新曲を次々と書いていった。新沼謙治《さすらい派》（徳久広司作曲）、森進一《涙きらり》（猪俣公章作曲）、石川さゆり《みちゆき博多発》（川口真作曲）が四月から六月初旬にかけて発売されたが、どれもヒットとは言い難い。

『スタ誕』の新人のデビューも手がけ、六月一日、都倉俊一と組んだ、柏原よしえ（一九六五〜）の《No.1》が発売された。しかしナンバー・ワンどころか、週間チャートでは七六位が最高で、二・六万枚しか売れなかった。柏原にはデビューから続けて三枚書くが、どれもヒットせず、彼女の最初のヒットは翌八一年一〇月の《ハロー・グッバイ》（喜多條忠作詞・小泉まさみ作曲）まで待たねばならない。

八〇年は、松田聖子をはじめ、何人ものアイドルがデビューしたが、成功した『スタ誕』出身は柏原よしえくらいだった。岩崎良美は姉の人脈で見出されていたし、六月一日に《大きな森の小さなお家》でデビューした河合奈保子（一九六三〜）は、前年（七九年）に「ヒデキ（西城秀樹）の弟・妹募集オーディション」に応募し、二万六千人のなかから八〇年三月の決勝大会で優勝して芸能界へ入った。

ピンク・レディーの後、八〇年までに『スタ誕』からデビューし、成功したといえるのは、石野真子と甲斐智枝美くらいだった。

《哀愁でいと》は二位まで上がるが、《ダンシング・オールナイト》が強く、一位にはなれなかった。

《雨の慕情》は梅雨時と関連があるのか、ついに七月一四日に一〇位にまで上がった。しかしその後、また下がっていく。七月最後の二八日、松田聖子の二枚目のシングル《青い珊瑚礁》が一七位でトップ20に入ってきた。前作よりも勢いはよかった。

八月一八日、ついに《ダンシング・オールナイト》が一位から落ちて一位になった。一位となったのは、長渕剛《順子》で、三位はさだまさし《防人の詩》、四位が《哀愁でいと》で、《青い珊瑚礁》が七位に上がってきた。

《雨の慕情》は再び上昇して、一八日と二五日は一〇位になる。《舟唄》以上のヒットになるのは確実だった。

一九八〇年秋

九月一日、ピンク・レディーが翌年三月に解散すると発表した。

九月一日には岩崎宏美《銀河伝説》(阿久悠作詞・宮川泰作曲)が一八位に上がり、一一位の《雨の慕情》とともに、久しぶりに阿久悠作品が二曲、トップ20にあった。もっとも、《銀河伝説》はこの夏公開のアニメ映画『宇宙戦艦ヤマト　ヤマトよ永遠に』のための曲だった。

また、山口百恵の引退前の最後のシングルとなる《さよならの向う側》（阿木燿子作詞・宇崎竜童作曲）が一四位でチャートインした。引退まであと一カ月だった。

九月八日の一位、二位は《順子》《青い珊瑚礁》となり、以後、二二日まで三週連続して一・二位は変わらなかった。

河合奈保子も一枚目の《大きな森の小さなお家》は七・六万枚だったが、八月二五日発売の《ヤング・ボーイ》（竜真知子作詞・水谷公生作曲）はヒットし、二二日に一九位でトップ20に入ると最高一三位、一八・九万枚となる。

《順子》を一位から下ろすのは田原俊彦の二枚目《ハッとして！Ｇｏｏｄ》で、二九日に一位になった。だが、一位は翌週一〇月六日までの二週だけだった。

一〇月五日の日曜日、東京・日本武道館での山口百恵のファイナルコンサートの日がやってきた。このコンサートはＴＢＳ系列で全国に生中継され、そのライヴ映像は、ビデオ、レーザーディスク、そしてＤＶＤと、メディアを変えながら、いまでも発売されている。

山口百恵は最後には純白のウェディングドレスのような衣装で現れ、「わたしのわがままを許してくれてありがとう。幸せになります」と言った。そしてステージにマイクを静かに置いた。

さらに引退記念番組が何日も続き、最後の仕事は一〇月一五日のホリプロ創立二〇周年記念式典に出ることだった。

山口百恵の曲を作ってきた宇崎竜童は自著『俺たちゃとことん』でこう語っている。〈ところで作曲家としての俺は、／「ロックのサウンドを借りた山口百恵の歌」／を作ってきたとは、けして思っていない。／思い上がりに聞こえるかも知れないが、／「山口百恵にロックを歌わせてきた」／そう確信している。山口百恵には彼女なりの節廻しがあって、表面的には歌謡曲っぽく聴こえるかもしれない。しかし、俺は、歌謡曲に引きずり込まれたのじゃなくて、／「歌謡曲をロックに引きずり込んだ」／そう信じている〉

宇崎竜童は松本隆とは違った方法で、しかし同じ問題意識をもって、ロックと歌謡曲の間で闘ってきたと言えるだろう。日本の歌を変えたい、という思いだ。

それは阿久悠にもあった。三人にはそれぞれの「あるべき歌の姿」があり、そこへ近づけようと奮闘していたのだ。

この百恵引退劇が進行していたなかの、一〇月一三日の週間チャートで一位になったのが、松田聖子の《風は秋色／Eighteen》だった。まだ《青い珊瑚礁》も七位にあったので、二曲がトップ10にあった。松田聖子は、八三年二月の《秘密の花園》で一〇曲連続チャート一位となりピンク・レディーの記録を抜くと、その後も更新して、一九八八年九月の《旅立ちはフリージア》まで二四曲連続チャート一位という記録を樹立するが、その始まりだった。この二四曲のうち、一七曲が松本隆作詞となる。

だが、まだ二人は出会っていない。松本隆はまだ何も書けない時期だったはずだ。

阿久悠と沢田研二のコンビも復活した。《酒場でDABADA》（鈴木キサブロー作曲）が九月二一日に発売された。しかしこの後は一年後の《麗人》までなく、その間、沢田のシングルは三浦徳子が作詞をする。

《酒場でDABADA》は一〇月六日に一九位となり、最高一四位、一四・四万枚に留まった。もう、《勝手にしやがれ》のような日々は来ない。

五週にわたり《風は秋色》は一位だったが、一一月一七日に洋楽のノーランズ《ダンシング・シスター》が一位となった。

《ダンシング・シスター》は一一月二四日まで一位だったが、一二月一日に五輪真弓《恋人よ》が一位となった。

トップ20には入らなかったが、松本隆は岩崎宏美に初めて書いた。一〇月五日発売の《摩天楼》（浜田金吾作曲）が八・二万枚を売った。

そして一二月二一日、松本隆作詞、筒美京平作曲による《スニーカーぶる〜す》が一位となる。近藤真彦のデビュー曲である。

原田真二に書いた《てぃーんず ぶるーす》では「ズック」だったが、スニーカーになっている。このレコードの発売は一二月一二日だった。逆算すると九月には曲ができているはずだ。松本が妹の死のショックで書けなかったのは三カ月と書いているので、時期的にも矛盾はしない。書けるようになって最初の仕事が大瀧詠一のアルバムだが、発売になった順では、《スニーカーぶる〜す》のほうが先となる。

松本隆は食事をしながら、テレビドラマ『3年B組金八先生』を見たことがあり、学ランを着ている生徒を見て「この子、いいなあ」と思ったのだという。そのときはそれだけの話だったが、それが、近藤真彦だった。

近藤真彦のデビュー曲を依頼されると、松本は《てぃーんず ぶるーす》の世界をもう一度やってみようと思った。つまり、少年がふられて泣く歌だ。ジャニーズ事務所側が、こんな歌詞は困ると言ってくるかもしれないとは思ったが、書いてみると、何も言われなかった。ただ、本来は「ー」であるべきなのを「〜」にしようと提案されただけだった。

《てぃーんず ぶるーす》ではズックは雨でぐしょ濡れになったが、《スニーカーぶる〜

す》では、スニーカーは涙でびしょ濡れになる。主人公の少年は、彼女から〈別れの電話〉をもらい、会いに行って〈取り消せよ〉と言うのだが、もう彼女の決意は固いようだ。

それでも、〈お前が好きさ〉〈別れても好きさ〉とあきらめきれない。そして〈俺達はまだBaby青春知らずさ〉と呼びかける。

歌謡界は年末の賞レースに突入しており、そこに近藤真彦の姿はないが、ヒットチャート戦線では、すでに近藤真彦が主役となりつつあった。

それは松本隆の時代——彼が〈『ザ・ベストテン』を見ると、ほとんど僕の詞ばかりで、〈通信簿を見ているみたいで怖かった〉という時代の始まりでもあった。

一九八〇年一二月三一日

一九八〇年の年間ランキングは、一位がもんた&ブラザーズ《ダンシング・オールナイト》一五六・三万枚、以下、久保田早紀《異邦人》一四〇・四万枚、クリスタルキング《大都会》一一八万枚、シャネルズ《ランナウェイ》九七・五万枚、長渕剛《順子》九四万枚、海援隊《贈る言葉》九三・三万枚、五木ひろし《おまえとふたり》八四・七万枚、ロス・インディオス&シルヴィア《別れても好きな人》七六・九万枚、オフコース《さよなら》七一・七万枚、田原俊彦《哀愁でいと》七〇万枚がトップ10だった。

一一位以下は、ばんばひろふみ《Sachiko》六七・三万枚、谷村新司《昴》六五・三万枚、小林幸子《とまり木》五八・二万枚、松田聖子《風は秋色／Eighteen》五七・三万枚、松田聖子《青い珊瑚礁》五六・四万枚、クリスタルキング《蜃気楼》五四・六万枚、村木賢吉《おやじの海》五三・六万枚、さだまさし《防人の詩》五二・三万枚、八神純子《パープルタウン》五一・三万枚、アリス《秋止符》五〇・五万枚となる。八代亜紀《雨の慕情》は四一・二万枚で二六位だった。

日本レコード大賞の各賞はこうなった。

新人賞に選ばれたのは、松田聖子《青い珊瑚礁》、田原俊彦《ハッとして！Ｇｏｏｄ》、河合奈保子《ヤング・ボーイ》、岩崎良美《あなた色のマノン》、松村和子《帰ってこいよ》の五人だった。

最優秀新人賞は田原と松田聖子の一騎打ちとの下馬評で、田原が受賞した。ジャニーズ事務所の黄金時代の幕開けだった。

大賞候補の金賞は、八代亜紀《雨の慕情》、五木ひろし《ふたりの夜明け》、小林幸子《あれから一年たちました》、都はるみ《大阪しぐれ》、岩崎宏美《銀河伝説》、五輪真弓《恋人よ》、沢田研二《酒場でＤＡＢＡＤＡ》、西城秀樹《サンタマリアの祈り》、もんた＆ブラザーズ《ダンシング・オールナイト》、高田みづえ《私はピアノ》の一〇曲だった。

最優秀歌唱賞は都はるみが選ばれ、これで、最優秀新人賞とレコード大賞との三冠達成となった。

大賞は、八代と五木の闘いとなる。売上枚数では、五木の《ふたりの夜明け》三六・七万枚に対し、八代の《雨の慕情》は四一・二万枚だ。八代には前年の《舟唄》も売れたという実績があるが、五木の《倖せさがして》も四九万枚も売っている。

しかし、大賞に選ばれたのは、八代亜紀《雨の慕情》だった。阿久悠にとっては、二年ぶり通算五度目の大賞受賞だった。

この日のことを阿久悠は一九九七年にこう回想している（阿久悠大全集解説書）。〈ぼくは客席で、八代亜紀が獲れればいいなと思っていたんだけれど、五輪真弓が歌うのを客席で聴きながら、ふと思ったんだよね。《恋人よ》でもいいかなと。わりとそういうもんですよ。これが獲るんなら納得だなという感じがしましたね。まだその頃までは、作品論がまかり通っているだろうという信用みたいなものがあったんだ。プロダクションのパワー・ゲームじゃない。最終的には、レコード会社とプロダクションのパワー・ゲームになることもあるんですけれど、それも作品論を戦わせるものができた時に、パワーを発揮するということだったような気がする〉。

阿久悠は、山口百恵とライバル関係にあったように、五木ひろしともライバル関係に置かれていた。五木が《よこはま・たそがれ》でブレイクした年、阿久が尾崎紀世彦に書いた《また逢う日まで》が大賞となり、以後、七六年から七八年の三連覇のときも、五木は候補のひとりだった。別にお互いに嫌っているわけではないが、そういう関係になっていた。

阿久は五木との間のわだかまりを解消すべく、翌年に五木とじっくり話した。そして「とにかくいい歌を作りたいですね」となって、八二年は三曲を五木のために書くことになる。

『紅白歌合戦』では、大トリは八代亜紀《雨の慕情》で、五木ひろしは白組のトリだった。《おまえとふたり》ではなく、《ふたりの夜明け》を歌った。

阿久悠作品は四曲あった。《雨の慕情》の他、石川さゆり《鷗という名の酒場》、新沼謙治《さすらい派》、布施明《愛よその日まで》である。

松本隆作品は、岩崎宏美《摩天楼》があった。

一九七九年は、ニューミュージックが市場制覇を成し遂げ、ファン層が重なる歌謡曲のヤングポップスが壊滅に向かいつつあり、その間隙を縫うように演歌が復興したが、一九八〇年、松田聖子と田原俊彦によってアイドルポップスというジャンルが再興された。

それは単なる再興ではなかった。ニューミュージックの才能を巻き込んで、七〇年代のアイドル歌謡曲とは異質の世界を作り上げていった。八〇年前後の一〇代後半から二〇代は、無意識のうちに幼少期からビートルズ以後の音楽を耳にして育った世代だ。歌謡曲の音楽を古いと感じ、ニューミュージックを聴くようになり、さらには洋楽に向かった者もいる。彼ら彼女たちには、プロの作曲家が作る音楽はもう古かった。

従来からの作詞家・作曲家にデビューを委ねるアイドルは、その音楽が古いので、売れない。単純な話だった。

第七章

スニーカーと指環とパラソルと

――一九八一年

一九八一年一月――マッチ、聖子、トシちゃんの新たなる一年

前年最後の週の一位、近藤真彦《スニーカーぶる〜す》は年が明けても好調だった。

この年最初のチャートは一月一二日付で、《スニーカーぶる〜す》が一位、二位は『紅白』効果で都はるみ《大阪しぐれ》、三位は《恋人よ》だった。

一九日に、いきなり七位で田原俊彦の《恋＝Ｄｏ！》（小林和子作詞・小田裕一郎作曲）がチャートインし、翌週二六日には一位になる。たのきんからたのきんへの移行だ。

しかし《恋＝Ｄｏ！》の一位は二週で終わった。松田聖子《チェリーブラッサム》（三浦徳子作詞・財津和夫作曲）が二月九日に一位となり、以後三月二日まで四週にわたり維持する。

松田聖子は《裸足の季節》《青い珊瑚礁》《風は秋色》と、三浦徳子・小田裕一郎が作ったが、四曲目で小田が外れ、財津和夫に交代したのだ。そして小田は田原俊彦の作曲陣に加わっていた。

財津の起用はディレクターの若松宗雄が「歌は鮮度が大事だから、いろんな人に曲を書いてもらいたいと思っていた」からだった。三浦・小田によって松田聖子の曲のイメージが確立されたが、この路線を続ければ鮮度は落ちていく。すでに《青い珊瑚礁》と《風は

秋色》は「似ている」と指摘されていた。そんなとき、若松は親しい知人から財津を紹介される機会を得て、もともとチューリップの歌が好きだったこともあり、依頼した。

ここで財津が松田聖子に関係したことが、次の出会いへとつながるひとつの道となる。

《チェリーブラッサム》が三月二日まで一位だった間、前年デビュー組でトップ20にあるのは、聖子、田原、近藤の他、三原じゅん子《ド・ラ・ム》、河合奈保子《愛してます》、松村和子《帰ってこいよ》で、何十人もデビューしたなかで残っているのは、彼女たちだけだった。

一九八一年二月――「ルビーの指環」の静かな発売

二月五日、俳優の寺尾聰の《ルビーの指環》が発売された。この時点では誰もミリオンセラーになるとは思っていない。

寺尾聰は一九四七年生まれなので、松本隆と同世代だ。父は俳優・宇野重吉だが、彼は俳優ではなくミュージシャンになろうと、カレッジ・フォーク・グループ「ザ・サベージ」を結成し、一九六六年にレコードデビューした。《いつまでもいつまでも》と《この手のひらに愛を》がヒットしたが脱退し、別のグループに参加したがそこも解散したので、父・宇野重吉が出演していた石原プロモーションと三船プロダクションが製作した映画

『黒部の太陽』（六八年公開）に出演し、俳優としてデビューした。これをきっかけにして石原プロモーション所属となり、この時期は同社が製作していたテレビ映画『西部警察』に出演していた。

寺尾は俳優にはなったが音楽活動も続けており、レコード化のあてもなく六曲を作り、それを東芝EMIのプロデューサー、武藤敏史に渡すと、レコード化が決まった。武藤は三枚のシングルを連続して出す「三部作」にする計画を立てた。そして武藤の発案で松本隆に作詞が依頼された。

だが、松本は多忙で一〇の依頼があったら七は断るという状況にあったという。時期からして、まだ妹が亡くなる前だろう。仕事のグレードを維持するためには断らざるをえなかった。

寺尾聰の三部作の第一作《SHADOW CITY》（有川正沙子作詞・寺尾聰作曲）は八月に発売され、ヨコハマタイヤのテレビコマーシャルでも流された。それを聴いたのか、コマーシャル以外だったのかは分からないが、松本隆がテレビを見ていると、《SHADOW CITY》が流れてきた。

松本はマネージャーに「いい曲だね」と言った。すると「この前、松本さんが断った曲ですよ」と言われてしまった。そこで、「じゃあ、九九パーセントないと思うけど、もし今度、注文が来たら引き受けるから」と言った。妹の死から立ち直っていたころだろう。

寺尾の三部作の第二弾は《出航　SASURAI》（有川正沙子作詞・寺尾聰作曲）で一〇月二一日に発売された。通常の歌手ならば三カ月おきだが、東芝EMIは寺尾を売り出すにあたり、三枚を二カ月ごとに出すという計画を立て、一年間、ヨコハマタイヤとタイアップすることにもなっていたのだ。であれば次は一二月だが、年末年始は音楽界は賞の話題ばかりになるのでプロモーションがしにくいことから、翌年の二月初旬発売に予定が変更された。

そして松本隆のもとに、九九パーセントないと思っていた「注文」が来た。東芝EMIの武藤が松本しかいないと思っていたからだった。

松本は寺尾と会った。〈同世代のシンパシーを感じた。それで、はっぴいえんどに書くみたいに詞を書こうと思って。でも、難しい比喩は使えない。そうしたら、「くもりガラスの向こうは風の街……」ってスラッと一行書けた〉と制作秘話を明かしている。

「風の街」は松本隆が最も好む語だ。「風街」という造語は、一九七一年のはっぴいえんどのセカンドアルバム《風街ろまん》が初出であろう。松本隆は「風都市」にしようと思っていたのに、事務所のブランド名にされてしまったので、「風街」となったが、怪我の功名だったと言える。

「風街」は、『風のくわるてつと』に収録されている小説『冬の機関車に乗って』で松本隆自身らしい人物によってこう説明される。〈風街っていうのは、実は記憶の中にある街で、本来は時間的イメージなんです。ところが、ぼくはそれを空間的なイメージにすりかえてしまいたいんですね、具体的にいうと、じっと頭を抱えて思い出すのではなくて、ふと窓の外を見ると、そこに幼い時に見た街があった、という風に〉。

まさに《ルビーの指環》は時間を行き来する物語だ。この曲には三つの時間が並行して存在している。「現在」女性が去っていく話かと思って聞いていると、〈誕生石ならルビーなの〉と言われた「過去」があることがわかり、さらに最後になって〈そして二年の月日が流れ去り〉と、最初に「現在」と思っていた別れのシーンが、二年も前の「過去」だったことが分かるのだ。

軽い衝撃を与え、思わず最初から聴き直したくなる。それが、レコードを買わせるために計算した戦略だとしたら、まさに的中したと言える。

最初に聞いた石原プロモーションの小林正彦専務は「こんなお経みたいな曲、売れるのか」と言ったそうだが、たしかにボソボソとした歌唱で、曲も音域が狭い。ただ、リズムはかなり変わっている。

《SHADOW CITY》と《出航ＳＡＳＵＲＡＩ》がヨコハマタイヤのコマーシャルで流れ、

それなりに売れていたとはいえ、寺尾にはアイドルのように数十万人の固定ファンがいたわけではないので、《ルビーの指環》も二月五日に発売されても、すぐにはチャートの上位には入ってこない。しかしジワジワと売れている気配はあった。

松本隆はこの曲を自分の「ダンディズム路線」と位置づけている。阿久悠はダンディズムを『カサブランカ』のハンフリー・ボガートに求めていたが、松本は〈チャンドラーからロバート・B・パーカーに至る本当のハードボイルドの系譜って、女々しいんだけど男らしいって世界じゃない。そんな世界を追求している〉。

主人公の男性は、女性が指環を外そうとすると、〈返すくらいならば、捨ててくれ〉と思っていながらも、二年たって彼女が着ていたらしいベージュのコートの女性を見かけると、指環を確認してしまうという未練を持っている。その未練は、よくよく考えれば女々しいが、都会的な音楽と、「風の街」というクールな空間描写によって、カッコよく映る。

少年少女たちは、アイドルの初々しさに同世代としての共感を抱くとともに、「大人の歌」への憧憬《しょうけい》も抱いていた。故郷とか家族とか妻とか夫とか、そういう重たいものを削ぎ落とし、都会的でクールな大人の世界。そして、声高に歌い上げるのではなく、ボソボソとつぶやくような歌唱も、新鮮だった。

松本隆は阿久悠が大げさな舞台装置を必要としたフィクションを、ドキュメンタリータッチで日常のものとして描くことに成功したのだ。

松本隆は、はっぴいえんどでは「質」のことしか考えず「量」は目指していなかったが、歌謡曲の世界へ行ったからには量としての成功、つまり売れることを目指すと何度も公言していた。そして――《風街ろまん》から一〇年が過ぎて、同じ「風の街」をモチーフにした《ルビーの指環》は、ミリオンセラーという圧倒的なまでの量的成功を得るのだった。しかもそれは質も伴っていた。

一九八一年三月――「スローなブギにしてくれ」での潮目の変化

《ルビーの指環》の前に、松本隆作詞で、もうひとつハードボイルド的世界の歌が発売になった。角川映画『スローなブギにしてくれ』の主題曲、南佳孝が歌う《スローなブギにしてくれ（I want you）》（南佳孝作曲）である。

映画の原作は片岡義男で、同題の短篇と他数篇とを混ぜたストーリーだ。映画の音楽全体を南佳孝が担当し、主題歌も南が歌うことになり、プロデューサー角川春樹の依頼で松本が作詞した。角川春樹は、松本隆がプロデュースし作詞もした南佳孝の《摩天楼のヒロイン》を気に入っていたのだ。角川は、「とにかく女を愛してる」という詞をと依頼した。そこで松本隆は南佳孝のデモテープの段階で入っていた「ウォンチュー」をそのまま使うことにした。

松本はちょうど〈バイクにハマって〉いた時期だったので、主人公の青年がバイクで動くこの映画に、親しみを感じている。

片岡義男作品はミステリは少ないが、その都会小説はハードボイルドの文体で書かれていた。松本隆の松田聖子への作品を集めた詩集『秘密の花園』（新潮文庫）では、巻末に片岡と音楽評論家の相倉久人が対談しており、相倉は〈感情的な要素、思い入れのような部分をどんどん消していって絵をぱっとつくっていく透明感についてだけ言えば〉片岡と松本とが非常に似ているんじゃないかと語っている。

《スローなブギにしてくれ（I want you）》は歌のタイトルとしては（　）に入れた「I want you」にすべきだろう。歌詞のどこにも「スローなブギにしてくれ」はおろか「スローな」も「ブギ」も出てこない。角川映画の主題歌は「映画とタイトルが一緒」が原則だった。『野性の証明』の《戦士の休息》、『ねらわれた学園』の《守ってあげたい》は例外のほうだ。

角川春樹からの「とにかく女を愛している」という依頼に応えたのであろう、〈理由なんかないさ　おまえが欲しい〉というラストに向かって、歌は進む。松本隆作品としては珍しく、風景が出てこない。映画と、その予告編、テレビコマーシャルで流されることが前提であり、人々は、音楽と同時に映像も目にするので、風景がかぶってはいけないのだ。徹底した一人称で男の心情が吐露される。ひとつ間違えれば鬱陶しい男だが、そう感じさせないのは、音楽と、南佳孝の声質だろう。音楽には押し付けがましさはない。〈人生はゲーム〉という割り切りが、この時点でなされている。

松本隆は最初の角川映画主題歌で成功し、この後、八三年の《探偵物語》(大瀧詠一作曲)、八四年の《メイン・テーマ》(南佳孝作曲)と《Woman Wの悲劇より》(呉田軽穂作曲)と、薬師丸ひろ子のために三曲書き、いずれも大ヒットする。

映画『スローなブギにしてくれ』は三月七日封切りで、それに向かってテレビではコマーシャルが流され、南佳孝の独特の歌い方の「ウォンチュー」が流行語にまでなった。《スローなブギにしてくれ》は二月二三日に一四位でトップ20に登場すると、三月一六日の六位が最高で二八・四万枚を売った。

たとえ角川映画の大宣伝のおかげだとしても、このような都会的な曲が売れたことに、松本隆は確かな手応え、時代の潮目が変わるのを感じた。

この間、《スニーカーぶる〜す》もトップ20にある。

一九八一年三月――「ロング・バケイション」の始まり

《チェリーブラッサム》の一位は三月二日までで、翌週九日からシャネルズの《街角トワイライト》が三月二三日まで三週連続一位だった。

ここにきて、《ルビーの指環》が発売から一カ月が過ぎ、火が付いた。この理由については、誰も明確には説明できない。ヨコハマタイヤのコマーシャルで流れてはいたが、突然、その回数が増えたわけでもない。ようするに、聴いた人がいい曲だと思い、レコードを買った。その数が多く口コミでさらに広がったとしか説明できない。マスコミを使った「仕掛け」があったわけではないようだ。

三月九日のチャートで、《ルビーの指環》は六位でトップ20入りした。同週には三部作の最初の《SHADOW CITY》も一六位にある。寺尾聰が売れだしたのだ。

《スローなブギにしてくれ》が八位で、《スニーカーぶる～す》も九位と松本隆作品が三曲トップ10にある状況だ。

そして三月二一日、大瀧詠一のアルバム《A LONG VACATION》（以下、「ロング・バケイション」）がついに発売となった。本来ならば前年七月発売予定だったが、松本隆が妹の死を受けて書けなくなったので延期されていたものだ。

チューニングのシーンから始まることで、アルバム全体がひとつのコンサートを模していることが示される。ビートルズのアルバム《サージェント・ペパーズ・ロンリー・ハーツ・クラブ・バンド》の真似といえば真似だ。続いて《君は天然色》が始まり、《Velvet Motel》《カナリア諸島にて》《Pap-Pi-Doo-Bi-Doo-Ba物語》《我が心のピンボール》でA面が終わり、B面は《雨のウェンズデイ》《スピーチ・バルーン》《恋するカレン》《FUN×4》《さらばシベリア鉄道》で終わる。

このなかの《さらばシベリア鉄道》は先に太田裕美が歌ってシングル盤として出ていた。発売順からすれば、太田盤のほうが先なので、大瀧がセルフカバーしたというかたちになる。

《ロング・バケイション》は当初、イラストレーターの永井博が描く絵本と、夏向きのシングル盤六枚をひとつのパッケージにしようという企画だった。しかし発売時期が三月になったので、そのコンセプトは破棄してLPとして出すことになり、夏に関係のない曲も入れることになった。だが永井博のジャケットは当初のものだったので、「夏」のイメージのアルバムとなった。

一〇曲のうち、《Pap-Pi-Doo-Bi-Doo-Ba物語》だけが大瀧自身の作詞で、他の九曲はすべて松本隆作詞・大瀧詠一作曲だった。A面最初の曲は《君は天然色》で、妹の死のショックで世界から色が消えてしまいモノクロームに見えていたという松本のエピソードを知ると、〈想い出はモノクローム　色を点けてくれ／もう一度　そばに来て〉の歌詞は、まったく別のものに聞こえる。この《君は天然色》をA面、《カナリア諸島にて》をB面にして、アルバムと同じ三月二一日にシングルカットされ、《恋するカレン》と《雨のウェンズデイ》も六月二一日にシングルカットされる。

最も夏らしくないものが最後に置かれている《さらばシベリア鉄道》だ。この曲は前年秋に完成していた。松本隆が得意とする男女掛け合いの歌だ。《木綿のハンカチーフ》では、男性が「都会」へ行くだけの移動だったが、《さらばシベリア鉄道》では女性がシベリア鉄道で旅に出ている。距離がとてつもなく長くなった。

失恋した女性がひとりで旅に出るとしても、七五年はどこかの「北の宿」で、七七年は津軽海峡までだった。その後、イスタンブールまで飛んで行ったり、エーゲ海に臨む女性も現れ、八〇年にはシベリア鉄道に乗っていた。

大瀧詠一はレコーディングを始めると、女性言葉が急に気になり、歌えなくなってしまう。そして、この曲は女性が歌うべきではないかと思い付き、突然、太田裕美が浮かんだ。その時点では松本が《木綿のハンカチーフ》の作者だったことは念頭になかったらしい。

大瀧詠一はCBSソニーに移籍したばかりで、このアルバムが第一作なのだが、担当ディレクターが太田も担当している白川隆三だったので話は早く、太田が歌うことになった。すでに大瀧は自分が歌うためにアレンジも完成させていたが、太田のために、萩田光雄が新たに編曲した。

松本隆としては、太田を想定して書いたわけではなかったが、《木綿のハンカチーフ》の印象が強いので、《さらばシベリア鉄道》も太田のために書かれたと思う人も多い。

こういう経緯で、《さらばシベリア鉄道》はまずは「松本隆と大瀧詠一が太田裕美に提供した楽曲」として、前年一一月二一日に発売された。最高七〇位、三万枚だった。大ヒットとは言えないが大瀧詠一にとっては作曲した曲が一〇〇位以内にチャートインしたのは初めてだった。はっぴいえんどのメンバーでも、ヒットチャート戦線においては、松本隆がいかに成功していたかが、このことからも分かる。

アルバム《ロング・バケイション》がベストセラーになると、《さらばシベリア鉄道》もナイアガラ・トライアングルの《A面で恋をして》のB面として一〇月二一日にシングルカットされる。

アルバム《ロング・バケイション》は六一・五万枚の大ヒットアルバムとなる。CDになっても売れ続けたので、累計ではミリオンを超えている。一九九六年に木村拓哉・山口智子主演のドラマ『ロングバケーション』が登場するまで、「ロンバケ」と言えば、このアルバムのことだった。

松本隆が大瀧詠一と組むのは、はっぴいえんど時代以来だった。以後も、それほど多くの仕事はないが、この直後に二人は再び組んで、歌謡曲に革命を起こすのだった。

一九八一年三月——ピンク・レディー解散

三月二三日、近藤真彦の二曲目、《ヨコハマ・チーク》（松本隆作詞・筒美京平作曲）が三位で初チャートインした。

これによって、《スニーカーぶる〜す》は下がっていくが、この週はまだ一九位。年間を通して一〇四・七万枚を売る。近藤もまたデビュー曲を抜くことはできない歌手のひとりだが、そのデビュー曲がミリオンセラーなのだから立派なものである。

《ルビーの指環》は二位にまで上がり、《スローなブギにしてくれ》も七位にあるので、トップ20内の松本隆作品は四作。寺尾の《SHADOW CITY》も九位、さらに《出航》も一八位にまで上昇したので、寺尾作品が三作という事態になった。

そして三月三〇日——《ルビーの指環》がついに一位となり、《ヨコハマ・チーク》も二位と松本作品が上位二曲を独占した。

以後六月一日まで一〇週にわたり、《ルビーの指環》は一位となる。『ザ・ベストテン』での《ルビーの指環》は四月九日に一位となり、六月二五日まで一二週連続と、同番組最長記録となった。

ヒットチャート戦線が、松田聖子、田原俊彦、近藤真彦を中心に動くようになっているなか、たった二年前まで常に上位にいたピンク・レディーが、三月三一日に解散した。

その解散コンサートは七八年のキャンディーズと同じ、後楽園球場だった。しかし、人気絶頂での解散だったキャンディーズは五万五千人を動員したが、ピンク・レディーは主催者発表で三万人、実数はその半分の一万五千人前後しか動員できなかった。しかも、途中から雨になり、さんざんなコンサートとなった。

阿久悠と都倉が手を引いてからも、ピンク・レディーはアメリカでの活動と並行して日本でも新曲を出していた。前述のモスクワ五輪の選手強化募金のキャンペーンソング《DO YOUR BEST》が七九年一二月で、その後は八〇年三月に《愛・GIRI GIRI》（伊達歩作詞・小田裕一郎作曲）、五月に《世界英雄史》（伊藤アキラ作詞・川口真作曲）、解散宣言後の九月に《うたかた》（三浦徳子作詞・M・ロイド、J・ダンドレア作詞・作曲）、一二月に《リメンバー（フェーム）》（なかにし礼訳詞・M・ゴア／D・ピッチフォード作詞・作曲）、八一年一月に《Last Pretender》（糸井重里作詞・高橋ユキヒロ作曲）だ。

そして、最後だからと、再び阿久悠と都倉俊一が作ったのが、《OH！》だった。しかし、もうあの狂騒は戻ってこない。

《うたかた》は四万枚を売ったが、他は一万前後で、《OH！》はかろうじて二・八万枚だった。

一九八一年六月――指環からジーンズへ

《ルビーの指環》のおかげで、《ヨコハマ・チーク》は最高二位で終わり、五二・一万枚だった。次に《ルビーの指環》に挑むのが、田原俊彦《ブギ浮ぎI LOVE YOU》（宮下智作詞・作曲）だった。しかし田原も四月一三日から二七日まで二位になるのがやっとだ。

《ルビーの指環》に挑む三人目として登場するのが、松田聖子《夏の扉》（三浦徳子作詞・財津和夫作曲）で、四月二七日に一六位で初チャートインすると、五月四日に二位になり、六月一日まで五週連続二位の後、ようやく八日に一位となり、《ルビーの指環》は首位陥落となった。しかしまだ二位だし、《SHADOW CITY》と《出航》もトップ20にある。

《夏の扉》は二位が長かったこともあり、一位は二週どまり、それに代わって二二日に一位になったのは近藤真彦《ブルージーンズメモリー》（松本隆作詞・筒美京平作曲）だった。またも初チャートインが一位である。固定ファンがかなりいることが分かる。この曲は夏休み公開で同題の「たのきん映画」の主題歌でもある。《ルビーの指環》はまだ五位に留まっていた。

一九八一年七月――「もしもピアノが弾けたなら」という随筆風歌謡曲

《ブルージーンズメモリー》は三週にわたり一位で、七月一三日に松山千春《長い夜》に代わられた。田原俊彦の新曲《キミに決定!》（宮下智作詞・作曲）も三位でチャートインし、上を狙う。《ルビーの指環》はまだ九位にある。

近藤真彦主演の映画『ブルージーンズメモリー』は東宝の夏休み映画で、二本立てのもう一本が薬師丸ひろ子主演の角川映画『ねらわれた学園』だった。主題歌は松任谷由実《守ってあげたい》で、この週に七位にまで上がる。公開後、宣伝費のことなどで角川と東宝が対立し、薬師丸ひろ子主演の角川映画は以後は東映系で封切られることになる。

松任谷由実は、荒井由実時代の七五年の《あの日にかえりたい》が六一・五万枚、七六年の《翳りゆく部屋》が二五・六万枚と大ヒットしたものの、松任谷由実となってからのシングル盤は、《潮風にちぎれて》《遠い旅路》《ハルジョオン・ヒメジョオン》《入江の午後3時》《埠頭を渡る風》《帰愁》《ESPER》《白日夢・DAY DREAM》《星のルージュリアン》とあるが、いずれも数万枚、なかには一万に満たないものもある。

一方、アルバムは常に一〇万枚は売っており、七九年からだけでも《OLIVE》が一三・二万枚、《悲しいほどお天気（The Gallery in My Heart)》が一七・三万枚、《時のないホテル》が一五・六万枚、《SURF&SNOW》が一七・六万枚、八一年五月の《水の中のASIAへ》が一〇・三万枚という状態だ。一〇万人の固定ファンがいればコンサートも成り立つので、ニューミュージック系としては問題はないが、そろそろ大きなヒットの欲しい時期でもあった。

《守ってあげたい》はそんな時期での角川映画の主題歌であり、映画のコマーシャルでも使われたので、六九・五万枚と《あの日にかえりたい》を抜くヒット曲となった。これにより、第二次ユーミン・ブームの幕開けとなった。

七月二七日、久しぶりに阿久悠作品がトップ20に入ってきた。西田敏行《もしもピアノが弾けたなら》(坂田晃一作曲)だ。西田主演の日本テレビのドラマ『池中玄太80キロ』の第二シリーズ(八一年四月から八月に放映)の挿入歌である。当初は主題歌の《いい夢みろよ》(阿久・坂田)がA面だったが、B面にした《もしもピアノが弾けたなら》の人気が高く、逆になった。この番組のもうひとつの挿入歌、杉田かおる《鳥の詩》(阿久・坂田)も発売されている。

《もしもピアノが弾けたなら》は発売されたこの時点ではテレビドラマの挿入歌で、西田敏行という人気俳優が歌ったことでヒットしたが、三〇年以上が過ぎ、ドラマは忘れられても、阿久悠の名曲のひとつとなっている。

しかし、《もしもピアノが弾けたなら》はこれまでの阿久悠のヒット曲とは異質だった。当たり前のことだが、阿久悠とピンク・レディーはまったく違う。阿久悠という人格とその作品の間には何の共通項もない。阿久悠は楽曲に対して創造主、神のごとき存在としてあった。阿久悠は沢田研二とは似ていないので、沢田が歌う主人公と阿久悠とが同一視されることはない。歌の主人公は沢田研二ともイコールではない。二重、三重の虚構となっているのが、阿久悠の歌の作り方だった。

だが、《もしもピアノが弾けたなら》は、その歌の主人公と歌っている西田敏行とが極めて近い。西田が本音を語っているように聞こえる。そして二枚目ではけっしてない西田と阿久悠は外見的にもイメージが重なる。少なくとも、阿久悠が西田と沢田のどちらに似ているかと問われれば、誰もが西田と答えるだろう。阿久と西田、そして歌の主人公がこの曲では一体化しているのだ。

この曲は、ハリウッドの大作映画や粋の極みのフランス映画のような、完全なフィクションを作風としていた阿久悠が書いた随筆風の歌なのだ。

阿久悠は変わりつつあった。というよりも、彼が作り出す完璧なるフィクションに、人びとはついてこなくなった。人びとがついてきたのは、阿久悠が自分自身の心情を吐露した随筆であるかのような歌だった。そういう歌はアイドルが歌ったのでは様にならない。

阿久悠に年齢的にも近い歌手が歌うしかない。

阿久悠は「大人の歌」の作詞家となっていく。それは、つまり、演歌歌手のために書くということだった。

一九八一年八月――「白いパラソル」で始まる新時代

八月三日、松田聖子《白いパラソル》は、前週二四位に初チャートインし、この週はいきなり一位になった。松本隆が松田聖子に書いた最初のシングル盤だ。作曲は財津和夫で、発売は七月二一日だった。

シングル盤で松本が聖子のために書くのは《白いパラソル》が最初だが、その前の五月二一日発売の聖子の三枚目のアルバム《Silhouette～シルエット～》に、松本は財津の作曲で《白い貝のブローチ》を書いていた。これは採用試験のようなものだ。かつてチューリップの《夏色のおもいで》を作詞しているので、松本と財津は知らない仲ではない。

《裸足の季節》での松田聖子の声を聴いて、「このひとの詞は僕が書くべきだ」と思ってから一年ほどが過ぎた頃で、松本としては大瀧詠一、近藤真彦、寺尾聰と男性に書く仕事が続いていたので、「そろそろ女性に書きたい」と思っていた時期での依頼だった。

松本は意識的に音楽業界の人と会うときに松田聖子を話題にし、仕事が来るように仕向けていたのかもしれない。

《白い貝のブローチ》もうまくいったので、改めてシングルのために《白いパラソル》が作られた。しかし――。

松田聖子は最初はこの曲が気に入らなかった。たしかに、《白いパラソル》は歌いにくい曲だ。アイドルの曲としてはテンポがゆっくりなので、それまで、勢いで駆け抜けるように歌ってきた松田聖子にとっては、とくに難しかったのかもしれない。少なくとも従来の彼女のイメージとは違う。彼女は《夏の扉》のような能天気な曲が好きなのだ。

詞においても、これまでのシングル曲とは勝手が違った。従来の松田聖子のイメージである「夏の海の歌」という基本設定は踏襲している。しかし、何も起こらない。歌のなかの彼女は行動できないのだ。

彼女は戸惑っている。〈あなた〉に誘われてきたのに、〈素知らぬ顔〉をされているからだ。〈あやふやな人ね〉と思う。そして、〈あなたを知りたい〉との思いだけが高まる。その〈あなた〉は〈少し影ある瞳〉が〈とても素敵〉だ。しかし、〈つめたい〉。だから、〈涙を糸でつなげば／真珠の首飾り〉なので、それを冷たい腹いせに贈りたい――全てはモノローグである。〈あなた〉に向かって、直接話しているわけでもない。

詞のなかには、〈髪にジャスミンの花〉〈青空はエメラルド〉〈心は砂時計〉〈涙を糸でつなげば／真珠の首飾り〉といった、具象的でありながら抽象的であり、何かのメタファーであるかのように思わせる、後に「松本語」と呼ばれるワードがこれでもかとちりばめられている。そもそも、彼女は本当に渚にいて白いパラソルを広げて、そこに座っているのだろうか。〈渚〉も〈白いパラソル〉も何かの記号なのではないだろうか。

歌のなかで、〈風を切るディンギーでさらってもいいのよ〉と彼女は言う。しかし、「ディンギー」と聴いても、ほとんどの日本人はそれが何であるかを知らなかった。松田聖子も知らなかった。彼女が松本隆に「そういえばディンギーって何ですか」と訊いたのは、この曲がヒットしてから一年ほど経ったときだった。松本は「え、この人は知らないで歌っていたのか」とびっくりした。

後に松本と松たか子との対談（『KAZEMACHI CAFÉ』）でもディンギーが話題になる。松たか子もディンギーが何であるかを知らず、「切る」も「木を伐採する」ほうの「切る」かと思って、〈それじゃあ、さらえないしなあって、ずーっと考えてきました〉と笑う。松本隆の説明では、ディンギーは「一人乗りの小さいヨット」だという。そして、〈よく考えたら、一人乗りのヨットだったら、さらっても一緒に乗れないんだよなあ〉と語る。〈でも、詞なんだから。いちいちそういう細かいことを考えていたら、書けなくなってしまう〉と笑う。

おそらく、テレビで《白いパラソル》を聴いていた何百万人もの人々も、「ディンギー」が何であるかを知らずに聴いていたはずだ。それでも成り立つのが、歌の世界だった。

このディンギーはアルバム《A LONG VACATION》の《君は天然色》にも〈渚を滑るディンギーで〉と出てくる。まだ他の作詞家が使ったことのない新鮮な言葉を、松本隆は多用する。

その一方で、ディンギーが「一人乗りのヨット」と知っていた者は、深読みしてしまったかもしれない。「彼」は孤独が好きな男で、ディンギーに乗っているのは、人を寄せ付けないことのメタファーではないのか。彼女はその男の孤独の殻をどうにかして破ろうとしている。それが、この歌の隠れた意味だ……。

このように、作品に含まれる何気ない言葉や、出てくる商品名、地名、人名、曲名などから、作者の意図を必要以上に解釈しようとする読み方が、一九八〇年代には流行した。その際に最ももてはやされたのが、村上春樹の小説だった。春樹作品にはさまざまな具体的人名や曲名が、さも深い意味を持っているかのごとくちりばめられている。それを読み取るための解説書が何冊も出たほどだ。松本隆&松田聖子作品も、それと同じだった。しかし実際にどこまで意図されているかは分からない。松本隆も作品も、それと同じだった。文芸評論家の多くが気づかなかったのか、あるいは気づいていたが論じるに値しないと考えていたのか、指摘されることはないが、その思わせぶりな記号のちりばめ方において、松本&松田作品は村上春樹の小説世界に近い。

「ピンクのスイートピーはあっても、赤いスイートピーはない」「マーメイドは人魚なのに、どうして裸足になれるのか」「すみれ・ひまわり、と春と夏を代表する花の次が、どうしてフリージアなのか」「渚にバルコニーなどあるのだろうか」「映画色の街とはどんな色だ」など、松本隆&松田聖子の歌詞をめぐっては、さまざまな論争が展開された。

松本は一九八二年九月一八日の雑誌「よい子の歌謡曲」のインタビューで、本当の意図を読み取るのは一〇〇人のうち二人か三人、分からなくて文句を言うのは一〇人くらい、「残りの大多数っていうのは、そんなこと気にもしない」と分析している。

その松本の「本当の意図」とは何なのだろうか。〈書く側にしてみれば、強いフレーズっていうのはね、潜在意識を動かしていると思う。なんか、おかしいなあみたいなね〉と笑い、〈それが、僕の本当の意図だね〉と説明する。だが、これでも、よく分からないといえば、分からない。潜在意識の何を動かそうとしたのか。松本隆は、松田聖子を通して何をしたかったのか。松田聖子は松本隆の意図をどこまで理解していたのか。

一方で、松本&聖子作品は、その透明感や都会的感覚においては片岡義男の世界とも共通する部分を持っていた。片岡作品は「都会の大人の恋愛」のイメージが強いが、八〇年代前半までの片岡義男は集英社コバルト文庫の作家でもあり、ハイティーンを、つまりはアイドル歌手とそのファンと同世代を主人公にした物語を書いていた。

文学の最先端よりも、アイドルポップスは先行していたのである。そして産業規模としても。

一九八一年九月——「ハイスクールララバイ」での細野晴臣との再会

《白いパラソル》は八月一七日まで三週にわたり一位となり、二四日はイモ欽トリオ《ハイスクールララバイ》に代わった。またしても松本隆作詞である。作曲は松本のはっぴいえんど時代の盟友、細野晴臣だ。

「歌謡曲の世界に細野さんを引っ張り込んだのは、ぼくの計画的犯行かな」と松本は語っている。その理由は「仲間が欲しかった」、「昔の仲間と音楽業界を変えたかった」からだという。

では、何のために?

自虐的な歌謡曲でも四畳半フォークでもないものを、日本の音楽のなかに確立しなければならない。この思考を突き進めていくと、すでにそれを達成しているジャンルがあることに気づく。洋楽の影響下にあった和製ポップスである。そこには軽やかで幸福感に満ちたものもあった。

その和製ポップスの延長として七〇年代に生まれたのが、アイドル・ポップスである。無内容、無意味、ただ幸福なイメージを積み重ねるだけ――それがアイドル・ポップスだった。だが、そのアイドル・ポップスすらも、山口百恵のように重いものを背負わされていった。アイドルたちはデビューから二年も経つと、「大人の歌」へシフトしなければならなくなった。より若いアイドルが出てくるからだ。そして人気を失い、女優になれる者はその道に進み、演歌に向かう者もいた。山口百恵のみが例外的に内容のある歌を歌うことで、逆にアイドルとして延命できた。

あくまで歌謡曲の枠組みの中でありながら、感情を垂れ流すのではなく、歌を完成された物語にしようと戦ったのが阿久悠だった。阿久悠が練り上げたのは、三分から四分という「時間の流れ」の上に、一篇の映画や小説にも匹敵するドラマを凝縮させることだった。それはとりあえず、沢田研二やピンク・レディーで成功した。

それらは完成度は高いが、徹底した虚構であることで成り立つ世界だった。人びとは客観的に楽しんだのであり、そこに自分の感情を重ねたわけではなかった。だから、飽きられるのも早い。

虚構であるという前提で、人びとの感覚と感情に訴え、何かを揺り動かすにはどうしたらいいのか。その答えのひとつが物語を解体させ、イメージのみを提示し、歌詞から意味性を排除することだった。瞬間のきらめきを、三分から四分にわたって持続的に積み重ねる。それによって、じめじめして湿っていた日本の歌をドライなものにする。怨念だとか情念だとか女の性《さが》とか運命とか道とか故郷とか家族とか、そういった重いものを重苦しく大袈裟に歌うのではなく、軽やかなものを軽やかに歌うものへと、徹底的に変えていくのだ。

松本隆は一〇年も試行錯誤を繰り返し、それなりの手応えを得ていた。言葉ならばもう大丈夫だ。あとは、三分から四分を飽きさせない歌声と音楽があればいい。

そして、ついにその歌声——松田聖子を得た。山口百恵のような重さはなく、その軽さと透明感と甘さこそが、日本の歌を徹底的に変革するための最大の武器となるはずだった。

あとは、この改革を推進するための「音楽」が必要だった。松本隆には仲間がいた。日本の音楽シーンの最先端にいて、外国の音楽の動向にも詳しい、最強の仲間たちが。

《ハイスクールララバイ》は音楽としてはテクノポップのパロディを狙う。テクノポップの第一人者である細野晴臣がそれをやるのだ。そして歌詞は、松本が自ら「異常に好きなんだ」と語る学園モノだ。

イモ欽トリオはフジテレビの萩本欽一のバラエティ番組『欽ドン！　良い子悪い子普通の子』の番組内のユニットだった。ジャニーズ事務所の「たのきん」に対抗し、欽ちゃんの「欽」、さらに人気絶頂のYMOを「イモ」と読むというネーミングだ。そのトリオの曲をYMOの細野に依頼し、細野もそれを引き受けるのだから、大らかである。そして、ミリオンセラーとなったのだ。

松本隆のヒット曲には広義の「学園ソング」が多い。このすぐ後の《赤いスイートピー》のB面の《制服》や、八五年の斉藤由貴の《卒業》もそうだが、イモ欽トリオの一連の曲も学園ソングである。

一九八一年一〇月——「風立ちぬ」のシングルとアルバム

《ハイスクールララバイ》は一〇月五日まで七週にわたり一位を維持し、一〇四・三万枚の大ヒットとなる。《白いパラソル》《ブルージーンズメモリー》もトップ10にあった。阿久悠作品も、《もしもピアノが弾けたなら》と《鳥の詩》がトップ20にあった。

一〇月一二日に、《ハイスクールララバイ》に代わって近藤真彦が一位になった。松本隆ではなく、伊達歩作詞の《ギンギラギンにさりげなく》（筒美京平作曲）だった。伊達歩は伊集院静の作詞家としてのペンネームだ。近藤真彦の曲は、次の《情熱☆熱風☽せれなーで》も伊集院が書くが、《ふられてBANZAI》から再び松本隆となって、《ハイティーン・ブギ》《ホレたぜ！　乾杯》《ミッドナイト・ステーション》《ためいきロ・カ・ビ・リー》《ロイヤル・ストレート・フラッシュ》が続く。

こうしてジャニーズ事務所で実績をあげたことが、後のＫｉｎｋｉ Ｋｉｄｓの《硝子の少年》へつながっていく。

《ギンギラギンにさりげなく》の一位は二週で終わり、一〇月二六日、松田聖子《風立ちぬ》が一位となった。《ハイスクールララバイ》で細野晴臣をアイドル・ポップスへ引き入れた松本隆は、今度は大瀧詠一を引き入れたのだ。

シングル《風立ちぬ》によって、松田聖子の曲は次のステージへと移行した。

まず外形的には、海との決別である。これまでの松田聖子の歌は、夏の《裸足の季節》《青い珊瑚礁》《白いパラソル》はもちろん、冬の《チェリーブラッサム》も秋の《風は秋色》にしても海が舞台だった。そこでディレクターの若松宗雄は松本隆に「堀辰雄の『風立ちぬ』のイメージでできないか」と相談した。若松はこの小説が好きだったのだ。松本隆も「今度は山の避暑地がいい」と思っていたので同意し、「昔から軽井沢が好きだったので、ようやく堀辰雄、立原道造の世界を歌える歌手に巡り逢えた」と思って作詞したという。松本からのアドバイスで、作曲は大瀧詠一へ依頼された。

　この詞は謎めいている。主人公の女の子は〈高原のテラス〉にいる。そして〈風のインクで〉手紙をしたためている。「風のインク」を松本語として片付けてしまうのは簡単だが、いったい何なのだろう。手紙の内容は「ＳＡＹＯＮＡＲＡ」――。歌として聴いているときは、「サヨナラ」なのか「さよなら」なのか区別がつかないが、歌詞カードを見ると、ローマ字になっている。そして〈あなたの胸〉には〈帰りたい帰れない〉。〈今日から私は心の旅人〉なのだという。「別れ」があることは間違いないが、失恋なのか。それとも、少女から大人への自立の歌なのか。

「風立ちぬ」の後に続く、〈すみれ　ひまわり　フリージア〉も謎と言えば謎だ。「すみれ」は春、「ひまわり」は夏の花なので、季節の移ろいの象徴なのかと思わせておいて、次のフリージアは秋の花ではない。松本は「意味はない」と解説する。詞を受け取った大瀧詠一は〈花屋の店先のような詞に曲をつけるのはムズカシク、一度チラッと見ただけで、一週間以上目につかないところへ隠しておいたくらいでした〉と振り返っている。

　できた曲に、若松は驚いた。ゴージャスな大曲の風格を持つものになっていた。若松としては堀辰雄的な繊細で陰のある音楽を期待していたのだ。しかし大瀧は譲らず、そのまま通すことになった。

しかし、松田聖子はまたも気に入らない。『聖子20歳 愛と歌の青春譜』によると、初めて聴かされたとき、「これは私の歌ではない」と思ったので、彼女は「これを歌うんですか、私向きじゃないみたい」と言った。こう言われたことは、松本も大瀧も認めている。レコーディングは難航したが、最終的にはうまくいった。


シングル《風立ちぬ》が一〇月七日に発売され、その二週間後の二一日、アルバム《風立ちぬ》も発売された。松田聖子のアルバムでシングルと同タイトルになるのはこれと、八七年の《Strawberry Time》くらいだ。

アルバム《風立ちぬ》はA面の五曲は全て松本隆作詞・大瀧詠一作曲で、B面も作詞は全て松本、作曲は財津が《白いパラソル》を含めて三曲、杉真理が一曲、そして鈴木茂が一曲。さらに鈴木はB面四曲のアレンジも担った。鈴木もはっぴいえんどのメンバーのひとりだ。細野だけこのアルバムには参加していないが、彼も八三年には《天国のキッス》で松田聖子プロジェクトに参加する。

松田聖子という器で、はっぴいえんどが実質的に再結集したのである。

アルバム《風立ちぬ》は、大瀧の《ロング・バケイション》の姉妹編にあたる。大瀧自身の解説を引用すると、《冬の妖精》は《君は天然色》、《ガラスの入江》は《雨のウェンズデイ》、《一千一秒物語》は《恋するカレン》、《いちご畑でつかまえて》は《FUN×4》、《風立ちぬ》は、《カナリア諸島にて》に呼応し、〈ナイアガラ・サウンドの女性版を初めから意識して作りました〉。

松田聖子がどこまでそれを意識していたのか分からない。松本隆は当然分かっていて、これに付き合っている。そして松田聖子という巨大なプロジェクトのなかで、音楽的に何ができるかを考え始めていたはずだ。日本語でロックを作るという無謀とさえ思えた試みは、はっぴいえんどで成功した。そのときのメンバーを松田聖子プロジェクトで再結集させれば、再び音楽に革命をもたらすことができる。しかも、はっぴいえんどとは比較にならない量的な成功も可能だ。

阿久悠は外部からの途中参入ではあったが、歌謡曲の枠組みのなかで生きるようになると、そのなかでしか改革をしようとしなかったのに対し、松本隆はその出発点が歌謡曲を中心とする日本の音楽シーンのなかでは異端であったから、枠組みから自由だった。ニューミュージックが歌謡曲に侵攻し、制覇していくのを助けながら、松本隆は歌謡曲の中枢たるアイドル・ポップスにニューミュージックを取り入れ、音楽業界をいったん解体させ、ジャンルを無意味化させる。その果てに何があるのかは分からないが、情緒過多で説明過多で大仰な歌と決別させる。

それは同時に「時代と寄り添う歌」の解体であり、時代そのものの解体でもあった。阿久悠は時代を摑めなくなったのではない。「時代」なるもの、あるいは「大衆」というものが解体され、存在しなくなったのだ。ないものはいくら天才・阿久悠でも摑めない。

時代から超絶したところにいち早くポジションを確保した松本隆は、時代を俯瞰し、時代と寄り添わないことを心がけながら、歌を作っていく。


ともあれ——松本隆としては松田聖子を強化しなければならない。それには援軍が必要だった。

松本隆は次の松田聖子の曲のために、松任谷由実と連絡をとった。そして「ライバルに曲を書いてみないか」と持ちかけた。その打ち合わせはスタジオの一角で、二人が話しているところに、大瀧詠一が偶然やってきた。そして、「あれ、なんだ、そういうことなの」と言った。松本隆が次は松任谷由実と松田聖子の曲を作ることを瞬時に悟ったのだ。

松任谷由実は「松本さんと浮気をしているのを、大瀧さんに見つかったみたいな気分だったね」と後に笑う。

こうして翌年一月発売へ向けて《赤いスイートピー》が動き出した。

松本隆は当時、女子高校生の「性の乱れ」の話題が週刊誌によく出ていたが、乱れていたとしてもそれはほんの一部であり、大多数の女の子は、そして男子も、付き合い始めてから半年たっても手も握らないような関係なのではないかと思い、そういう、時代の先端ではない青春を描こうとしたのだった。

「いまどき」を狙うのであれば、かつて山口百恵に「あなたに女の子の一番大切なものをあげるわ」と歌わせたような路線でいくべきだろう。だが、山口百恵の《ひと夏の経験》はその年は大ヒットしても、まさにあの時代の、あの年齢の山口百恵とのみ一体化したものので、スタンダードナンバーにはならなかった。

それはそれで流行歌のあり方として間違ってはいないが、松本隆が目指すものはそういう音楽、そういう歌ではなかった。

《風立ちぬ》は二六日に一位になったが、翌週一一月二日は《ギンギラギンにさりげなく》が奪還し、以後四週にわたり一位となる。田原俊彦の《グッドラックLOVE》も一位には上がれない。近藤真彦は勢いがあった。

一九八一年一一月——「さらばシベリア鉄道」

まだ《ギンギラギンにさりげなく》が一位の一六日、大瀧詠一の《A面で恋をして／さらばシベリア鉄道》が一七位になった。《ハイスクールララバイ》は九位、《風立ちぬ》は二位で、トップ20に松本作品が三作となる。

一一月三〇日、一位になったのは中島みゆき《悪女》だった。そのまま一二月一四日まで一位だったが、二一日に、思いもよらない事態となる。薬師丸ひろ子《セーラー服と機関銃》（来生えつこ作詞・来生たかお作曲）が一位となり、そのまま年を越すのだ。

角川春樹は『ねらわれた学園』のとき、薬師丸がコーラス部に入っているのを知っていたので主題歌を歌わせようとしたが、断られてしまった。そこで松任谷由実が歌ったということになっている。だが、『セーラー服と機関銃』では、監督の相米慎二が薬師丸に歌うべきだと説得し、角川の知らないところで話が進んでいた。

薬師丸ひろ子が歌ったテープが届いたとき、角川はたまたま阿久悠と面談中だった。そこで二人は聴いてみることにした。聴き終えて、角川は「背中がざわっとしますね」と言い、阿久悠は「血が下がった」と言って、二人とも大ヒットを確信した。

阿久悠の、何がヒットするかのカンはまだ冴えていた。しかし角川春樹が薬師丸ひろ子が次に歌う主題歌に起用するのは、松本隆だった。
阿久悠が角川春樹と会っていたのは、この時期、小説を角川書店から出すことが計画されていたからだった。

一二月二八日、この年最後のチャートの二〇位に阿久悠作詞の曲があった。一〇年ぶりに再結成されたザ・タイガースの《十年ロマンス》で、メンバーの沢田研二が作曲した。ザ・タイガースなどグループサウンズの曲は、当時のレコード会社の専属作詞家・作曲家たちには作れず、フリーランスが登場するきっかけとなった。その当時のトップスターであるザ・タイガースと駆け出しだった阿久悠とは遠いところにいたが、ついにそのザ・タイガースに書く機会が訪れたのだ。この曲は一六・四万枚だったが、翌年二月発売の《色つきの女でいてくれよ》は四二・七万枚の大ヒットとなる。

一九八一年一二月三一日

この年最も売れたシングル盤は寺尾聰の《ルビーの指環》一三二・七万枚だった。以下、竜鉄也《奥飛騨慕情》一二八・〇万枚、近藤真彦《スニーカーぶる〜す》一〇四・七万枚、イモ欽トリオ《ハイスクールララバイ》九五・九万枚、松山千春《長い夜》八六・六万枚、都はるみ《大阪しぐれ》八六・二万枚、シャネルズ《街角トワイライト》七一・七万枚、五輪真弓《恋人よ》七〇・二万枚、松田聖子《チェリーブラッサム》六七・四万枚、松任谷由実《守ってあげたい》六七・四万枚となる。松本隆作品が三曲ある。

一一位以下は田原俊彦《恋=Do!》、雅夢《愛はかげろう》、松田聖子《夏の扉》、T.C.R.横浜銀蠅R.S.《ツッパリHigh School Rock'n Roll（登校編）》、山本譲二《みちのくひとり旅》、松村和子《帰ってこいよ》、堀江淳《メモリーグラス》、寺尾聰《SHADOW CITY》、近藤真彦《ヨコハマ・チーク》となる。

阿久悠作品は一曲も年間二〇位以内に入らなかった。

五二週のうち、松本隆作品は二八週にわたり一位となった。《ルビーの指環》《スニーカーぶる～す》《ブルージーンズメモリー》《白いパラソル》《風立ちぬ》《ハイスクールララバイ》の六曲だ。

一二月三一日、レコード大賞が決まった。

新人賞は、近藤真彦《ギンギラギンにさりげなく》、竹本孝之《てれてZ・in Z・in》、薬師丸祐子と弥生《父さん》、山川豊《函館本線》、沖田浩之《はみだしチャンピオン》が受賞し、最優秀新人賞は、誰もが予想したとおりに近藤真彦が獲った。

大賞の候補となる金賞は、寺尾聰《ルビーの指環》、岩崎宏美《すみれ色の涙》、川中美幸《あなたひとすじ》、森進一《命あたえて》、森昌子《哀しみ本線日本海》、五木ひろし《人生かくれんぼ》、沢田研二《ス・ト・リ・ッ・パ・ー》、西城秀樹《センチメンタルガール》、シャネルズ《街角トワイライト》、西田敏行《もしもピアノが弾けたなら》だった。

最も多くシングル盤を売った松田聖子も田原俊彦も金賞に選ばれなかった。彼ら「二年目のアイドル」たちは、この年から設けられた「ゴールデン・アイドル賞」を受賞したのだ。松田聖子《風立ちぬ》、田原俊彦《グッドラックLOVE》、河合奈保子《スマイル・フォー・ミー》、柏原よしえ《ハロー・グッバイ》の四人である。

松田聖子にも田原俊彦にも、これは理不尽だと抗議することはできなかった。その代わりに、一二月三一日の授賞式の生放送の場で、はっきりと抗議の意思を表明したのが、沢田研二だった。ステージで「いまの感想は」というお決まりの質問をされた沢田は、「トシちゃんや聖子ちゃんと一緒の場に立って、闘いたかった」という趣旨の発言をした。

最優秀歌唱賞は岩崎宏美だった。

そして、レコード大賞は寺尾聰《ルビーの指環》が受賞し、松本隆は作詩賞も獲った。

だが松本隆にとってもっと喜ばしいのは、盟友大瀧詠一の《ロング・バケイション》がベスト・アルバム賞を受賞したことだったろう。松本隆と阿久悠との大きな違いが、アルバムに対する考え方だったからだ。

阿久悠もコンセプトアルバムを作っていないわけではないが、基本的にはシングル盤で勝負をする作詞家だった。だが松本は違った。松本がいたロック・バンドの世界では、まずアルバムを作り、そのなかでシングル盤にして売れそうなものがあれば、シングルカットするという思考で音楽を作る。はっぴいえんど時代に大瀧と作った作品たちは、質には自信があったが、セールスとしての成功は得られなかった。というよりも、最初からそんなものは求めなかった。その世界から「売れる」ことを第一目標とする歌謡曲のシングル盤の世界へ転じた松本は、数を売ることには何が必要なのかを模索した。そして、ある程度の成功を得てから、大瀧詠一と再会して組んで作ったアルバムが、セールスとしても成功し、質的にも評価されたのだ。

《ロング・バケイション》の姉妹編であるアルバム《風立ちぬ》はその最初の試みで、この成功によって、以後、松本隆は松田聖子のアルバムにもプロデューサー的に関わり、ほぼ全ての曲を作詞していく。

松本隆はアイドル歌謡曲においてシングルとアルバムというクルマの両輪をフル回転させるようになる。松田聖子の成功は、シングル盤で連続一位記録を更新し続けるとともに、アルバムもヒットさせていたことにある。アルバム重視の先行者としては、山口百恵や、松本が深く関わった太田裕美もいるが、セールスとしては数万枚だった。それに対して、松田聖子のアルバムはコンスタントに二〇万～三〇万枚は売れた。

一〇代、二〇代の音楽の嗜好が変わった。その波に松本隆と松田聖子はうまく乗った。いや、松本隆と松田聖子が人びとの音楽の嗜好を変えさせた。

『紅白歌合戦』では、阿久悠作品は西田敏行《もしもピアノが弾けたなら》と小柳ルミ子《たそがれラブコール》の二曲だった。小柳の曲は八月に発売されたが、一〇〇位以内にチャートインしていない。

松本隆作品は《ルビーの指環》だけだった。松田聖子は《夏の扉》、近藤真彦は《ギンギラギンにさりげなく》を歌ったのだ。

松田聖子の《赤いスイートピー》の発売は年が明けてからの一月二一日である。この曲は売上枚数だけをみれば五〇・〇万枚なので、聖子の最大のヒット曲ではない。しかし彼女の代表作となる。

一九八〇年の松田聖子の登場に対する阿久悠と松本隆の反応は対照的だった。阿久悠は松田聖子が『スタ誕』以外のルートでデビューしたことに衝撃を受け、『スタ誕』が役目を終えたと自覚し身を引くという、消極的な反応しかしなかった。松本隆は「この人の曲は僕が書くべきだ」と確信した。直接本人が聖子サイドへ働きかけたわけではないようだが、そう公言し、「松本隆が松田聖子の曲を書きたがっている」と噂になることは計算していただろう。

松田聖子は自分が歌謡曲の最前線にいるとは自覚していたはずだが、松本隆による歌の革命、さらには日本人の意識革命に自分の歌声が大きな役割をはたしているとの自覚があったかどうか。

「松田聖子に詞を書くときは本人に合わせていたのか」との質問に、松本隆はこう答えている（『風待茶房』）。〈合わせてたわけじゃないね。あんまりそういう感じはなくて、ぼくはぼくで好き勝手に書いていて。向こうも好きに歌ってて。それでもなぜか、共鳴し合っちゃうんだ。相性がいいとしか言いようがないよね。振幅がシンクロしたときに、本人たちが思っていたよりもはるかに大きくなっちゃう〉。

その松本隆と松田聖子の仕事は、売り上げ枚数などのセールスの記録が語られることはあっても、作品として論じられることはほとんどなかった。歌謡曲というジャンルそのものが、「なぜ流行するのか」という社会学的観点から論じられることはあっても、文藝作品論として論じられることが滅多にないのが、その理由のひとつだろう。

だが根本的な理由は、松本・松田作品そのものに、論じられることを拒む要素があったからだった。何も意味はない、意味を持ってはいけない、世の中と関わるな、恋人にも深い期待はするな、一瞬のきらめきこそがすばらしい——そんなことを歌った曲を肯定的に評価するのは難しい。どちらかというと、否定されるべき考え方だからだ。しかも、いまあげたことを、ストレートなメッセージとして伝えたのであれば、まだ分かりやすいが、そうではなかった。たとえば「何も意味はない」ことを、「すみれ・ひまわり・フリージア」と三つの花の名前を並べることで表現するという、かなり屈折した方法が駆使されていた。

意味を持ちすぎ、世の中と関わりすぎ、恋人に期待しすぎたこと——こうした一九六〇年代終わりから七〇年代初頭の風潮への反省と反発が、松本隆たちの世代にはあったはずだ。八二年九月のインタビュー（「よい子の歌謡曲」11号）で松本は〈音楽で文化に対して何かが出来る、時代に対して音楽で時代を動かせるとかさ、そういう幻想があった〉が、〈見事に挫折〉し、〈挫折してものすごくクールに〉なったと振り返る。それは〈熱湯を冷蔵庫に突っ込んだような〉ものだとも説明している。そのきっかけが三島事件や連合赤軍事件だと言う。

だが松本隆よりもひとまわり以上若い、松田聖子とその同世代のファンは、もともと

「熱湯」のようなものとは無縁だった。最初からクールだった。最初から何もない。だから、素直に抵抗なく松本隆の紡ぎ出す歌を聴くことができた。

社会は無意味なものになり、男女の関係すら意味を失っていった。「わたし」と「あなた」は、永遠に「わたし」と「あなた」のままで、「わたしたち」にはならない。

松田聖子が無自覚に、松本隆が確信犯的に破壊した、日本の旧来の男女関係、個人と社会との関係は修復されることはないまま昭和は終わり、二〇世紀も終わった。

「時代」というものも消滅した。

そうなれば、何よりも時代と密接でありたいと思った作詞家の出番はなくなっていく。

終章

時代おくれ

一九八一年に二点のミリオンセラーとレコード大賞受賞曲を書いた松本隆は、八二年以降もヒット曲を連発していく。

オリコンの一位獲得曲を順に挙げていくと、一九八二年は七曲で合計一九週。

松田聖子《赤いスイートピー》（呉田軽穂作曲、三週）
近藤真彦《ふられてBANZAI》（筒美京平作曲、四週）
松田聖子《渚のバルコニー》（呉田軽穂作曲、一週）
近藤真彦《ハイティーン・ブギ》（山下達郎作曲、五週）
松田聖子《小麦色のマーメイド》（呉田軽穂作曲、一週）
近藤真彦《ホレたぜ！乾杯》（筒美京平作曲、二週）
松田聖子《野ばらのエチュード》（財津和夫作曲、三週）

八三年は九曲で二〇週。

近藤真彦《ミッドナイト・ステーション》（筒美京平作曲、二週）
松田聖子《秘密の花園》（呉田軽穂作曲、二週）
松田聖子《天国のキッス》（細野晴臣作曲、一週）
薬師丸ひろ子《探偵物語／少しだけやさしく》（大瀧詠一作曲、七週）
近藤真彦《ためいきロ・カ・ビ・リー》（筒美京平作曲、三週）

松田聖子《ガラスの林檎》（細野晴臣作曲、一週）
松田聖子《SWEET MEMORIES》（大村雅朗作曲、一週）（《ガラスの林檎》と両A面に）
松田聖子《瞳はダイアモンド／蒼いフォトグラフ》（呉田軽穂作曲、二週）
近藤真彦《ロイヤル・ストレート・フラッシュ》（筒美京平作曲、一週）
八四年は六曲で一二週。
松田聖子《Rock'n Rouge》（呉田軽穂作曲、四週）
松田聖子《時間の国のアリス》（呉田軽穂作曲、二週）
小泉今日子《迷宮のアンドローラ／DUNK》（筒美京平作曲、二週）
松田聖子《ピンクのモーツァルト》（細野晴臣作曲、一週）
薬師丸ひろ子《Woman Wの悲劇より》（呉田軽穂作曲、一週）
松田聖子《ハートのイアリング》（Holland Rose作曲、二週）
松田聖子が結婚し長い休暇に入った八五年はさすがに息切れし、小泉今日子《魔女》（筒美京平作曲、一週）のみとなり、このころから秋元康が音楽界を席捲していく。

一方、レコード大賞は八一年の《ルビーの指環》が最初で最後で、松田聖子や近藤真彦が無冠だったのに連動して、松本隆も賞には縁がない。

「時代」の消滅は「時代を象徴する歌」の消滅でもあるので、これは松本隆が自ら招いた事態だった。だから、彼はレコード大賞が取れなくても困らない。

ヒットチャートの一位にはならなくても、松本隆は以後も斉藤由貴、中山美穂、CCB、やがてはＫｉｎＫｉ Ｋｉｄｓにヒット曲を書いていく。

阿久悠が、作詞家としてやっていこうと決めた一九七〇年に作ったとされる「一五か条の作詞家憲法」の存在を明らかにしたのは、一九九九年発行の岩波書店の『近代日本文化論　第五巻　都市文化』に収録の「怨からの脱出——私の歌謡曲作法」である。

それまでは誰にもこの憲法を見せることも話すこともなかったという。以後は自伝『生きっぱなしの記』をはじめ、何冊もの本に載せられている。「憲法」と称されるが、作詞とはこうすべきだとか、こうしてはいけないということが書いてあるのではない。歌謡曲についてどう考えているか、どういう問題意識を持っているかが示されている。

1　美空ひばりによって完成したと思える流行歌の本道と、違う道はないものであろうか。

2　日本人の情念、あるいは精神性は、「怨」と「自虐」だけなのだろうか。

3　そろそろ都市型生活の中での、人間関係に目を向けてもいいのではないか。

4 それは同時に、歌的世界と歌的人間像との決別を意味することにならないか。

5 個人と個人の実にささやかな出来事を描きながら、同時に社会へのメッセージとすることは不可能か。

6 「女」として描かれている流行歌を、「女性」に描き変えられないか。

7 電信の整備、交通機関の発達、自動車社会、住宅の洋風化、食生活の変化、生活様式の近代化と、情報はどういう関わりを持つだろうか。

8 人間の表情、しぐさ、習癖は不変であろうか。時代によって全くしなくなったものもあるのではないか。

9 歌手をかたりべの役から、ドラマの主人公に役変えすることも必要ではないか。

10 それは、歌手のアップですべてが表現されるのではなく、歌手もまた大きな空間の中に入れ込む手法で、そこまでのイメージを要求してもいいのではないか。

11 「どうせ」と「しょせん」を排しても、歌は成立するのではないか。

12 七・五調の他にも、音的快感を感じさせる言葉数があるのではなかろうか。

13 歌にならないものは何もない。たとえば一篇の小説、一本の映画、一回の演説、一周の遊園地、これと同じボリュームを四分間に盛ることも可能ではないか。

14 時代というものは、見えるようで見えない。しかし、時代に正対していると、その時代特有のものが何であるか、見えるのではなかろうか。
歌は時代とのキャッチボール。時代の飢餓感に命中することが、ヒットではなかろうか。

これが書かれたのは、松本隆がはっぴいえんどで、日本語をロックに乗せるためにはどうしたらいいか、試行錯誤をしていたのと同じ時期にあたる。松本隆もはっぴいえんどの他のメンバーも、誰もこの憲法のことを知らなかったが、いくつかの指向は共通している。

阿久悠は自分の曲が「歌謡曲らしくない」と言われることに、一種の誇りを持っていた。誰にも書けないものを書いているという自負だ。それは松本隆もまた同じだ。

時代は二人が望んだ方へ向かった。しかし、一九八一年を転換点として、阿久悠が摑んでいたはずの「時代」あるいは「大衆」は消滅してしまう。

八〇年代以降の阿久悠もまったくヒットが出なくなったわけではない。むしろ、後に「名曲」とされるものは八〇年代にこそ多いとも言える。

日本レコード大賞の作詞賞受賞は七〇年代は、七三年のペドロ&カプリシャス《ジョニィへの伝言》と山本リンダ《じんじんさせて》、七五年の菅原洋一《乳母車》だけだが、八〇年代以降は、八五年にＴｏｓｈｉ＆Ｎａｏｋｏ（田原俊彦・研ナオコ）《夏ざかりほの字組》、八六年に小林旭《熱き心に》、九〇年に八代亜紀《花（ブーケ）束》、九四年に桂銀淑《花のように鳥のように》、九六年に坂本冬美《螢の提灯》と受賞した。

　日本作詩大賞も七〇年代は、七四年に森進一《さらば友よ》、七六年に都はるみ《北の宿から》、七七年に沢田研二《勝手にしやがれ》の三回だが、八〇年以降も、八一年に西田敏行《もしもピアノが弾けたなら》、八二年に五木ひろし《契り》、八四年に森進一《北の螢》、八八年に五木ひろし《港の五番町》、二〇〇二年に五木ひろし《傘ん中》で受賞した。

　阿久悠は決して「七〇年代だけの作詞家」ではない。

　しかし八〇年代の阿久悠は、もはや時代を代表することはできなかった。この頃から阿久悠は、エッセイでも対談でも、悲痛なまでに「歌と時代とが密接な関係を喪《うしな》った」と嘆く。

　そんな一九八六年、阿久悠が河島英五のために書いた曲はエッセイ風の《時代おくれ》だった。自分が時代おくれだと自嘲することで、阿久悠はかろうじて『歌と時代とがつながっている』と主張し、それはまさに、時代おくれだった。これは、阿久悠が一九七〇年代と密着していたこと、一九七〇年代が阿久悠の時代だったことの象徴である。

　時代は変わったのに、阿久悠は変わろうとしなかった。永遠に七〇年代を代表し象徴することを自らに課していたのだろうか。

阿久悠は一九九七年に一四枚組の《阿久悠大全集　移りゆく時代　唇に詩》という自選全集を出した。ここには阿久悠自身が選んだ二六一曲が発表された順に収録されている。それは、阿久悠の曲は書かれた時代を抜きにしては語られないし、聴けば、その時代を思い出す——そういう構造にあり、彼が「歌は世につれ世は歌につれ」という思想を信じているからだ。

阿久悠の全盛期である一九七七年から四〇年後——それが二〇一七年という「現在」である。

いまさら言うまでもなく、「日本人全てが知っている流行歌」は、もはや存在しない。ミリオンセラーが出たとしても、そのミュージシャンのファンが一〇〇万人いるというだけの話で、一億人はおろか五〇〇〇万人にもその歌は届いていないだろう。音楽は細分化されている。

阿久悠が活躍したのは、歌謡曲がレコード会社とテレビ局によって、大衆娯楽の頂点にあった時代——一億人へ向けて歌が作られ、売られ、買われていた時代だ。

その時代に歌謡曲の世界へ飛び込んだ松本隆は、最初から一億人へ向けることの無意味さを認識していた。歌が時代と不可分ではなくなることも認識し、それゆえに永遠性を持てると考えた。

一九九九年、松本隆は作詞家生活三〇周年記念としてリリースした六枚組のベストアルバム《風街図鑑》で、一〇〇曲を自ら選んだ。

この《風街図鑑》は「風編」と「街編」とに分かれ、「風」はヒットチャートのベストテン入りした一三一のヒット曲から五〇曲、「街」は「松本色の濃い」曲が五〇曲という編成だ。松本と、マネージャー、「歌謡曲フリーク」と紹介される堀越信哉、スタッフの川勝正幸によって選ばれたものから、最終的には松本が決め、曲順も松本の意見が反映されている。その順番は作られた順でも、歌手別でもない。何の法則性もそこにはない。発売順に並べるほうがはるかに簡単なのに、なぜこんな面倒なことをしたのだろう。

阿久悠は、一九九七年の大全集では自分の作品は時代と不可分であるとの考えから発売順に並べたが、亡くなる二年前の二〇〇五年に出した五枚組の《人間万葉歌》では、多彩なジャンルを書いたことを示そうとテーマごとに分類してみせた。どちらにも強い意図がある。

そうなると、松本隆が発売順には並べなかったことは、「自分の歌は作られた時代とは関係ないよ」という主張が込められていると解釈すべきだし、テーマごとに分類しないのも、「そんなのは不可能だし、意味がないよ」、ということなのだろう。

松本隆は意識的に時代と作品との分離を図っている。それは多分、松本隆の歌がヒットしていた一九八〇年代に流行した、価値相対主義とも関係しているはずだ。

「時代を代表する曲などない」というのが相対主義だ。その曲がヒットしたからといって、時代を代表しないし象徴もしない——それが一九八〇年代の歌謡曲だ。歌謡曲が時代とともにあろうとした七〇年代と、この点で完全に変質していた。

松本隆の世界は、松田聖子の甘く透明な声によって拡散した。松田聖子は、「一九八〇年代を代表するアイドル」だったが、「永遠のアイドル」であり続けることで、彼女もまた自分のいた八〇年代を相対化し、無意味化している。

これは、松田聖子が松本隆の世界観を体現しているからにほかならない。

松本隆の歌たちは、前述のように自選のベストアルバムにする際に、ヒットチャート上位になった曲と、自分が好きな曲という二つの基準で別々に選ぶという手続きを必要とする。「売れた」という実績すら相対化しなければ気が済まないし、好きな曲だけを選び、その数十曲にだけ特権を与えることもまた避けたいと考える。

「売れた」という客観と「松本色の濃さ」という主観とを並列し、相対化することで、ようやく落ち着くのだ。だからCDに収録する際も、これは何年の歌だからこの順番、という方法はとらない。その曲が何年の曲かという情報は邪魔なのだ。阿久悠にとっては、その曲が何年に作られたかが重要なのとは、まったく逆だ。

松本隆の方法論こそが、一九八〇年代の価値相対主義時代における歌謡曲のあり方だった。阿久悠から松本隆への転換は、歌と時代の関係が密接であったものから、関係性がなくなる状況への転換でもあった。


憲法を公にした前後から、阿久悠は音楽、歌謡曲そして自作について能弁になる。代表的なまとまった回顧的著作としては、一九九九年の『愛すべき名歌たち――私的歌謡曲史』、二〇〇三年の『なぜか売れなかったが愛しい歌』、二〇〇四年の『歌謡曲の時代 歌もよう人もよう』などがある。作詞の仕事が減ってしまった阿久悠は七〇年代を中心とした歌謡曲黄金時代を回顧することで、自分の仕事が間違っていなかったことを確認する必要があったのだろう。

松本隆は、昨今インタビューなどで、問われれば過去を振り返ることはあるが、二〇一七年現在、自伝や回顧録を書いていない。

あとがき

阿久悠と松本隆は会ったことがあるのだろうか。

この本を書いていて、最大の疑問がこれだった。同じ時代に同じ業界にいたのだから、当然、何度も会っていると思われるかもしれないが、同業者というのは案外と会う機会は少ないものなのだ。私自身、会ったことのある作家や評論家は少なく、雑誌やイベントでの対談、座談会という機会でもなければ、同業者と会うことはない。

二人とも作詞家なので、一緒に曲を作ることはありえない。少なくとも、この二人の作品リストにはそういう共作はない。つまり、仕事上、会わなければならない用事はなかったはずだ。業界団体の集まりとか、パーティーで会った可能性があるが、二人ともそういう会合に頻繁に顔を出すタイプではなさそうだ。あとは、雑誌や新聞、テレビなどで対談をしているかどうか。

この本の第一稿を書き終えた九月一三日、京都へ行き、松本隆氏と初めて会った。共通の知人がいて、「会いませんか」と声をかけていただいたのだ。

生涯であんなにも緊張した日はなく、何を話したか断片的な記憶しかないが、阿久悠氏と会って話したことがあるのかどうかは気になっていたので、それを質問したのは覚えている。なんでも、「一度だけ、筒美京平さんの二〇周年か三〇周年のパーティーで、立ち話をした」という。「ぼくがつくった映画の『微熱少年』について、阿久さんのほうから話しかけてくれた」と。

『微熱少年』は一九八七年に公開された。この年は筒美京平の作曲家生活二〇周年でもあるので、そのパーティーがあったのは八七年だろう。阿久悠が亡くなるのはそれから二〇年後である。雑誌や新聞、テレビかラジオに、二人に対談させようと考える編集者かプロデューサーがいれば、多分、対談は実現しただろう。残念な話だ。

私は阿久悠氏とも一回だけ、会ったことがある。二〇〇三年か〇四年だったと思うが、当時、私はアルフィーの坂崎幸之助氏の『J-POPスクール』という本の編集をしており、直接は関係がないのだが、坂崎氏のラジオ番組に阿久悠氏がゲスト出演するというので、見学に行ったのだ。

挨拶をして、「『実戦的作詞講座』はバイブルです」と言ったら、「へえ1、読んでくれているんだ」とびっくりされたのを覚えている。その程度の出会いだったので、阿久悠氏は何も覚えていないだろう。

さて——松本隆氏と会って長時間にわたり語り合ったが、この本のための取材としてではなかった。このあとがきに書いた、阿久悠氏と会ったかどうかだけが、直接会って得た情報で、本文に記したものは、すべて文献資料あるいはネット上にある「書かれたもの」を典拠としている。

阿久悠論、松本隆論、歌謡曲論、作詞論、作品論を期待された方にとっては、わけの分からない本になっているかもしれない。書き手としては、歴史物語として書いたつもりである。ただ、主人公の二人が「書く人」であり、「行動する人」ではないので、物語性は乏しい。ひたすら書いているだけなのだから。そこで、「動き」としてヒットチャートの動向を記し、二人の作品がどう書かれてどうヒットしていったかを中心にすることにした。

そのため、ますます訳の分からない本と映るかもしれないが、あの時代の歌謡曲史を物語として描くには、これが最適と考えた。この本を企画した担当編集者の宇都宮健太朗氏が楽しんで読んでくれたので、安心してはいるのだが。ともかく、やがて書かれるべき、本格的な阿久悠論、松本隆論の資料のひとつとなれば幸いである。

宇都宮氏が最初に作ってくれた『山口百恵』と、その後日譚でありながらも先に書かれた『松田聖子と中森明菜』（どちらも朝日文庫）とこの本は、昔のシングル盤でいえばA面とB面、いや両A面の関係にある。あわせてお読みいただければありがたい。

中川右介

二〇一七年一〇月

〈参考文献〉

【阿久悠関連】

●阿久悠の著書（対談、共著を含む）

阿久悠『くたばれテレビジョン』角川書店（一九八五）
阿久悠『「企み」の仕事術』KKロングセラーズ（二〇〇六）
阿久悠『ヒット　阿久悠の実戦的作詞講座　上・下』スポーツニッポン新聞社出版局（一九七五、七七）
阿久悠『清らかな厭世　言葉を失くした日本人へ』新潮社（二〇〇七）
阿久悠『ただ時の過ぎゆかぬように　僕のニュース詩』岩波書店（二〇〇三）
阿久悠『どうせこの世は猫またぎ　odd eye essay』毎日新聞社（一九八八）
阿久悠『なぜか売れなかったが愛しい歌』河出書房新社（二〇〇三）
阿久悠『歌謡曲って何だろう』日本放送出版協会（一九九九）
阿久悠『作詞入門　阿久式ヒット・ソングの技法』岩波現代文庫（二〇〇九）
阿久悠『時にはざんげの値打ちもある』角川文庫（一九八二）
阿久悠『生きっぱなしの記』日本経済新聞社（二〇〇四）
阿久悠『阿久悠　命の詩　『月刊you』とその時代～』講談社（二〇〇七）
阿久悠『愛すべき名歌たち―私的歌謡曲史―』岩波新書（一九九九）
阿久悠『歌謡曲の時代　歌もよう人もよう』新潮社（二〇〇四）
阿久悠『生きっぱなしの記　私の履歴書』日経ビジネス人文庫（二〇〇七）
阿久悠『夢を食った男たち』毎日新聞社（一九九三）

阿久悠・土田ヒロミ『阿久悠 歌は時代を語りつづけた～写真詩集』日本放送出版協会（一九九二）
阿久悠・上村一夫（画）『悪魔のようなあいつ　上・下』角川書店（二〇〇四）
阿久悠・和田誠『A面B面　作詞・レコード・日本人』文藝春秋（一九八五）
阿久悠・竹内宏・手塚治虫・栄久庵憲司『時代の流れをどう読みとるか』講談社（一九八一）
阿久悠・浅井慎平・久世光彦『この人生の並木路』恒文社21（二〇〇二）
対談集『阿久悠とすばらしき仲間たち』福武書店（一九八三）
『近代日本文化論5　都市文化』（「怨からの脱出　私の歌謡曲作法」収録）岩波書店（一九九九）

●CD解説書
『移りゆく時代　唇に詩　阿久悠大全集』ビクターエンタテインメント（一九九七）
『人間万葉歌　阿久悠作詞集』ビクターエンタテインメント（二〇〇五）

●阿久悠について書かれた書籍、雑誌の特集
篠田正浩・齋藤愼爾責任編集『阿久悠のいた時代　戦後歌謡曲史』柏書房（二〇〇七）
重松清『星をつくった男　阿久悠と、その時代』講談社文庫（二〇一二）
吉田悦志『阿久悠　詞と人生』明治大学出版会（二〇一七）
三田完『不機嫌な作詞家　阿久悠日記を読む』文藝春秋（二〇一六）
久世光彦『歌が街を照らした時代』幻戯書房（二〇一六）
高澤秀次『ヒットメーカーの寿命　阿久悠に見る可能性と限界』東洋経済新報社（二〇〇九）
『阿久悠　没後十年　時代と格闘した昭和歌謡界の巨星（文藝別冊）』河出書房新社（二〇一七年八月）

『阿久悠と東京』「東京人（二〇一七年九月号）」都市出版

【松本隆関連】

●松本隆の著書（対談、共著を含む）

松本隆『風のくわるてつと』ブロンズ社（一九七二）、立東舎文庫（二〇一六）
松本隆『微熱少年』（エッセイ）ブロンズ社（一九七五）、改題して『風街詩人』新潮文庫（一九八六）
松本隆『秘密の花園　松本隆詩集』新潮社
松本隆『硝子の人魚　マイダスの指1』思潮社（一九八七）
松本隆『冒険王　マイダスの指2』思潮社（一九八七）
松本隆『空中庭園　マイダスの指3』思潮社（一九八七）
松本隆『成層圏紳士』東京書籍（二〇〇一）
対談集『KAZEMACHI CAFÉ』ぴあ（二〇〇五）
『松本隆対談集　風待茶房　1971-2004』立東舎（二〇一七）
『松本隆対談集　風待茶房　2005-2015』立東舎（二〇一七）

●CD解説書

『風街図鑑』ソニー・ミュージックエンタテインメント（一九九九）
『風街であひませう』（松本隆作詞活動四十五周年トリビュート）ビクターエンタテインメント（二〇一五）
『大瀧詠一 Song Book I－大瀧詠一作品集Vol. 1（1980－1998）』ソニー・ミュージックエンタテインメント（二〇一〇）

『筒美京平 Hitstory Ultimate Collection 1967～1997 2013 Edition』ソニー・ミュージックダイレクト（二〇一三）

●松本隆（はっぴいえんど）について書かれた書籍、雑誌の特集

『松本隆の世界』「現代詩手帖（一九八七年三月号）」思潮社
『松本隆自身による松本隆スペシャル』「月刊カドカワ（一九九五年六月号）」角川書店
『松本隆作詞活動45周年』「ミュージック・マガジン（二〇一五年七月号）」ミュージック・マガジン
『松本隆』「ブルータス（二〇一五年七月一日号）」マガジンハウス
『作詞家・松本隆の世界』「レコード・コレクターズ（二〇一七年一〇月号）」ミュージック・マガジン
『はっぴいえんど』「ユリイカ（二〇〇四年九月号）」青土社
『20世紀最後のはっぴいえんど特集　前編・後編』「ロック画報（二〇〇〇年六月号、一一月号）」ブルース・インターアクションズ
萩原健太『はっぴいえんど伝説』八曜社（一九八三）
北中正和責任編集『風都市伝説　1970年代の街とロックの記憶から』音楽出版社（二〇〇四）
北中正和編『細野晴臣インタビュー　THE ENDLESS TALKING』平凡社ライブラリー（二〇〇五）
『大瀧詠一（文藝別冊）』河出書房新社（二〇一二）
鈴木茂・近藤正義（構成・文）『自伝鈴木茂のワインディング・ロード』リットーミュージック（二〇一六）

【関係者の回想、自伝、エッセイ等】

山口百恵『蒼い時』集英社（一九八〇）
なかにし礼『歌謡曲から「昭和」を読む』NHK出版新書（二〇一一）

沢田研二『我が名は、ジュリー』中央公論社（一九八五）
森光厚夫・高浪高彰監修『筒美京平の世界（増補改訂版）』Pヴァイン・ブックス（二〇一一）
井原高忠・恩田泰子（取材・構成）『元祖テレビ屋ゲバゲバ哲学』愛育社（二〇〇九）
井原高忠『元祖テレビ屋大奮戦！』文藝春秋（一九八三）
池田文雄『「スター誕生！」回想録　テレビ人生！「そんなわけで!!」録』コアラブックス（一九八五）
宇崎竜童『俺たちゃとことん』角川書店（一九八一）
山田修爾『ザ・ベストテン』ソニー・マガジンズ（二〇〇八）
酒井政利『プロデューサー　音楽シーンを駆け抜けて』時事通信社（二〇〇二）
酒井政利『神話を築いたスターの素顔』文藝春秋（一九九五）
酒井政利『不可解な天使たち』廣済堂出版（一九八五）
松田聖子『もう一度あなた』ワニブックス（一九八一）
松田聖子『松田聖子・愛にくちづけ　22歳のプレリュード』ニッポン放送出版（一九八四）
松田聖子『聖子20歳　愛と歌の青春譜』少年画報社（一九八二）
松田聖子『青色のタペストリー』CBS・ソニー出版（一九八二）
松田聖子『夢で逢えたら』ワニブックス（一九八二）
松田聖子『夢で逢えたらパート2』ワニブックス（一九八三）
松田聖子『両手で聖子』集英社（一九八〇）
松任谷由実『ルージュの伝言』角川書店（一九八三）
森昌子『それはじんせい…』主婦と生活社（二〇一一）
森昌子『明日へ』幻冬舎（二〇〇六）

千家和也『千家和也の作詞の本』二見書房（一九七六）
川瀬泰雄『プレイバック　制作ディレクター回想記』学研教育出版（二〇一一）
相澤秀禎『アイドル工房　夢のつむぎ方』スコラ（一九九五）
相澤秀禎『松田聖子のバランスシート』光文社（一九八三）
相澤秀禎『人気づくりの法則』東洋経済新報社（一九九八）
相澤秀禎『聖子の恋のありったけ』講談社（一九八五）
中森明菜『気になる視線　私をつかまえて』ワニブックス（一九八二）
中森明菜『本気だよ　菜の詩・17歳』小学館（一九八三）
都倉俊一『あの時、マイソング　ユアソング』新潮社（二〇〇八）
藤岡和賀夫『プロデューサー藤岡和賀夫　ディスカバー・ジャパン』電通（一九九一）
藤岡和賀夫『藤岡和賀夫全仕事　南太平洋キャンペーン』ＰＨＰ研究所（一九八八）
堀威夫『わが人生のホリプロ　いつだって青春』小学館文庫（二〇〇五）
林哲司『歌謡曲』音楽之友社（二〇〇三）
『Pink Lady Memorial Book』近代映画社（二〇〇三）
『We areピンク・レディー』マガジンハウス（二〇一〇）
星野哲郎『歌、いとしきものよ』岩波現代文庫（二〇一二）
有田芳生『歌屋　都はるみ』文春文庫（一九九七）

【音楽界、芸能界に関する書籍】

『オリコンチャートブック　一九七〇―一九八九　ＬＰ編』オリジナルコンフィデンス（一九九〇）

『オリコンチャートブック　一九七〇―一九八七　シングル編』オリジナルコンフィデンス（一九八八）
『SINGLE CHART-BOOK COMPLETE EDITION 1968～2010』オリコン・エンタテインメント（二〇一二）
スージー鈴木『１９７９年の歌謡曲』彩流社（二〇一五）
スージー鈴木『１９８４年の歌謡曲』イースト新書（二〇一七）
北中正和『(増補) にほんのうた』平凡社ライブラリー（二〇〇三）
篠原章『日本ロック雑誌クロニクル』太田出版（二〇〇五）
牧村憲一『ニッポン・ポップス・クロニクル１９６９－１９８９』スペースシャワーブックス（二〇一三）
富澤一誠『Ｊ－ＰＯＰ名曲事典３００曲』ヤマハミュージックメディア（二〇〇八）
富澤一誠『フォーク名曲事典３００曲』ヤマハミュージックメディア（二〇〇七）
『松田聖子』ＴＯＫＹＯ　ＦＭ出版、地球音楽ライブラリー（二〇〇四）
中森明夫『アイドルにっぽん』新潮社（二〇〇七）
田原総一朗『メディア・ウォーズ』講談社文庫（一九九三）
稲増龍夫『アイドル工学』筑摩書房（一九八九）
吉野健三『歌謡曲［流行らせのメカニズム］』晩聲社（一九七八）
軍司貞則『ナベプロ帝国の興亡』文藝春秋（一九九二）
野地秩嘉『芸能ビジネスを創った男　渡辺プロとその時代』新潮社（二〇〇六）
松下治夫『芸能王国渡辺プロの真実。　渡辺晋との軌跡』青志社（二〇〇七）
坂崎幸之助『坂崎幸之助のＪ－ＰＯＰスクール』岩波アクティブ新書（二〇〇三）
新田健次『ザ・歌謡界　スター誕生＆ヒットプロモート』素朴社（一九八二）
速水健朗『タイアップの歌謡史』洋泉社新書（二〇〇七）

竹中労『スキャンダル　紅白歌合戦』みき書房（一九七九）
合田道人『［怪物番組］紅白歌合戦の真実』幻冬舎（二〇〇四）
『紅白50回　栄光と感動の全記録』NHKサービスセンター（二〇〇〇）
『NHK紅白60回』NHKサービスセンター（二〇一〇）
NHK紅白歌合戦スタッフ編『ドキュメンタリー紅白歌合戦　あの時、あの歌…』日本放送出版協会（一九八四）
朝日新聞be編集グループ『うたの旅人』、同『Ⅱ』朝日新聞出版（二〇〇九、二〇一〇）
読売新聞芸能部編『テレビ番組の40年』日本放送出版協会（一九九四）
読売新聞社文化部『この歌　この歌手　運命のドラマ120　上・下』現代教養文庫（一九九七）

中川右介　なかがわ・ゆうすけ
1960年東京都生まれ、早稲田大学第二文学部卒業。2014年まで出版社アルファベータ代表取締役編集長として「クラシックジャーナル」や音楽家・文学者の評伝などを編集・発行。作家としてクラシック音楽、ポップス、歌舞伎等の評伝に定評がある。著書に『山口百恵』『松田聖子と中森明菜』（朝日文庫）、『カラヤンとフルトヴェングラー』『悪の出世学』（幻冬舎新書）、『歌舞伎 家と血と藝』（講談社現代新書）、『角川映画 1976-1986』（角川文庫）など多数。

朝日新書
638
阿《あ》久《く》悠《ゆう》と松《まつ》本《もと》隆《たかし》

2017年11月30日 第1刷発行

著　者　中川右介

発行者　友澤和子
カバーデザイン　アンスガー・フォルマー　田嶋佳子
印刷所　凸版印刷株式会社
発行所　朝日新聞出版
〒104-8011　東京都中央区築地5-3-2
電話　03-5541-8832（編集）
　　　03-5540-7793（販売）

Published in Japan by Asahi Shimbun Publications Inc.
ISBN 978-4-02-273730-4
定価はカバーに表示してあります。

朝日新書

この国の息苦しさの正体
感情支配社会を生き抜く

和田秀樹

炎上が何より怖い、空気には逆らえない。こんなに気疲れする国は、もう限界だ！ かつてのエコノミック・アニマルはいまや、ヒステリック・モンスター。「ミスを許さない、チャレンジを認めない、成功をたたえない（引きずりおろす）」病の核心に迫る。

武士道的　一日一言

新渡戸稲造／著　山本史郎／解釈

「えせもの」「仁がすぎれば弱くなる」「金や位は人ならず」「角一つあれ」「小人の尺度」「貧しても鈍すな」「君子は愚なるがごとし」「抑の一字」「口を開けば腹わたが見ゆ」……。世界に誇る巨人・新渡戸稲造が、現代日本に喝！ 読むと背筋が伸びる、大正時代の知的大ベストセラー。

予言するアメリカ
事件と映画にみる超大国の未来

冷泉彰彦

アメリカ人は、人と人はわかりあえないことを知っていた。だから自由や民主主義の理念が大事だった。しかし、その前提すら共有されなくなったので、アメリカはかつてない精神的荒廃にある――最近の事件や映画を軸に、グローバリズム以後の超大国の行方を読む。

大学大倒産時代
都会で消える大学、地方で伸びる大学

木村 誠

2018年、受験人口の減少と地方の衰退により、大学は激変期に突入！ 東大・京大など旧帝大系で格差が拡大し、早慶・MARCH・関関同立など都会の有力校でも、地方の国公・私立大でも、生き残り競争がさらに熾烈に！ 最新データを徹底分析し、大学の運命を明らかにする。

まねる力
模倣こそが創造である

齋藤 孝

現代の仕事の現場では、つねに「発想力」や「問題解決能力」が求められている。しかし、それらは地道な知識の習得と、徹底的な反復練習で身につけるしかない。つまるところ「まね」なのである。齋藤流「真似するメソッド」を提唱する。先達たちの人生や書物から学んだ「知の極意」が満載。

理系脳で考える
AI時代に生き残る人の条件

成毛 眞

10～20年後、49％が職を失うというAI時代を生き残るには、あなたが「理系脳」であるかどうかにかかっている！ 仮説検証を行い、挫折ものともせずに、未来を面白がる。これが成毛流・理系脳の定義だ。「文系出身で……」と自信がない人でも簡単に身につく、サバイバルのための発想法。

自衛隊メンタル教官が教える
人間関係の疲れをとる技術
下園壮太

自衛隊でメンタル教官を務めてきた人気カウンセラーが、人づき合いの技術を伝授。嫌なことがあっても「我慢する」「忘れる」対処では、「防衛（恨み）記憶」が育ち、ますますその人を嫌いになる。「自分の感情をケアする技術」で、もっと楽に生きられる。

職業としての地下アイドル
姫乃たま

ＡＫＢ、ももクロ、Ｐｅｒｆｕｍｅを夢見て増殖するテレビに出ないアイドル＝地下アイドル。彼女たちを取り巻く経済や人間関係は、日本の社会問題の「縮図」である。現役地下アイドルでもある著者が赤裸々に明かす「身近な偶像」に群がるヒトとカネ。

山本直純と小澤征爾
柴田克彦

「男はつらいよ」「8時だョ！全員集合」などのテーマ曲を手掛け、音楽を大衆に伝え続けた山本直純。単身日本を飛び出し、クラシック界の頂点へ駆け上がる小澤征爾。音楽を心から愛し、新日本フィルを立ち上げた二人の人生をダイナミックに描く。

発達障害を仕事に活かす
星野仁彦

自身も発達障害で斯界の第一人者の医師が、当事者にとっての本当の幸福を考える。生き方においてもっとも重要な職業選択の指針、仕事への活かし方、また、最新知見情報も収録。30万部超のベストセラー『発達障害に気づかない大人たち』著者が贈る決定版。

経済と国民
フリードリヒ・リストに学ぶ

中野剛志

日本経済を覆う閉そく感に問う——なぜ、自由貿易というドグマは、かくも強い影響力を行使できるのか。19世紀のドイツの政治経済学者フリードリヒ・リストの理論をひき、「国民経済学」の本質を明らかにしながら、経済成長の原動力を問う渾身の書き下ろし！

底辺への競争
格差放置社会ニッポンの末路

山田昌弘

今の日本で繰り広げられているのは「底辺に転落しないための競争」である。著者による『パラサイト・シングルの時代』（ちくま新書）から約20年。アラフォーになったパラサイト・シングルの実情を通し、格差社会の過酷な現実を明らかにする。

もの言えぬ時代
戦争・アメリカ・共謀罪

内田 樹
加藤陽子
高村 薫
半藤一利
三浦瑠麗 ほか

いま「この国のかたち」が大きく変わろうとしている。共謀罪によって「監視社会」「密告社会」は本当に到来するのか？ 「右傾化」を押しとどめることはできるのか？ 朝日新聞大型連載『問う「共謀罪」』から一流論客たちの提言を、再取材のうえ収録！

漂流女子
にんしんSOS東京の相談現場から

中島かおり

誰にも言えない妊娠を相談する窓口にんしんSOS東京。そこに寄せられるSOSは、ほとんどが若年妊婦からだ。虐待を受け孤立する女性、風俗で働く女性、SNSの出会いに居場所を探す女性。孤独な若者が抱える現代社会の闇を浮き彫りにする。

朝日新書

阿久悠と松本隆

中川右介

「また逢う日まで」「UFO」「勝手にしやがれ」「ルビーの指環」「赤いスイートピー」――日本の大衆が最も豊かだった昭和後期。「うた」で時代を完全に支配した不世出の作詞家2人を主人公に、あの時代の残響と1億人の集合無意識を描ききる力作評伝。

消費低迷と日本経済

小野善康

雇用条件の悪化、格差、国債累積……、現代の日本が抱える深刻な問題の根源は、すべて「人々が消費をしないこと」にある。株価や地価が高騰する一方で、なぜ私たちは豊かになれないのか。成熟社会が陥った罠をすべて解き明かす革新的論考。

隠れ疲労
休んでも取れないグッタリ感の正体

梶本修身

休んでも取れない疲労感は、自律神経の疲れが原因。気が張ると一瞬忘れるが、放置していては健康があぶない。食事、睡眠、仕事の段取り、オフの過ごし方――ちょっとした心掛けでグッタリからスッキリへ。疲労医学の専門家が正しい回復法を伝授。

中高年シングルが日本を動かす
人口激減社会の消費と行動

三浦　展

中高年の単身世帯が増え続ける日本。人口が激減するなか、「中高年シングル」の消費動向は、トレンドをつかむうえで欠かせない。ライフスタイルはどのように変わるのか。消費社会マーケティングの第一人者が提言。

おそろしいビッグデータ
超類型化ＡＩ社会のリスク

山本龍彦

いまや、ビッグデータ時代。ネットショッピングからニュースの閲覧履歴まで、個人特定のリスクが知らぬ間に悪用される世の中だ。個人情報漏えいよりも恐ろしい、第三者による「プロファイリング（個人分析）」がもたらす「超類型化社会」への問題提起。